转化率

淘宝天猫
店铺推广深度优化

龚　琳——著

中国铁道出版社有限公司
CHINA RAILWAY PUBLISHING HOUSE CO., LTD.

内容简介

本书精选了“直通车＋钻石展位＋淘宝客”这3大店铺运营的热门工具予以详细介绍，具体内容包括直通车的基础操作、工具设置、精选人群和推广策略；钻石展位的基本原理、数据分析、营销场景和直钻结合；淘宝客的运营方案和推广技巧；“直钻搜”结合构建流量闭环与打造爆款等，帮助读者吃透低成本打造爆款的推广技巧，让流量加倍，转化率翻番。

本书的内容由浅入深，表述通俗易懂，适合淘宝、天猫店铺运营从业者阅读，同时也可供电子商务从业人员、创业人士、各大电商培训机构参考使用。

图书在版编目（CIP）数据

转化率:淘宝天猫店铺推广深度优化/龚琳著.—北京:中国铁道出版社有限公司，2020.1
ISBN 978-7-113-26377-5

Ⅰ.①转… Ⅱ.①龚… Ⅲ.①网店－运营管理 Ⅳ.①F713.365.2

中国版本图书馆CIP数据核字（2019）第244154号

书　　名：转化率：淘宝天猫店铺推广深度优化
作　　者：龚　琳

责任编辑：张亚慧　　**读者热线电话：**010-63560056
责任印制：赵星辰　　**封面设计：**宿　萌

出版发行：中国铁道出版社有限公司（100054，北京市西城区右安门西街8号）
印　　刷：三河市宏盛印务有限公司
版　　次：2020年1月第1版　2020年1月第1次印刷
开　　本：700mm×1000mm　1/16　**印张：**19.75　**字数：**303千
书　　号：ISBN 978-7-113-26377-5
定　　价：59.00元

PREFACE
前　言

移动互联网时代，网店生存能力的大小取决于是否与目标用户建立持续的关系。这就需要我们以消费者运营为核心，实现全链路、全数据、全渠道的全域营销。将全域营销的概念具体落地，离不开直通车、钻展、淘宝客的精准引流。

本人在 20 多个城市和众多电商人士做过面对面的专业分享，关于网店付费广告投放，归纳出大家最关心的几个问题。

（1）怎样快速引流、测款、选款？

（2）怎样打造精准人群标签？

（3）怎样带动店铺产品的自然搜索流量？

（4）怎样打造爆款和爆款群？

（5）怎样降低广告投放费用？

这些问题不光存在于传统的搜索结果页面，也存在于淘宝头条、有好货和直播等内容频道，原因就在于这些位置均可使用“直钻淘”（直通车＋钻展＋淘宝客）进行投放展示。从曾经的搜索转化流量抓取，到今天的千人千面人群细化展示，我们依然离不开直通车、钻展和淘宝客。

但是，很多卖家在做付费推广时，都遇到过以下这些难题。

（1）选款困难：产品个个看上去都是好产品，却不知道重点该推哪款？

（2）流量太少：店铺流量跟同行同层级比总是差很多，却又不知道从哪切入？

（3）人群不准：新品不断上架，推广预算也非常充足，但却还是找不到买家。

（4）投产比低：产品竞争大、毛利低，广告费昂贵，付费广告不敢投。

（5）战略混乱：直通车、钻展都在玩，但感觉没什么联系，不能发挥作用。

2019 年，“直钻淘”的投放会越来越倚重于产品营销周期的投放，网店一款宝贝从刚上架测款、日常主推和辅推款的多计划投放、大促活动的前中后阶段投放都会有非常细分的精细化操作。如果你不全面搞清楚“直钻淘”工具的基础设置、投放策略、优化技巧，是很难跟你的同行去竞争的。

在每堂线下公开课中，现场学员的专业能力肯定会各有不同，很难通过一两次的公开课就达到充分掌握的状态。这就需要我们借助各类工具书和专业资料辅助学习，而本书恰好能帮助你解决这个问题。

- 如果你是准备开店的小白，更多的是需要先认识“直钻淘”的原理，以及后台操作界面的正确使用方法和场景。
- 如果你是操作了一段时间的新手，需要掌握的是主推款和辅推款的区分设置，以及“直钻淘”后台不同功能的差异化使用。
- 如果你是久经考验的老手，除了前面二者的内容外，还需要借鉴同类目不同销售层级甚至不同类目的操作思路和玩法。

考虑到大家在不同阶段的不同需求和专业技能的成长需要，我把“直钻淘”内容全面系统化地整理出来，包括了直通车、钻展、淘宝客的后台设置、投放技巧以及多个不同类目的打造爆款案例，让大家能够对“直钻淘”有个全面的认识。

本书的特色亮点如下。

（1）经验多：凝聚笔者多年淘宝运营经验，极大地提升爆款效果。

（2）实操多：书中列举了多种淘宝天猫付费推广工具的实操方法。

（3）技巧多：多种运营工具、推广策略、数据分析、营销方案等。

（4）案例多：结合女鞋、男鞋、家居、饰品等多个类目案例分析。

（5）干货多：新的无线端推广技巧，新“直钻搜”爆款打造技巧。

本书针对淘宝天猫的付费推广运营技巧进行了深度的解析，内容由入门到精通，从直通车入门、推广设置到直通车人群精选策略、推广优化技巧，从钻展基础设置到数据分析、营销场景以及“直钻结合”，从淘宝客推广到“直钻搜”打造爆款，层层推进，帮助读者提升从业能力。

前　言

希望这本书能够通过对知识点的“简单定位”，更快地帮助你整理吸收直通车、钻展、淘宝客的碎片知识，有效地帮助你搭建完整的“直钻淘”知识框架，全面地帮助你形成系统的“直钻淘”知识体系。

本书由龚琳所著。由于作者知识水平有限，书中难免有错误和疏漏之处，恳请广大读者批评、指正，联系邮箱：itsir@qq.com。

编　者

2019 年 11 月

目 录
CONTENTS

第1章

开车入门：低价引流转化率是关键

低价引流转化率非常关键，仅仅靠免费的自然流量，很多店铺是很难维持下去的，因此大多数店铺需要投入一些资金来获得更多的付费流量。其中，直通车是店铺引流不可或缺的利器，一般能够使店铺获得相对比较精准的流量，卖家可以通过拼质量得分、拼出价、拼卡位来获得好的展现位置和低的点击付费广告，再配合优质的推广图，就可以获得流量。

本章主要内容包括：

- 基础入门：新手老手必知的直通车原理
- 标准投放：利用直通车做到低开高转化
- 定向投放：直通车这样投放转化率将飙升

1.1 基础入门：新手老手必知的直通车原理

直通车是网店广告的主要形式，它按照付费高者排名优先的原则，对购买了同一关键词的商品进行排名。竞价排名的最大特点是按点击量付费，商品没有被用户点击，则不产生广告费。在同一关键词的广告中，点击出价最高的商品排在第一位，其他位置按照广告主出价不同，从高到低依次排列。

1.1.1 网店营销的理论基础

在认识直通车前，我们首先要了解网店营销。网店营销的理论基础来源于传统营销，并和传统营销相互结合，以 PC 端和移动端为平台，通过展示把商品提供给有需求的客户。网店营销的目的是实现总体经营目标。

1. 网店营销的核心策略

网店营销的核心策略如下。

（1）商品展示策略。商品展示策略要紧密围绕消费者体验，将商品的信息和特点准确、直观地展示给消费者。

（2）商品搜索策略。一个电子商务网站通常会上架上万甚至上百万件商品，这就导致单件商品展示页面访问数量较少，网店必须对商品的关键词进行优化，从而增加商品展示的机会。

（3）会员管理策略。会员管理策略的重点在于如何获取消费者的真实有效信息，以及如何保持消费者在网店的活跃度。

2. 网店广告的付费方式

网店广告可以根据不同的需求采取不同的付费方式。

（1）CPM（cost per mille，每千人成本），指广告每千人次展示应付的费用。钻石展位的收费方式就是 CPM。例如，一个网络广告的单价是

120 元 /CPM，则表示每 1 000 人次看到这个广告就收广告主 120 元，以此类推，100 000 人次观看的费用就是 12 000 元。

（2）CPC（cost per click，每点击成本），指广告按点击付费，即按照广告的单次点击次数计算，如果没有人点击该广告，则不计费，如直通车。

（3）CPA（cost per action，每行动成本），指根据每个访问者对网络广告所采取的动作或行动收费，这是内容电商平台常用的收费模式。

（4）CPS（cost per sale，按营销效果付费），指按照广告点击之后产生的实际销售额付给广告站点销售提成，如淘宝客。

3. 网店广告的投放步骤

网店广告投放步骤如下。

（1）确定广告目标。投放广告，首先要确定投放目标，如销售额、销量，会员数、传播量等。确定目标时要注意分解目标、确定完成周期等。

（2）确定广告预算。预算是根据广告目标来确定的。假设广告目标是每天吸引 100 个客户购买，通过数据预估每吸引一个购买客户的成本是 10 元，那么每天的广告预算就是 1 000 元。每个购买客户的成本计算方法可以参考以往网络营销经验，也可以参考行业报告，先小额投放测试，再算出平均成本。

（3）选择投放方式和投放位置。广告预算确定后，需要寻找合适的方式投放。投放方式要考虑潜在消费者的年龄、性别、生活习惯、消费习惯等是否与我们的投放方式相匹配。对于目标集中浏览的页面，商家可以罗列出来以考虑投放。经过初步筛选，商家找到目标位置后，结合广告预算，还需要继续缩小投放范围。初期缩小范围、精确目标主要参考不同位置带来的流量。

4. 网店推广与网店营销的区别

刚了解电子商务的人通常会认为网店推广与网店营销是同一件事，其实它们是两个完全不同的概念。网店营销重在营销，注重通过推广产生更大的经济效益；网店推广重在推广，其主要目的是利用各种网络推广方法，尽可能地让更多的人知道自己的产品。

- 网店营销通常考核的是转化率或收益，比如会员营销、微淘发帖后能够带来多少销量。

- 网店推广是保证网店营销效果和成功的关键，是网店营销的重要组成部分。网店营销脱离了网店推广很难独立存在。而对于一些简单的推广需求，网店推广完全可以独立操作。

1.1.2 直通车的基本定义

直通车是以点击付费的营销推广工具，包含了搜索关键词推广和非搜索定向等推广方式，商家可以通过直通车进行单品或批量推广。如图 1-1 所示，进入直通车首页，可以非常直观地看到直通车后台的基本概况，能够从目标数据看出整体直通车投入产出比（return on investment，ROI）是否合理，每个计划投放表现情况。

以老张的饭店为例，他请了年轻的伙计给店铺拉人，每拉进一个人，就给伙计一笔提成。从老张的角度上看，给多少钱这是一个难题，一般来说，钱给得越多，拉进来的人也就越多，但是老张的成本也就越高。

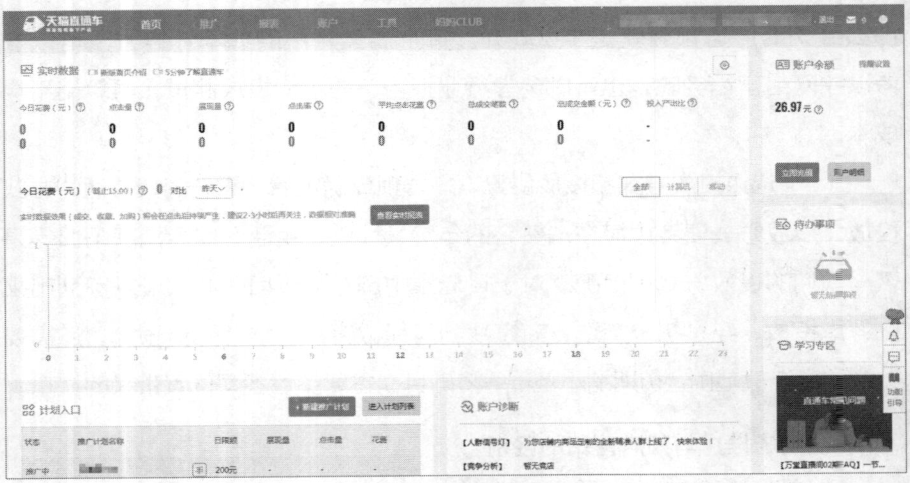

图 1-1　直通车后台首页

老张还发现一些问题：拉进来的人不见得都是来吃饭的，很多人过了饭店转一圈就走了，甚至在隔壁饭店刚刚吃饱饭的人也被拉进来了，可是老张仍然要给伙计提成；伙计站在不同的位置，拉进来的人数也不一样，站在路口拉人就比站在小区门口拉人的效果好；拉进来的人数和质量跟伙计的精神面貌也有关系，比如，伙计打扮得精神抖擞拉人的效果较好，打扮得标新立异效果也不错；伙计拉人的时候，说辞也会影响拉人的效果。

老张用了一周时间进行观察，他迅速分析出了做好这个推广的几个要素。

（1）目标：销售额最大化。

（2）原则：花较少的钱，实现较大的销售额。

（3）技巧：拉人的位置、伙计的精神面貌与说辞。伙计是否打扮得体，在合理的位置上站好，找到路过的潜在客户，说出客户关心的饭店的相关信息，拉人进店就能成功。

将这个案例放到直通车上，推广要素依然非常清晰。

（1）目标：利润或销售额最大化。做生意一定要赚钱，直通车作为付费购买流量的一个工具，现在已经很难承担让店铺赚钱的任务，但是可以通过增加产品曝光度、提高产品销量来提升产品在整个电商平台上的排名，从而帮助店铺获得更多的流量，实现店铺销售额最大化，最终实现盈利。

（2）原则：花较少的钱，实现较大的销售额。通常，钱越多，拉进来的人也就越多，但是推广资金是有限的，这就需要精打细算，尽可能用少的费用，获得高的产出。为了实现这一点，商家就要做好两件事：第一，拉进来的人一定是需要这个产品的；第二，拉进来的人能够在店里购买产品，买得越多越好。

（3）技巧：

① 拉人的位置：投放在不同平台的广告位。

② 伙计的精神面貌：广告图片。

③ 伙计的说辞：关键词。

④ 善于发现潜在用户：筛选出适合店铺的用户。

1.1.3 直通车的主要价值

对于中小卖家来说，访客少是最令人头疼的一件事，直通车就是一个用得较普遍、较适合中小卖家的引流工具，其优势如图 1-2 所示。

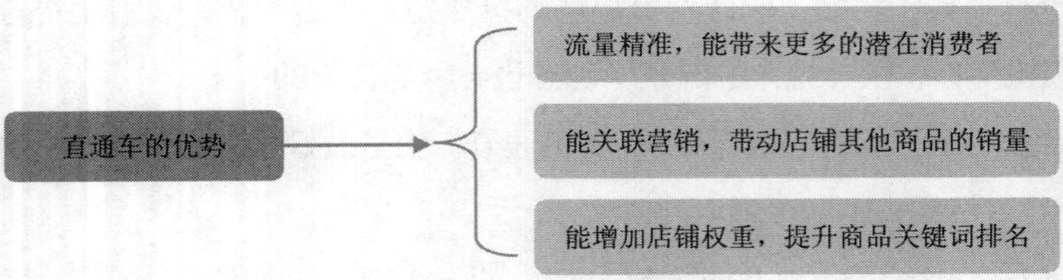

图 1-2　直通车的优势

对于产品缺乏竞争力的中小卖家来说，直通车更多的是一种引流工具，能够给店铺和商品带来更多的收藏和加购，虽然不一定直接产生成交，但后续仍然会大幅提升店铺的销量。直通车的主要价值如图 1-3 所示。

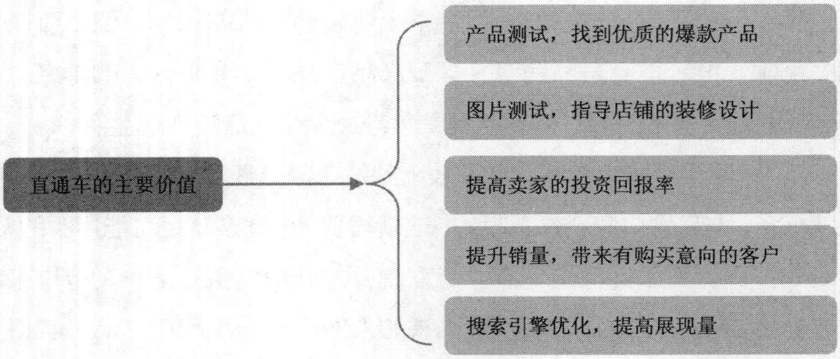

图 1-3　直通车的主要价值

直通车最大的价值其实还是引流，卖家要想提升效率，就要多在产品上下功夫。产品的图片、款式、价格和评价等，都会影响转化率。因此卖家要推出优质的产品，并树立“产品为王，直通车辅助引流”的经营思路，这样才能让店铺得到长久、稳定的发展。

1.1.4　直通车的基本原理

直通车的基本原理包括展现原理、排序原理、扣费原理和溢价原理。

（1）展现原理。卖家通过设置与推广商品相关的关键词，在买家搜索相应关键词时使推广商品获得展现。当然，设置的关键词匹配方式不同，关键买家搜索词的结果也不一样，具体如图 1-4 所示。

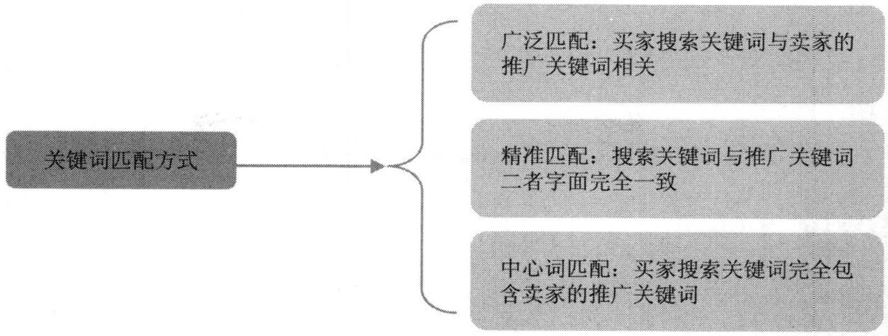

图 1-4　关键词匹配方式

（2）排序原理。直通车是综合衡量关键词的质量得分和出价后得出商品排名结果的，具体原则如图 1-5 所示。

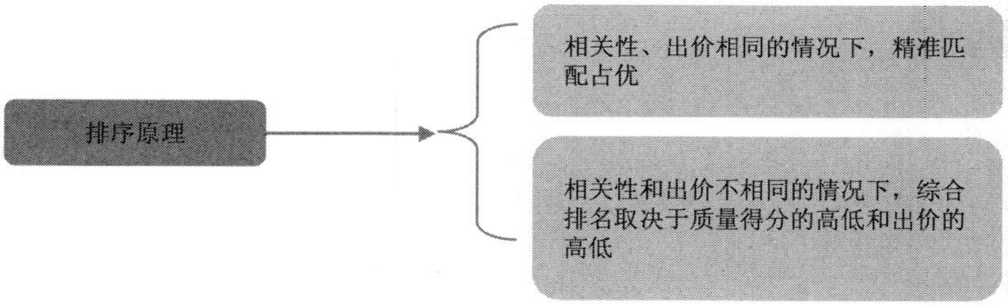

图 1-5　排序原理

（3）扣费原理。当买家搜索某个关键词时，只有当他点击了结果页面中的推广商品，系统才会对卖家进行扣费。扣费的标准是小于或者等于卖家的关键词出价，具体的计算公式如下。

卖家的实际扣费 =（被匹配的关键词）下一名出价 × 下一名质量得分 ÷ 卖家的质量得分 + 0.01 元

（4）溢价原理。滥价即人群出价超出了原定价。人群搜索溢价不仅给直通车带来了更精准的流量，对于直通车转化也有很大的提升作用。

1.1.5　直通车的后台工具

除了首页的实时数据外，直通车的后台工具还包括推广、报表、账户、工具、妈妈 CLUB 等。

（1）推广：显示当前店铺的全部推广计划，卖家可以在此新建或者暂停推广计划，如图 1–6 所示。

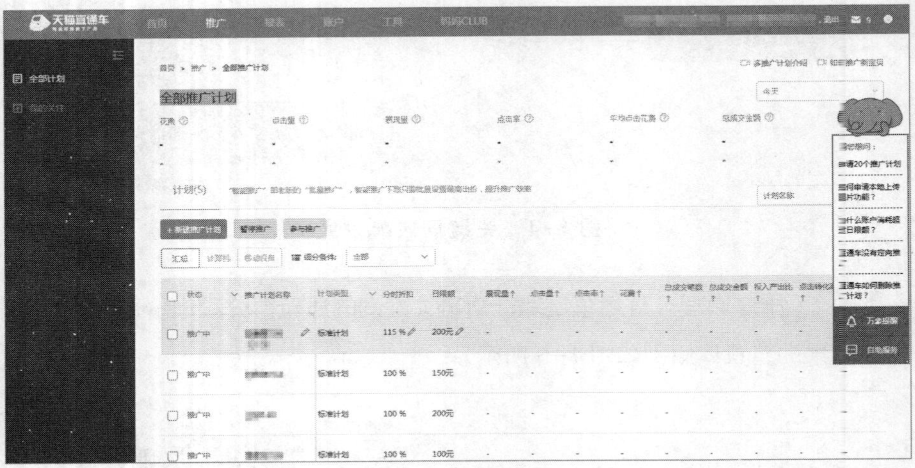

图 1–6 “推广”页面

（2）报表：包括店铺实时报表、店铺基础报表和转化解读报告等功能，能够帮助卖家了解直通车的推广详情，如图 1–7 所示。

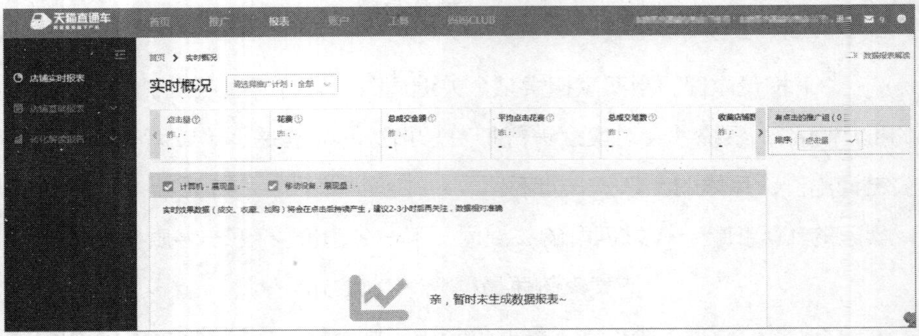

图 1–7 “报表”页面

（3）账户：包括充值、自动充值和提醒、财务记录、操作记录、违规记录、资质管理、联系人管理和服务协议等功能，方便卖家了解账户情况，如图 1–8 所示。

（4）工具：包括账户诊断、抢位助手、竞争分析、生意参谋以及流量解析等工具，具体内容会在第 2 章进行介绍。

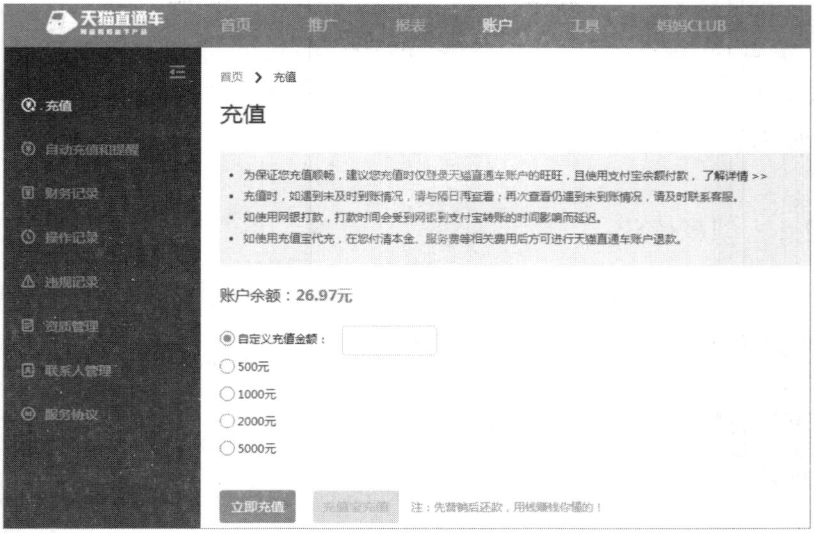

图 1-8 “账户”页面

（5）妈妈 CLUB：阿里妈妈提供的流量、资源、服务等专项置换平台。

1.1.6 直通车的常见误区

直通车一直处于不断地升级变化中，这让很多“老司机”又变回了新手，刚玩直通车的卖家更是无从入手。下面分析一下常见的直通车误区，如图 1-9 所示。

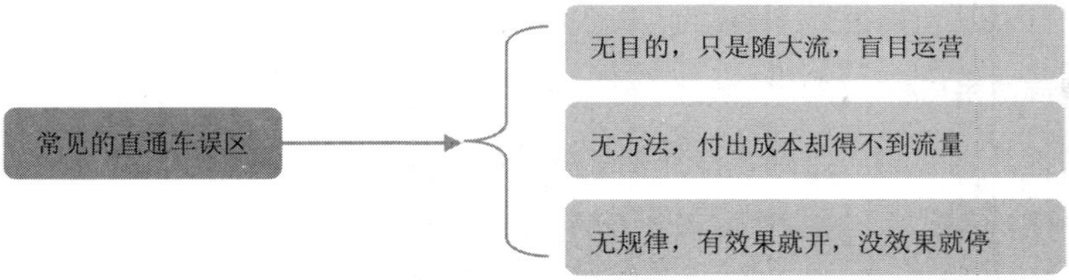

图 1-9 常见的直通车误区

卖家使用直通车引流时，难免会进入这些误区，此时不要盲目做出决定，最好对问题的原因做出分析，三思而后行。

1.2 标准投放：利用直通车做到低开高转化

直通车的基本投放方式包括标准投放和定向投放两种。对于大多数中心卖家来说，优先考虑的就是标准投放方式。标准投放需要关注的核心要点就是创意优化、关键词选择和目标人群精选。

1.2.1 创意优化

卖家在使用标准投放方式时，首先需要考虑的是对创意进行优化，创意优化主要包括对图片和标题的优化，如图 1-10 所示。

图 1-10 创意优化——对图片和标题的优化

创意效果指的是关键词所在宝贝的推广创意效果，包括推广创意的标题关键词点击反馈、图片质量等。商家可通过创意方法不断测试优化推广创意，努力提升创意的点击率。提升创意的核心内容是提升图片点击率，点击率 = 点击量 / 展现量。商家在设置创意时，可以使用以下方法来测试图片和标题。

（1）使用同样的图片，但使用不同的标题关键词组合，然后测试哪种标题的点击率和展现量更高。

（2）使用同样的标题，但使用不同的图片，然后将点击率更高的图片优先测试出来。

电商平台首先是一家商业企业，出售广告位是其盈利的一个重要模式，当两张图片同时展现给消费者时，较高的点击率意味着该图片更符合买家需求，更能够吸引买家，带来更高的广告收入。

从淘宝的角度来讲，需要把消费者喜欢的产品推荐给消费者。例如，当消费者搜索“四件套”时，可以看到 4 个广告位，如图 1-11 所示。

图 1-11　“四件套”广告

一方面假设大部分消费者都喜欢 B 产品风格，导致的结果就是 B 产品的点击量大，相应的点击率也会较高。既然得到消费者的认可，符合淘宝“把消费者喜欢的产品推荐给消费者”这个重要搜索原则，那么对 B 产品的质量得分也会相应提高。卖家可以通过提升创意质量这个权重指标，来提升 B 产品的质量得分，降低其推广成本，实现平台端广告位的“薄利多销”。

另一方面，假设 A 产品的点击量特别少，不太被消费者接受，那么对于淘宝平台来说，对这个产品的展现就是一种资源浪费，展现了没有人感兴趣，没有人点击，就不符合淘宝“把消费者喜欢的产品推荐给消费者”这个重要搜索原则，那么该产品就会被撤换。因此，淘宝会降低其创意质量分，如果商家仍然希望在这里获得展现，那就需要不断提高该产品的出价。

影响产品点击率的因素非常多，包括图片、产品品牌、店铺品牌、产品价格、历史销量等。在这些指标中，有些是可以优化和改变的，比如产品品牌、历史销量、产品价格。有一些因素是很难优化的，比如是否为天猫店铺、店铺的品牌等。还有一些因素是可以通过不断优化进行提升的，比如图片创意、标题创意等。一般来说，卖家在选择产品时，会优先选择历史销量高、品牌好、有价格竞争力的产品。

比如，用户搜索“透气男鞋”时出现的结果如图 1-12 所示，消费者选择哪一个产品的概率比较大呢？其实，消费者选择任何一个产品，都有自己的理由。作为商家来说，就是需要尽可能在消费者千差万别的个性化需求中找到共性的要素，然后不断地去优化这些要素。

图 1-12　“透气男鞋”搜索结果

卖家可以在平台上传 4 个创意，进行测试时有两个选项：优选和轮播，如图 1-13 所示。

图 1-13　创意测试的两个选项

（1）优选：当卖家选择“优选”时，系统会根据创意的历史表现数据优选一个表现较好的进行集中展现。

（2）轮播：当卖家选择“轮播”时，系统会根据卖家上传的创意个数自动将流量平均分配给你上传的创意进行展现。

通常情况下，对于新的图片，可以通过“轮播”的形式，进行 1 ~ 2 天的测试，这样才能测出这些创意中哪个效果最好、点击率最高、点击转化率最理想，然后再选择“优选”，让系统对历史表现优秀的产品进行集中展现。

以上也是测试图片和平台的好方法，有些图片在 PC 端表现较好，有些图片在移动端表现较好，通过不同维度的测试，卖家可以找出最佳选项，为后续的推广服务。对于点击率最高的图片，卖家不仅要在直通车端加大投放，也要将其作为产品主图，帮助产品获取到更多的免费流量。这种测试图片的方法，能避免商家主观臆断，使其通过数据选出相对符合市场需求的图片。

在初步编辑创意标题时，需要注意不能出现一些特殊符号，如图 1–14 所示。

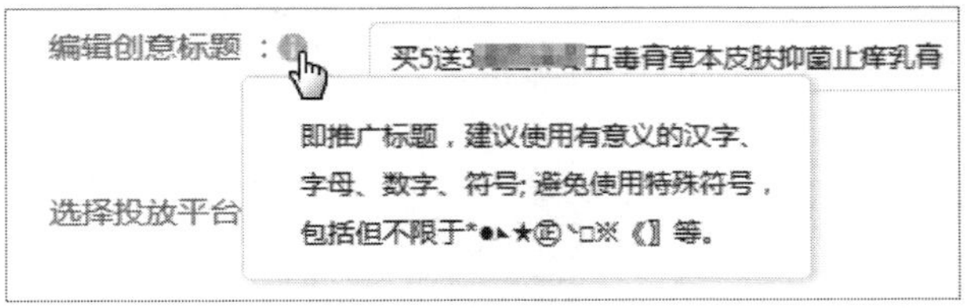

图 1–14　编辑创意标题的注意事项

直通车推广标题的上限是 40 个字符，一个汉字为 2 个字符。直通车标题的传统优化方法为“促销词 + 类目词 + 品牌词 + 卖点词 + 热搜词 + 功能属性词 + 产品词”。标题优化不可能一次到位，至少需要 3~5 次的测试才能找到合适的标题，而且还需要经常进行阶段性的微调。

卖家可以通过参考关键词的数据来倒推优化标题，如图 1–15 所示。例如，新产品可以找一些展现指数比较高，同时跟产品相关性比较强的关键词。如果是中型卖家，则还需要在这两个指标的基础上，考虑推广预算，可以优先选择市场平均出价和竞争指数比较低的关键词。另外，不管是直通车推广的初期、中期还是后期，点击率和点击转化率都是两个比较重要的指标。

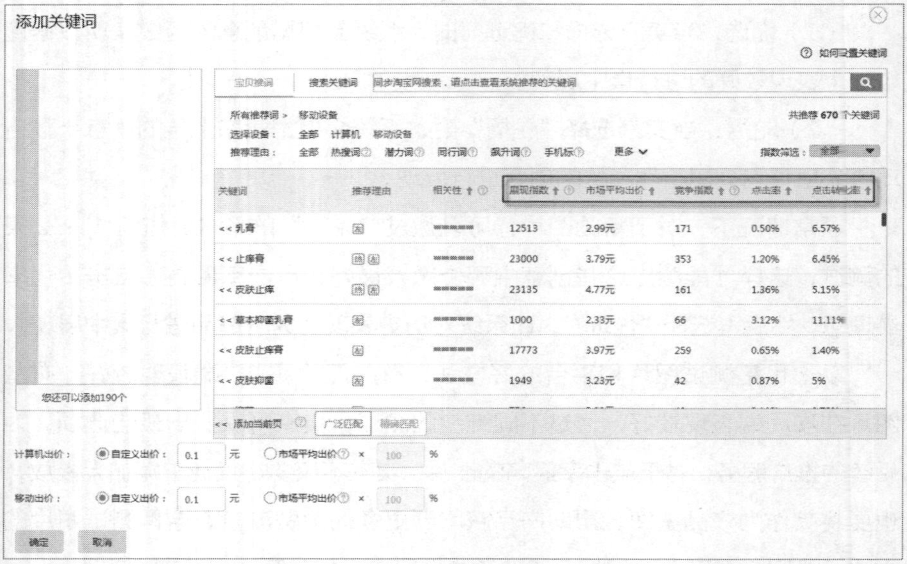

图 1-15　通过参考关键词的数据来倒推优化标题

以上都是传统的标题优化思路，如今淘宝增加了很多内容营销的投放，卖家在做直通车或者钻展的标题优化时，还需要考虑一些新的内容属性。图 1-16 为不同类目的一些亮点标题文案。

3C数码配件市场	功能创新,外观亮点,搭配使用建议,性能优势
电玩/配件/游戏/攻略	功能创新,外观亮点,搭配使用建议,使用体验,玩家口碑
手机	硬件亮点,系统亮点,外观亮点,搭配使用建议
平板电脑/MID	硬件亮点,系统亮点,外观亮点,搭配使用建议
电脑硬件/显示器/电脑周边	硬件亮点,系统亮点,外观亮点,搭配使用建议
品牌台机/品牌一体机/服务器	硬件亮点,系统亮点,外观亮点,搭配使用建议
笔记本电脑	硬件亮点,系统亮点,外观亮点,搭配使用建议
DIY电脑	硬件亮点,系统亮点,外观亮点,搭配使用建议
童装/婴儿装/亲子装	材质解析,设计亮点,搭配指南
童鞋/婴儿鞋/亲子鞋	材质解析,设计亮点,搭配指南,特殊功效,制作工艺
玩具/童车/益智/积木/模型	材质解析,设计亮点,搭配使用建议,功能效果,使用体验,达人推荐
尿片/洗护/喂哺/推车床	材质解析,设计亮点,搭配使用建议,功能妙用
孕妇装/孕产妇用品/营养	材质解析,设计亮点,搭配使用建议,营养价值,特殊功效
奶粉/辅食/营养品/零食	成分解析,营养价值,口感体验,搭配使用建议
香水	香调解析,使用技巧
住宅家具	设计亮点,材质解析,风格解读,搭配指南,特殊工艺,功能创新,使用体验
商业/办公家具	设计亮点,材质解析,风格解读,搭配指南,特殊工艺,功能创新
餐饮具	设计亮点,材质解析,风格解读,搭配指南,特殊工艺,功能创新,使用技巧
厨房/烹饪用具	设计亮点,材质解析,风格解读,搭配指南,特殊工艺,功能创新,使用技巧
家饰布艺	设计亮点,材质解析,风格解读,搭配指南,特殊工艺,使用体验
鲜花速递/花卉仿真/绿植园艺	设计亮点,材质解析,寓意解读,搭配指南,适用场景
宠物/宠物食品及用品	品种介绍,成分解析,营养价值,功能效果,搭配使用建议
居家日用	设计亮点,材质解析,风格解读,搭配指南,特殊工艺,功能创新,使用体验
节庆用品/礼品	风格解读,设计亮点,功能创新,材质解析,搭配指南,使用场景
床上用品	设计亮点,材质解析,风格解读
特色手工艺	品类特色,材质解析,历史传承,使用场景
居家布艺	设计亮点,材质解析,搭配指南,使用场景,风格解读
白酒	产区特色,香型工艺,饮用场景,品鉴笔记
红酒	产区特色,酒庄特色,酿造工艺,饮用场景,品鉴笔记,权威评分
啤酒	酿造工艺,饮用场景,品鉴笔记

图 1-16　亮点标题文案

> **专家提醒：**直通车创意第一个就是要求突出卖点，那大家又会问了，我的卖点应该包括什么呢？产品质感、性能、属性、优势、优惠活动等都是最能吸引人的亮点，所以就要尽可能地在标题关键词突出我们独一无二的卖点，吸引到顾客。
> 另外一个要素就是差异化，像一些护肤品就可以使用效果对比来凸显出和不同产品之间的差异化。除此之外，款式差异化、图片呈现手法差异化、拍摄方法差异化都是体现产品不同特点的好方法。

1.2.2 关键词选择

关键词选择的精髓在于两个字——“加减”，即需要不断通过数据的反馈来加关键词或者减关键词。在关键词选择的初期，卖家可以参考系统默认推荐的关键词，结合店铺选品的实际情况，根据对应的指数来选择关键词。

例如，卖家的预算有限，而且商品类目是一个大类目，如果卖家想让商品的质量得分快速上升，那么需要优先考虑行业点击率和点击转化率这两个指标，同时关键词的匹配方式要选择“精确匹配”，如图 1-17 所示。

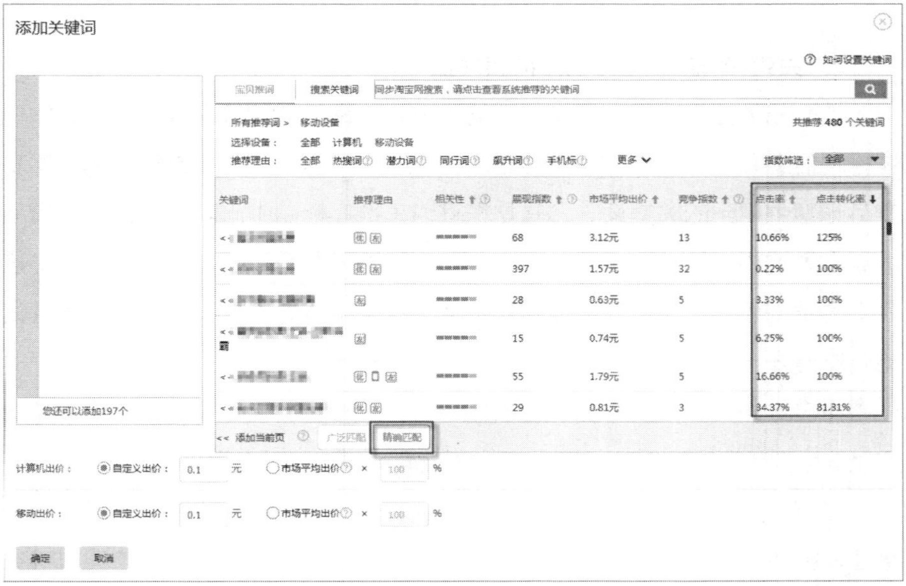

图 1-17　提升商品质量得分需要重点关注的指标和匹配方式

在直通车投放的过程中，卖家要结合点击量、点击率、收藏、加购、投入产出比等来辅助判断关键词的加减，如图 1-18 所示。例如，小预算的直通车推广由于没有过多的资金，因此更需要关注投入产出比数据来选择关键词。

另外，在选择关键词时，还需要注意“相关性”指标。“相关性”是指关键词与商品本身信息、商品类目、商品属性的相符程度。

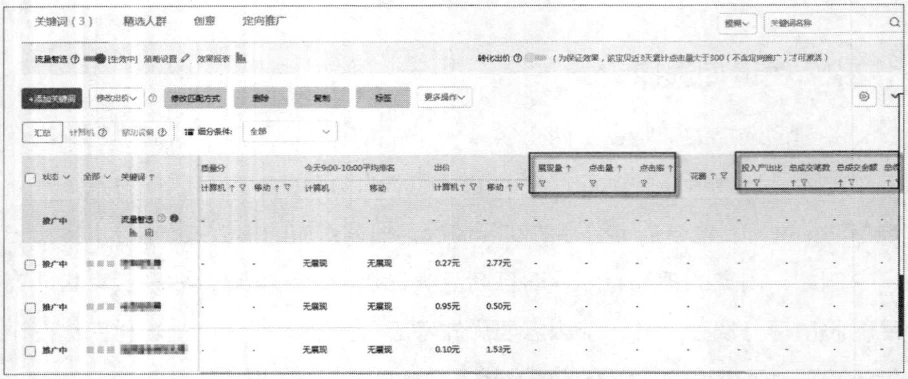

图 1-18　直通车投放过程中选择关键词要参考的数据

1. 关键词与商品本身信息的相关性

这个相关性主要是指卖家购买的关键词与商品的相符程度，主要是体现在标题信息和直通车推广内容信息上，包括商品标题、推广创意标题。卖家商品标题中用到的关键词，尤其是在直通车推广标题中出现过的词，与商品本身信息的相关性就会提高。如果某几个关键词非常重要，那么就必须将这几个关键词放到产品的宝贝标题和直通车标题中，这样就会相应提升关键词的质量得分。

在自然搜索中，70% 的流量都来自关键词搜索，优化关键词是获取免费流量的重要手段，同时，优选出来的关键词还要进行重点优化。

在直通车标题部分，最新的直通车展现形式中，部分位置已经不再显示直通车标题，只显示价格和销量，这说明直通车标题对消费者决策的影响在减弱。那么，在设计直通车标题时，对于其可读性的要求就可以适当降低，保证重要的关键词都能有所展现就可以。

2. 关键词与商品类目的相关性

这个相关性主要是指卖家商品发布的类目和关键词的优先类目的一致性，

因此卖家要注意，不要错放类目。这是一个非常关键的指标，在直通车后台系统推荐的关键词，大部分都是在同一类目下的关键词，但是有的卖家希望获取更多流量，擅自使用其他类目的词。比如，某个卖蛋糕的卖家，认为“蛋糕裙”这个词有一定的搜索量，关键词也与产品比较接近，买“蛋糕裙”的人，很可能也喜欢吃蛋糕，于是将“连衣裙”这个词放到其食品的推广文案中，这属于典型的类目相关性低，商品质量得分会非常低。

基于“把消费者喜欢的产品推荐给消费者”这一重要的搜索原则，大部分情况下，每一个“关键词”都会被匹配到“词库”中，这个“词库”对应着关键词的类目。“蛋糕”一词，属于食品类目；而“蛋糕裙”属于女装类目，一个搜索蛋糕的人，需要看到的是各种美味的蛋糕，而不是各种款式的裙子。所以，当卖家不遵守这个原则时，系统就会为其匹配极低的质量得分。在某些情况下，一些比较少见的词汇，如“经编针织木蚕丝”，超出了词库的认知范围，系统会给出一个预估分数，综合考虑其他几个指标维度后再进行调整。

3. 关键词与商品属性的相关性

这个相关性主要是指卖家发布商品时选择的商品属性与关键词的一致性，卖家应填写符合自己商品特征的属性。例如，买家在搜索“晴雨伞”关键词时，商品属性中包含该关键词的商品会获得更好地展现，如图 1–19 所示。

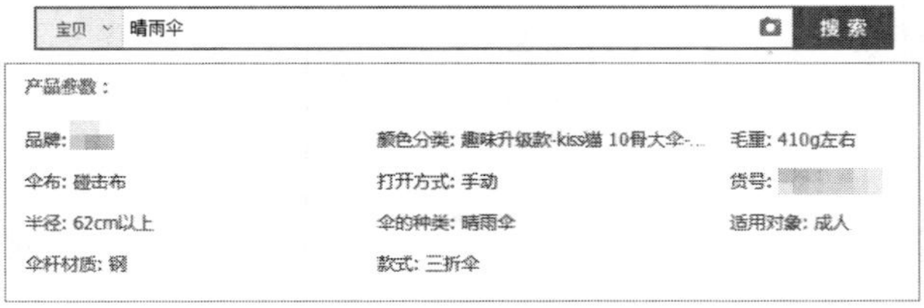

图 1–19　关键词与商品属性的相关性

> **专家提醒：** 买家体验是现阶段直通车后台比较看重的指标，这需要商家逐步提升整体实力。对于商家来说，不仅要考量推广的能力、资金、技巧，也要考量产品本身的品质、性价比，以及用户购物过程中，页面的舒适程度、客服的服务质量等，这是对商家整体运营能力的考核。

1.2.3 目标人群精选

与千人千面搜索的不同之处在于，直通车的搜索人群是卖家设置后的结果，卖家可以通过调整访客人群、溢价，获得更精准的流量，如图 1-20 所示。

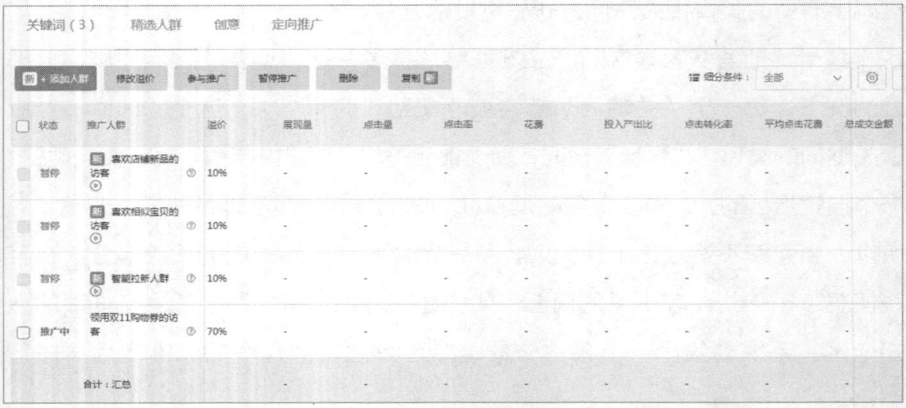

图 1-20　直通车“精选人群”界面

在相应推广人群方案中点击编辑按钮，可以在弹出的窗口中自定义人群出价中的溢价比例，如图 1-21 所示。例如，关键词出价为 1 元，溢价比例为 50%，那么人群出价 =1×（1+50%）=1.5 元。

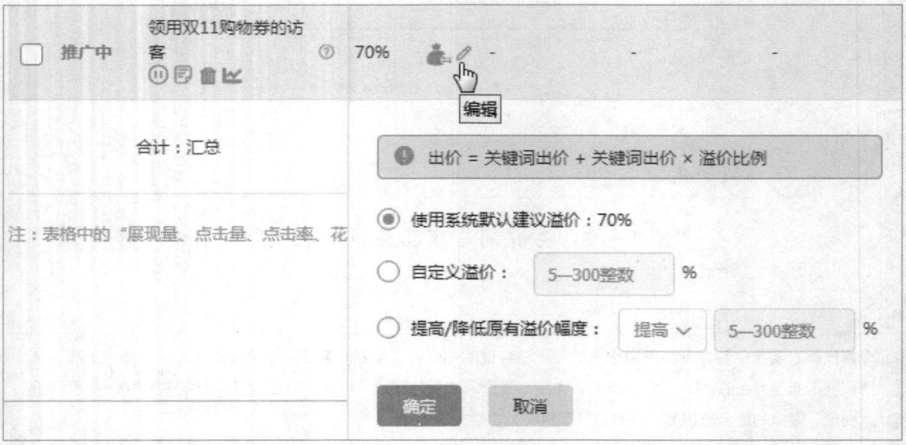

图 1-21　自定义溢价比例

在添加访客人群时，卖家可以根据推广目标和商品类目来设置更加精准的自定义人群，包括人口属性人群和天气属性人群两类。

（1）人口属性人群，包括类目笔单价、性别、年龄、月均消费额度等筛选条件，如图 1-22 所示。

（2）天气属性人群，包括温度、天气现象以及空气质量等筛选条件，如图 1-23 所示。

图 1-22 “人口属性人群”界面

图 1-23 “天气属性人群”界面

1.3 定向投放：直通车这样投放转化率将飙升

除了关键词搜索被动展现外，卖家还可以选择主动的定向推广方式，提升投放转化率。在直通车推广计划中选择“定向推广”进入其界面，如图 1-24 所示，卖家需要重点注意“投放人群”下的智能投放和购物意图定向这两个功能。

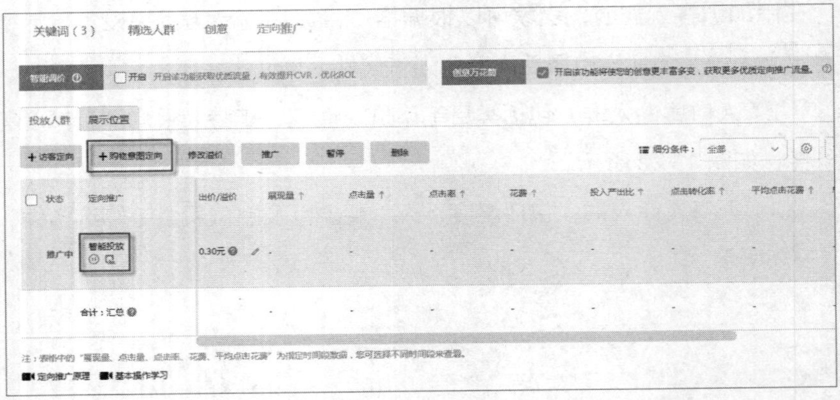

图 1–24 “定向推广”界面

1.3.1 智能投放功能

开启智能投放功能后，系统会根据后台的人群标签去圈选一定范围的人群，然后对匹配的人群进行投放，如图 1–25 所示。智能投放直接反馈的结果就是展现量非常大、点击量比较高，但点击率会偏低，适合需要引流、收藏和加购的产品。

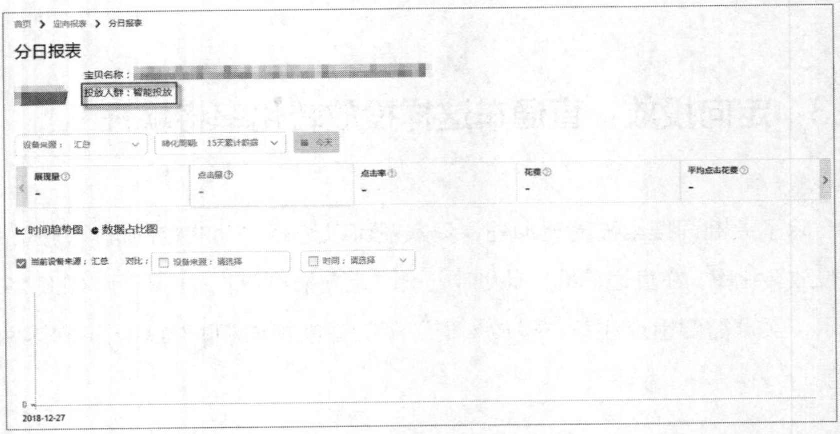

图 1–25 智能投放报表分析

如果卖家的直通车推广目标是精准引流，想要投入产出比更高一些，那么笔者建议不要开启智能投放功能。

1.3.2 购物意图定向

进入“投放人群”的“购物意图定向”界面后，系统会针对商品给出一些推荐标签进行单独的定向投放，如图 1-26 所示。“购物意图定向”功能的作用是根据商品标题属性提炼出和商品相关的一些标签，系统会拿这些标签和买家身上的标签相匹配，匹配上就有机会在定向的展位上展现。

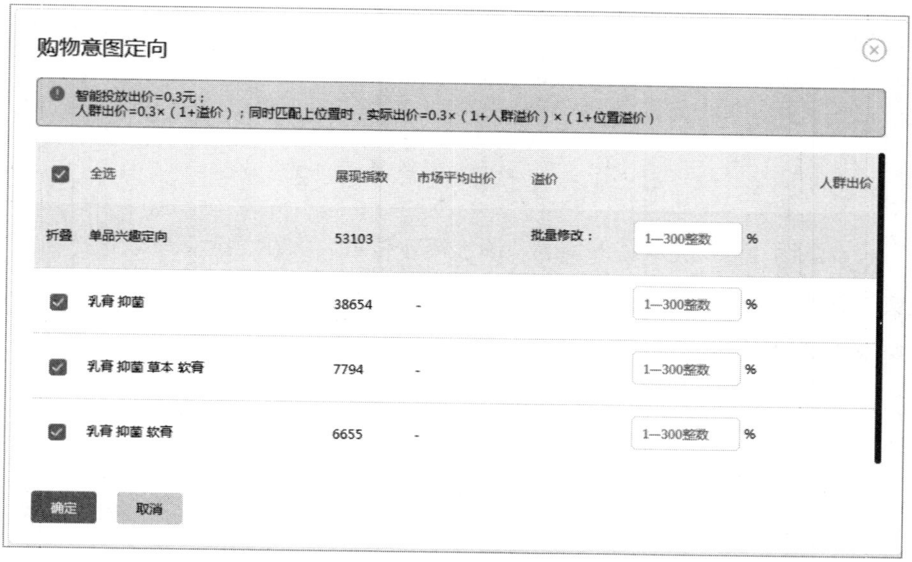

图 1-26 “购物意图定向”界面

在“购物意图定向”界面要注意以下两点。

（1）可以单独进行购物意图定向。标签是可以多选的，卖家要尽量选择贴近商品特点属性的标签。

（2）注意展现指数大小。如果某些标签的展现指数非常小，那么人群溢价的效果就非常有限。

1.3.3 定向投放展示位置

定向投放的展示位置通常为 PC 端和无线端，如图 1-27 所示。卖家在进行定向投放推广时，建议优先选择“手机淘宝 _ 首页猜你喜欢”展示位置，无论是引流还是收藏、加购，该位置的效果都非常好。

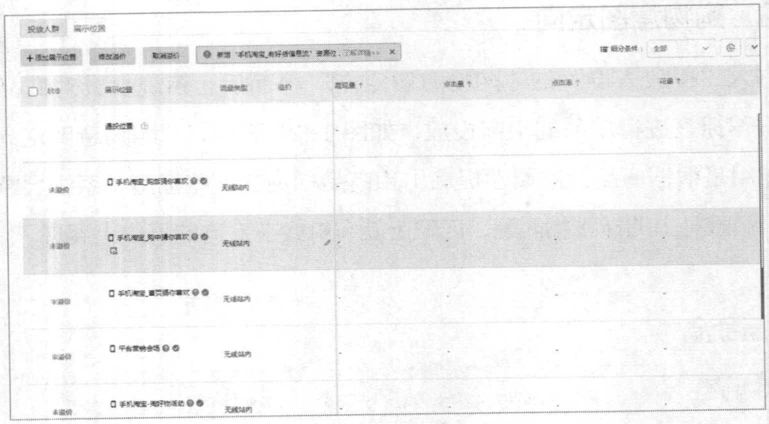

图 1-27　定向投放的展示位置

点击图 1-27 所示左上角的“添加展示位置”按钮，卖家可以根据各展现位置的展现指数来调整合适的溢价，即可选择相应的定向投放展示位置，如图 1-28 所示。

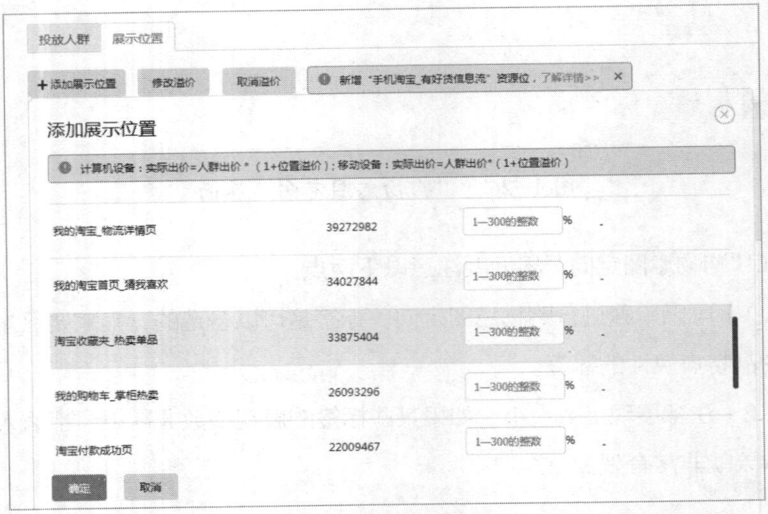

图 1-28　添加展示位置

专家提醒：“淘宝首页－热卖单品”位置位于淘宝首页的底部，具有超高曝光、高流量、低转化的特点，要求卖家选择浅色背景图。另外，定向投放还有站外的位置资源，比如新浪微博的定向广告位置。

第 2 章

工具设置：暴涨直通车点击+转化

开启直通车通往店铺赚钱之路，要求卖家必须先了解直通车，卖家不仅要明确“开车”的目的，还要知道直通车各种工具的运用和设置方法，让自己在运营的过程中不会“翻车”，从而达到通过直通车来帮助店铺稳定引流的目的。

本章主要介绍一些“开车”前的入门知识，如直通车的常用工具和基础操作技巧，让卖家把成本都花在正确的地方。

本章主要内容包括：

- 用好这些工具，直通车转化率至少提升 70%
- 解析直通车提升转化率和降低 CPC 的核心要点

2.1 用好这些工具，直通车转化率至少提升 70%

在直通车的顶部导航栏中可以看到一个“工具”菜单，其中的工具是卖家做直通车推广必不可少的，卖家必须熟练掌握这项工具的使用方法，提升直通车转化率。

2.1.1 账户诊断

在“工具”菜单中选择“账户诊断”选项，进入其界面后可以看到很多相关的工具，如图 2–1 所示。账户诊断可以对关键词的展现排名变动、关键词的展现流量大小、关键词的添加和删除、宝贝创意进行系统智能诊断。

账户诊断会针对不同类型的卖家，给出更加精细化的诊断和方案。例如，选择“人群诊断”功能并打开详情页面后，系统会给出需要优化的人群来提升推广效果，如图 2–2 所示。

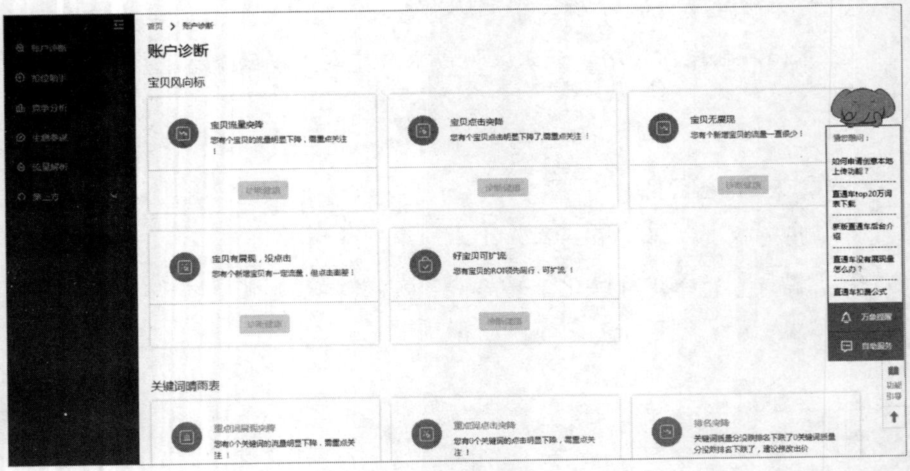

图 2–1 “账户诊断”界面

图 2-1　“账户诊断”界面（续）

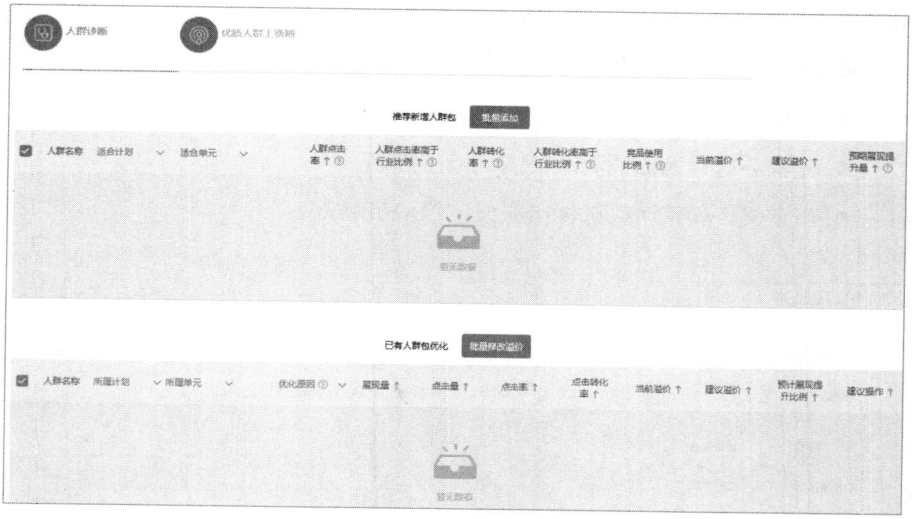

图 2-2　“人群诊断”功能

2.1.2　抢位助手

抢位助手能够为卖家自动调整关键词出价，抢夺并稳定商品排名。卖家可以设置一系列的抢位策略，系统会根据这些策略自动及时调整关键词的出价，使得商品的排名保持在目标排名区间内。

设置“抢位”策略的方法如下。

（1）进入“抢位助手”界面，点击“新建策略”按钮，如图 2–3 所示。

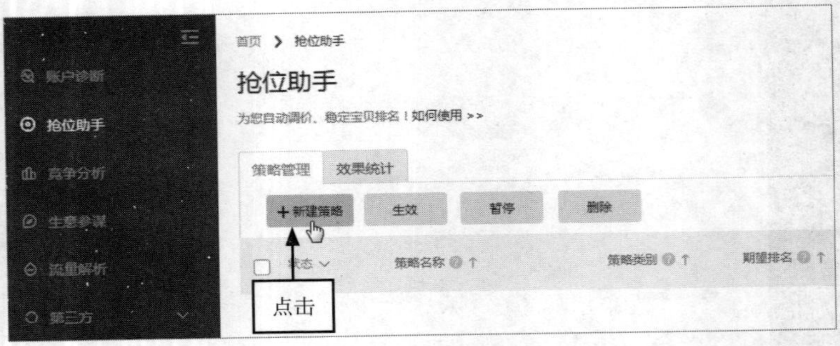

图 2–3　点击“新建策略”按钮

（2）弹出“新建策略”窗口，在“策略类别”列表框中，包含了不同的策略类别，可以满足卖家不同的抢排名需求，如图 2–4 所示。

- 品牌独占：为品牌词抢占排名。
- 主打爆款：为爆款商品抢占排名。
- 促销活动：为促销活动关键词抢占排名。
- 自定义：卖家可以选择自主设定抢位策略。

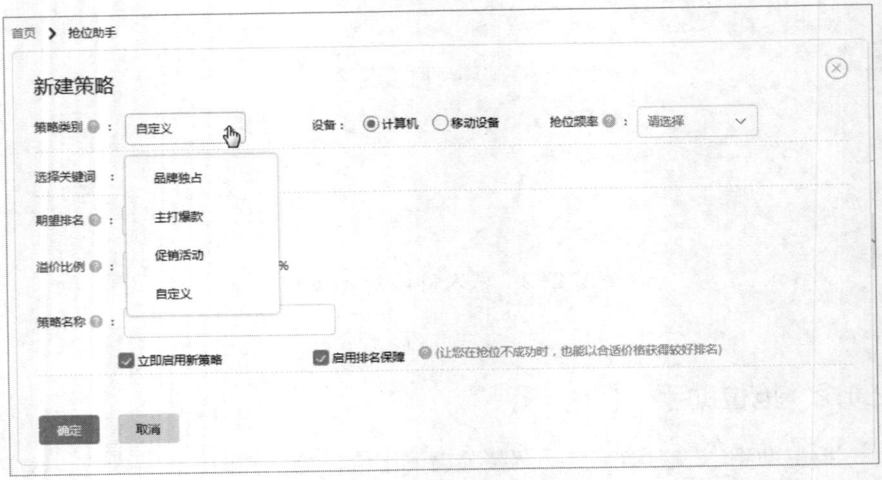

图 2–4　策略类别列表

（3）在设置策略时，卖家还需要考虑设置合适的抢位频率。经综合评估，笔者建议卖家可以将频率调高一些，如图 2-3 所示。

图 2-5　设置抢位频率

抢位助手是一个两极分化非常严重的工具，有些人觉得实用，而有些人则认为它没用。笔者认为，那些不考虑抢位助手的卖家，很多时候是因为他们本身的推广预算比较少，商品的竞争力也不是特别强，他们每天能够获得一定的展现就满足了；还有一部分卖家本身推广预算比较多，产品比较有实力，或者是新品，需要商品在某一个阶段持续进行曝光，此时就可以开启抢位助手功能。

2.1.3　竞争分析

竞争分析是直通车后台经常需要用到的功能，进入该功能的界面后可以看到同级别竞品店铺和宝贝的推广情况，如图 2-6 所示。竞争分析可以帮助卖家了解到店铺的行业推广水平，找到自己与竞品店铺的差距，竞争分析还会给出提升方案，帮助卖家获得更多优质的流量。

在竞争分析中还有一个关键词优化功能，即系统会显示同行竞店使用效果更好的关键词，同时会显示卖家店铺和竞店的一些数据对比结果，来分析这些关键词的优劣，有一定的参考价值，如图 2-7 所示。

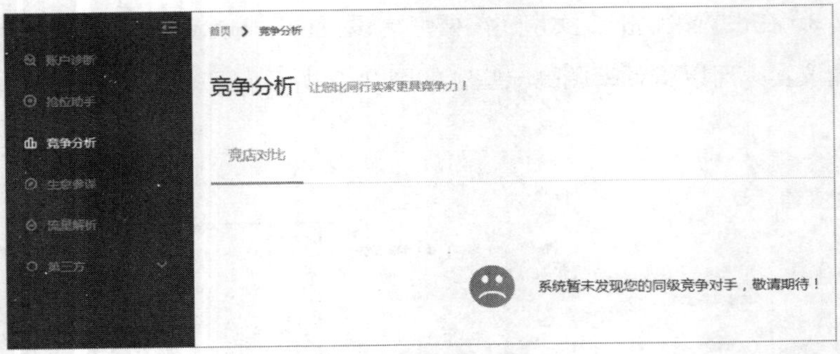

图 2-6 “竞争分析”界面

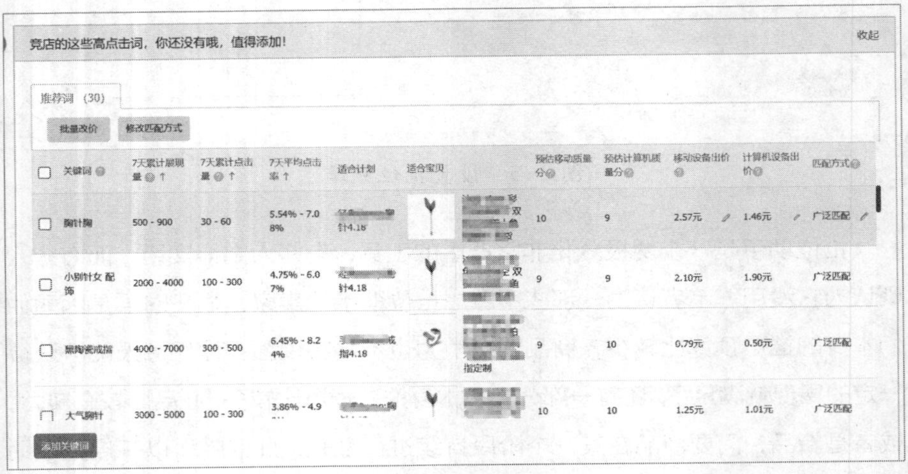

图 2-7 竞店关键词分析

2.1.4 生意参谋

生意参谋是专业的一站式数据分析产品，它按照数据分析、问题诊断、优化提高这个环环紧扣的逻辑设计，帮助卖家分析曝光、点击和反馈等效果，有针对性地给出诊断结果，并提供解决方案，帮助卖家提升店铺推广效果。生意参谋首页集中展示了一些非常重要的店铺数据，主要包括实时概况、整体看板、流量看板、转化看板、客单看板、评价看板、竞争情报和行业排行等几个板块，如图 2-8 所示。

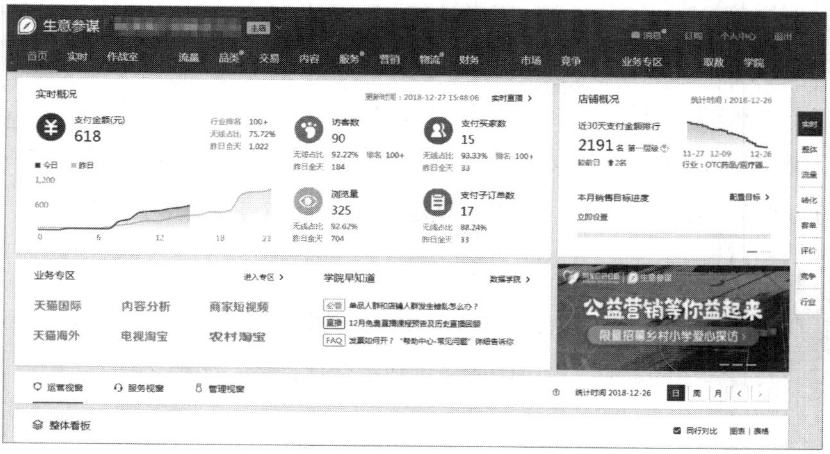

图 2-8　生意参谋首页

2.1.5　流量解析

卖家在给商品设置关键词或者修改关键词出价时，如果想参考市场数据来调整对应的推广策略，那么建议使用“流量解析”功能。流量解析是一款可用于洞悉市场数据的功能，通过记录一段历史时期内关键词在直通车的各类市场上的数据，帮助卖家洞悉市场变化情况，图 2-9 所示为流量解析界面。卖家可以通过查询关键词，获得对应的市场数据、推广参考建议等。

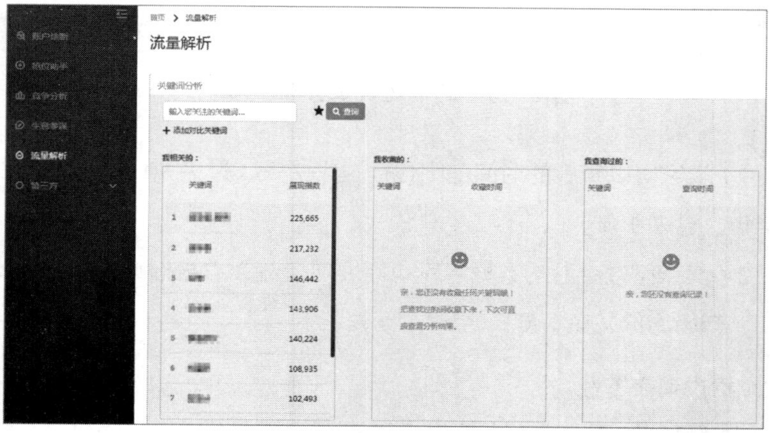

图 2-9　流量解析界面

卖家进入流量解析界面，首先会看到一个关键词搜索框，在关键词搜索框中输入关键词后点击“查询”将进入对应关键词的分析页面，看到关键词的市场数据分析、推广词表下载、数据透视以及线上推广排名选项。

卖家可以点击“添加对比关键词”按钮，同时查看最多 3 个关键词的数据分析结果，系统会推荐与店铺主营类目相关的 top 热词作为参考。

1. 市场数据分析

在“关键词分析”页面点击“市场数据分析”标签进入其界面，系统会提供该关键词在选定时间范围内的市场数据变化趋势，如图 2-10 所示。

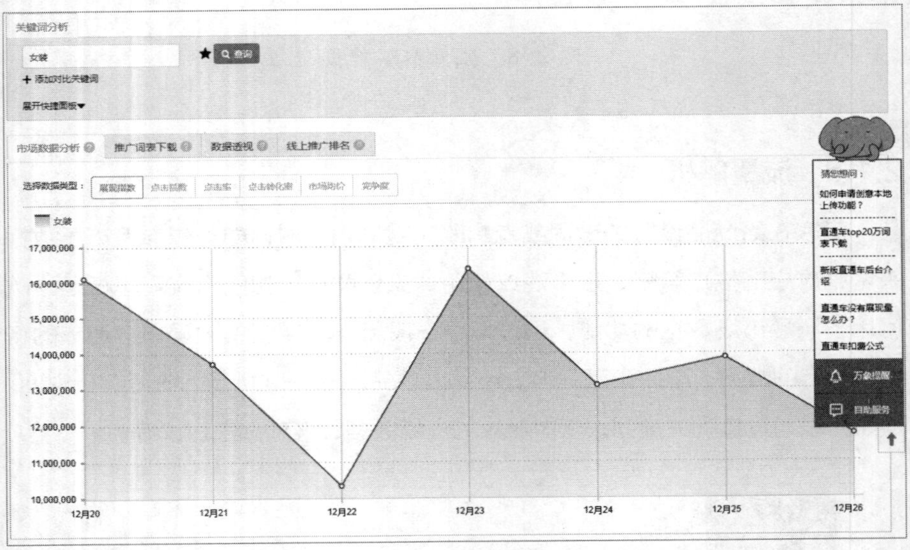

图 2-10 “市场数据分析”页面

（1）卖家可以查看的时间范围包括过去 7 天、过去 30 天、过去 90 天、过去半年、过去 1 年。

（2）卖家可以查看的数据字段包括展现指数、点击指数、点击率、点击转化率、市场均价、竞争度。

2. 推广词表下载

点击“推广词表下载”标签进入其界面，系统会提供基于前一天数据的“相关词分析”，如图 2-11 所示。卖家可以选择不同的数据字段进行排序，也可以通过点击数据表格的拉伸箭头打开页面，看到全量数据展现。

相关词分析包括以下两个方面。

（1）卖家可以查看该关键词的相关词，在前一天的展现指数、点击指数、点击率、点击转化率、市场均价以及竞争度。

（2）卖家可以复制表格中的关键词，或者下载更多相关词的数据。注意：目前可下载的关键词的数量因查询条件的不同而存在差异，下载上限为 1 000 个词。

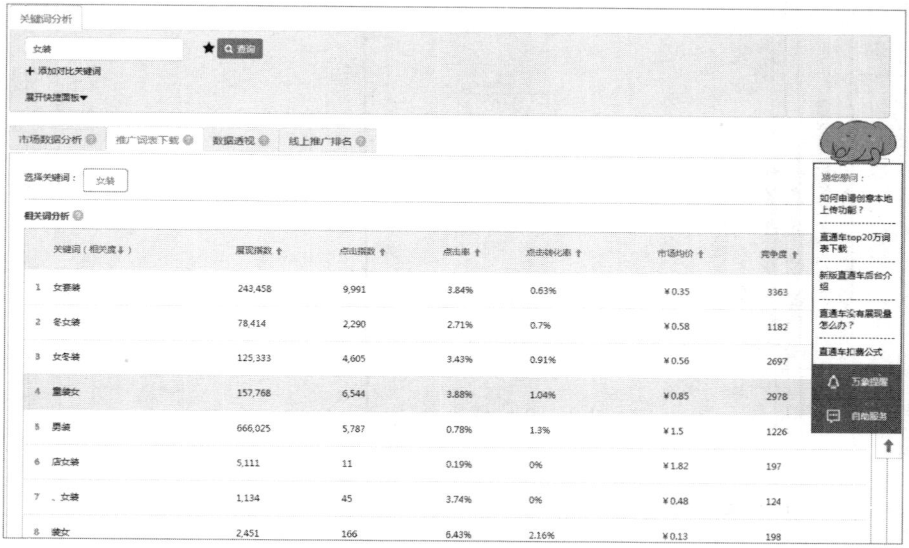

图 2-11　推广词表下载

3. 数据透视

点击“数据透视”标签进入其界面，系统将会提供过去一周时间内，该关键词的地域分布、流量分布以及竞争分布的透视数据。

（1）地域透视：过去一周时间内，该关键词（或该类目）在全国各省份的数据分布情况。卖家可以查看的数据字段包括展现指数、点击指数、点击率、点击转化率以及市场均价。卖家可以选择不同的数据字段以获取对应的省份分布排名。

（2）流量透视：过去一周时间内，该关键词（或该类目）在淘宝站内，站外的数据分布以及展现占比情况。卖家可以查看的数据字段包括展现指数、点击指数、点击率、点击转化率、市场均价、竞争度。

（3）竞争透视：过去一周时间内，该关键词（或该类目）在不同点击价格的竞争宝贝数量和平均展现量。宝贝数量指过去一周时间内，在不同点击价格区间的日均竞争宝贝数量，卖家可以据此调整自己的出价策略，以较小的预算变动换取更大的竞争优势。如图 2–12 所示，适当提高出价，既可以减少竞争宝贝数量，又可以获得更高的展现量。

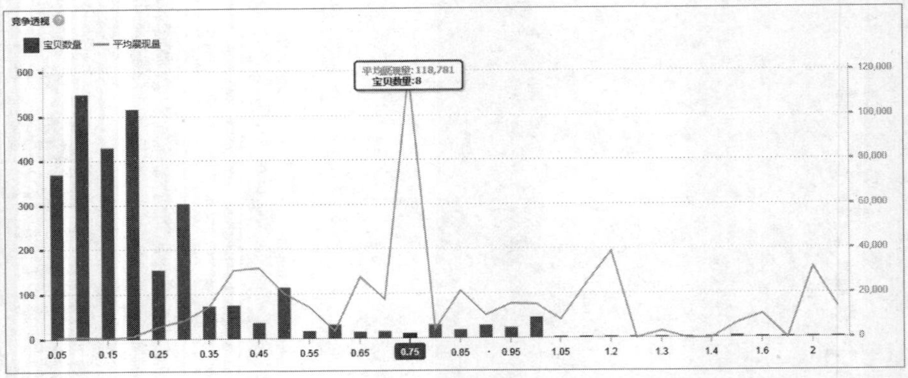

图 2–12 “竞争透视”分析

4. 线上推广排名

线上推广排名即原来的关键词查询工具，能为卖家提供该关键词下的宝贝推广排名和页面推广排名状况，宝贝推广排名按照流量获取能力排序，如图 2–13 所示。

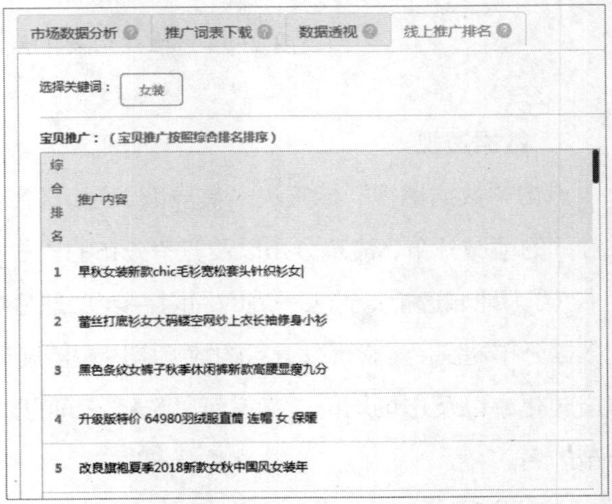

图 2–13 宝贝推广排名

（1）宝贝推广：卖家可以看到该关键词前 100 名的宝贝推广内容，对于卖家自家的宝贝推广内容，系统会做标红处理。

（2）店铺推广：卖家可以看到该关键词前 100 名的页面推广内容，对于卖家自己的页面推广内容，系统会做标红处理。

2.2 解析直通车提升转化率和降低 CPC 的核心要点

如今，直通车的玩法越来越多，配合精准的人群标签，卖家得到的流量也越来越精准。但是，很多卖家在实际应用直通车的过程中碰到了很多问题，尤其是有一段时间没用过直通车的卖家，感觉一下子适应不了。本节总结了一些直通车提升转化率和降低 CPC 的核心要点，让卖家“开车”时不再迷茫。

2.2.1 直通车的产品测试技巧

选款是成功的开始，解决流量问题、打造爆款的首要工作就是数据选款和测款，这与投资股票一样，我们是要投钱进去的，不可能随便找一只股票乱投。玩直通车过程中，技术只是一部分，更多的还是要靠选款和测款，没有好的产品支撑，卖家操作起来会非常吃力。下面介绍一些直通车的产品测试技巧，帮助卖家找到更好的产品用于推广。

1. 利用“新建批量推广计划”新功能测款

直通车推出了一个“新建批量推广计划”新功能，卖家可以将需要测款的商品全部加入这个计划，并设置基本的投放地域、投放时间等参数，之后整个系统的抓词和点击测试都由功能完成，是一个非常有效的测款计划。选择“新建批量推广计划”功能并进入其界面后，可以进行一些基本的设置，包括日限额、投放平台、投放时间和投放地域等，如图 2-14 所示。

图 2-14 “新建批量推广计划”界面

在新建批量推广计划时，需要注意投放地域不要设置得过于精准，可以在店铺的精准人群的基础上适当放宽一些。另外，出价的上限也不要过低，同时还要考虑修改出价策略，在此可以选择测款策略（在卖家的出价范围内，由系统来选词，进行初步测款）和平销策略（进一步测款，找到点击量和收藏量比较大的商品），如图 2-15 所示。

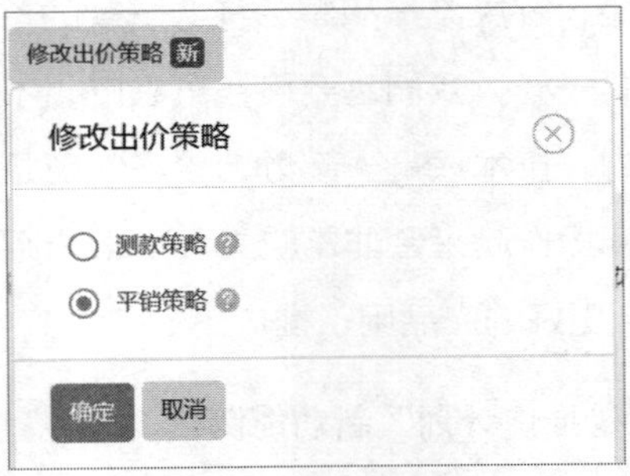

图 2-15 修改出价策略

直通车测款的基本原则如下。

（1）同类目、同属性的商品一起测款。

（2）销量、评价数差不多的商品。

（3）地域、时间、关键词等一样的条件。

如图 2-16 所示是一些不同的商品，在设置相同的出价后，无论是投入产出比还是点击率等数据，都会有明显的区别，数据不好的商品则说明没有投放推广的意义，而数据比较好的商品则可以单独拿出来进行投放。

推广单元类型	默认出价	展现量	点击量	点击率	花费	平均点击花费	投入产出比	总购物车数
批量推广	¥0.89	11,012	548	4.98%	¥319.69	¥0.58	0.94	27
批量推广	¥0.89	22,902	958	4.18%	¥541.48	¥0.57	0	10
批量推广	¥0.89	1,046	40	3.82%	¥23.02	¥0.58	19.55	2
批量推广	¥0.89	1,482	51	3.44%	¥29.88	¥0.59	16.70	0
批量推广	¥0.89	145	3	2.07%	¥1.23	¥0.41	-	-
批量推广	¥0.89	31,118	169	0.54%	¥112.09	¥0.66	0	5

图 2-16　直通车测款案例

2. 利用生意参谋测款

卖家可以利用直通车的“生意参谋”工具来测款。首先进行行业分析，找到市场上的热门类目，锁定几款热卖产品，基本方法如图 2-17 所示。

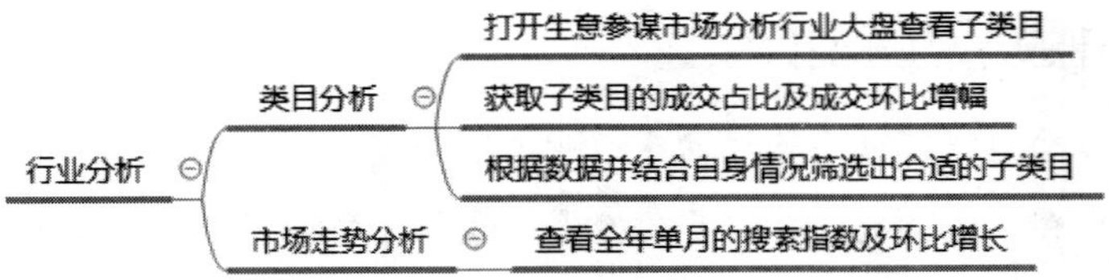

图 2-17　行业分析

接下来分析竞品数据。卖家可以利用生意参谋的“市场洞察”功能分析竞争店铺、竞争商品、竞争品牌、竞争动态以及竞争配置等情况，清晰了解市场现状，具体分析方法和关键点如图 2-18 所示。

接下来对比转化效果，最后进行数据化定款分析，分别找到主推款、引流款、养账户分和利润款，具体方法如下。

（1）流量大，点击率高，加购收藏高→主推款。

（2）流量大，点击率低，加购收藏低→引流款。

（3）流量低，点击率高，加购收藏低→养“账户分”（这里指的是低价长期投放直通车推广的策略，“账户分”主要是指直通车账户）。

（4）流量低，点击率低，加购收藏高→利润款。

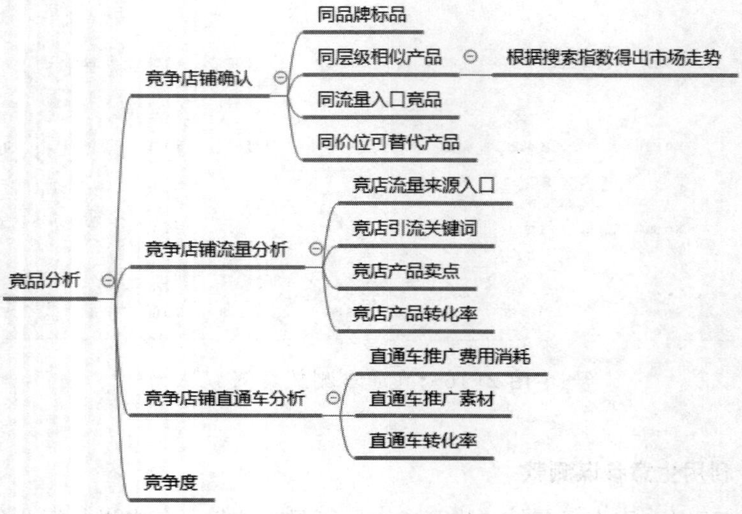

图 2-18　竞品分析的方法和关键点

2.2.2　直通车的关键词设置

关键词是直通车推广的灵魂，定期更新关键词可以让商品获得更多的展现机会和流量。店铺或商品想要有流量，就得先有曝光，即标题关键词要有权重，要做到这一点，卖家必须在选词和编写方法上下一番苦功夫。

1. 关键词获取渠道

直通车的关键词获取渠道包括 20w 词表、系统推荐、搜索词分析、竞争情报、流量解析、选词助手以及下拉框等。

（1）20w 词表。这是淘宝的一个关键词词库，它基于直通车操作需求，汇集了几乎所有热门关键词，如图 2-19 所示。

	A	B	C	D
1	关键词	一级类目	二级类目	三级类目
2	连衣裙	女装/女士精品	连衣裙	
3	女羽绒服	女装/女士精品	羽绒服	
4	窗帘	居家布艺	窗帘门帘及配件	定制窗帘
5	手机	手机		
6	沙发	住宅家具	沙发类	布艺沙发
7	中老年女装	女装/女士精品	中老年女装	
8	鱼竿	户外/登山/野营/旅行用品	垂钓装备	钓竿
9	棉衣 女	女装/女士精品	棉衣/棉服	
10	羽绒服 男	男装	羽绒服	
11	吸顶灯	家装灯饰光源	灯具灯饰	吸顶灯
12	充电宝	3C数码配件	移动电源	
13	保温杯	餐饮具	杯子/水杯/水壶	保温杯
14	半身裙	女装/女士精品	半身裙	
15	卫衣 女	女装/女士精品	卫衣/绒衫	
16	厨房置物架	厨房/烹饪用具	厨用小工具/厨房储物	厨房储物架/厨房置物架
17	羽绒服	女装/女士精品	羽绒服	
18	羽绒服女	女装/女士精品	羽绒服	
19	衣柜	住宅家具	柜类	衣柜
20	女装	女装/女士精品	毛针织衫	

图 2-19　20w 词表部分内容

（2）系统推荐。在直通车后台添加关键词时，可以利用系统推荐的关键词，也可以在搜索框中输入相应的词来查找展现指数、点击率、转化率和投入产出比较高的关键词，如图 2-20 所示。

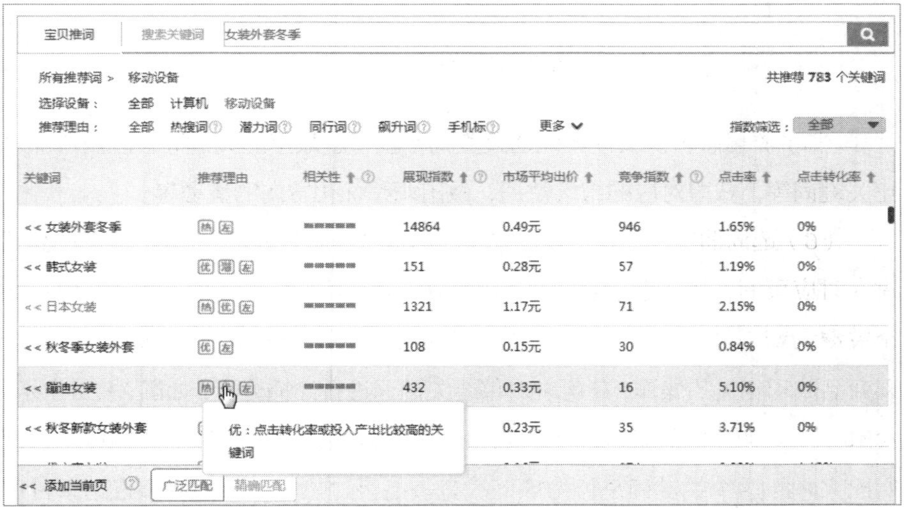

图 2-20　系统推荐的关键词

（3）搜索词分析。卖家通过分析买家搜索的关键词和飙升词，可以掌握买家的搜索习惯。具体操作是打开生意参谋工具，进入“市场”界面，选择“搜索排行”并进入对应界面，如图 2-21 所示，该界面包含搜索词、长尾词、品牌词、核心词、修饰词，卖家可以通过买家的搜索行为快速分析并精准定位市场。

（4）竞争情报。这是一款竞争对手分析工具，可以帮助卖家精准定位竞争群体，分析自身与竞争对手的差距，提供经营优化建议及决策，同时也可以帮助卖家找到高搜索人气的关键词。

图 2-21　搜索词排行

（5）流量解析。卖家可以通过查询希望了解数据的关键词，以及添加对比关键词等，获得对应的市场数据，做出调整优化方向的参考等。

（6）选词助手。打开生意参谋工具进入“流量”界面，选择“选词助手”进入对应页面，该工具包括引流搜索词和行业相关搜索词两个部分，显示各个关键词带来的访客数、引导下单转化率、全网搜索热度、全网点击率、全网商品数和相关的操作，还可以对每个关键词进行详情分析，如图 2-22 所示。卖家可以查看这些关键词的引流效果和转化效果，以及通过全网的搜索热度对比来判断这个关键词是否为热词、竞争是否过热等，从而调整直通车付费流量的投入成本。

图 2-22　选词助手

（7）下拉框。在淘宝搜索框输入相应产品名称或关键词，下拉框中就会出现很多相关的关键词，如图 2-23 所示。笔者推荐卖家尽可能在移动端就使用该渠道，因为移动端的下拉词更多，在做直通车关键词时就可以利用这里面的热搜词来推广。

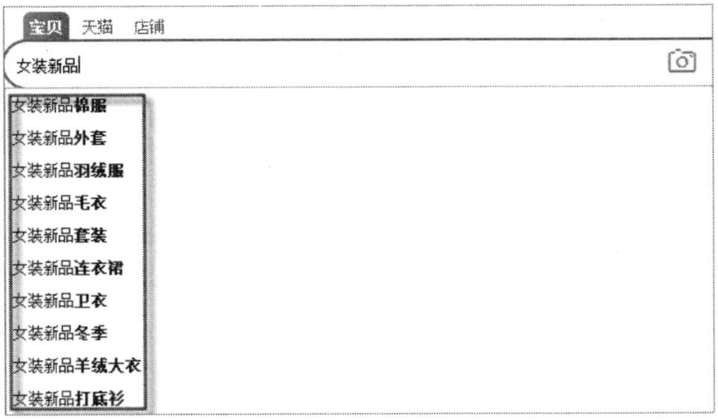

图 2-23　下拉框中的关键词

另外，直通车还有一个新的选词功能——“流量智选”，如图 2-24 所示。

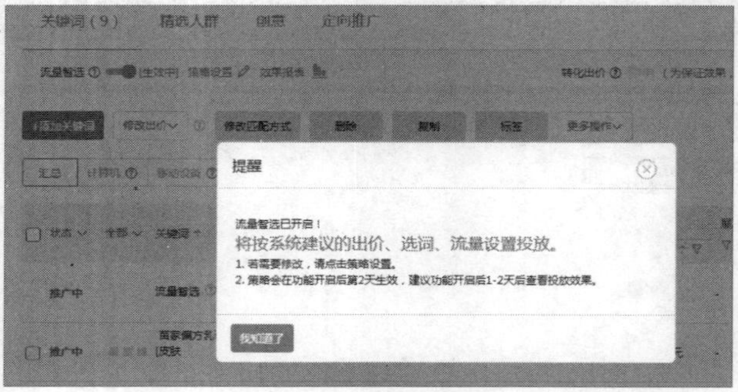

图 2-24　启用“流量智选”

启用后在右侧可以看到一个“策略设置”功能，点击进入可以看到设置选词偏好、设置基础出价上限等选项，如图 2-25 所示。卖家可以选择在移动端或 PC 端出价投放，根据笔者的实际测试效果，建议分别针对移动端和 PC 端创建两个计划，让系统帮你自动选词。

2. 关键词数据分析

直通车关键词的选词理由包括热搜、潜力、同行、飙升、相关性、展现指数、点击率和点击转化率，卖家可在后台通过行业数据分析来确定关键词，具体分析指标包括展现指数、点击指数、点击率、转化率、市场均价、竞争度、数据透视、生意参谋及经验（产品特征、目标人群和宝贝用途）等。

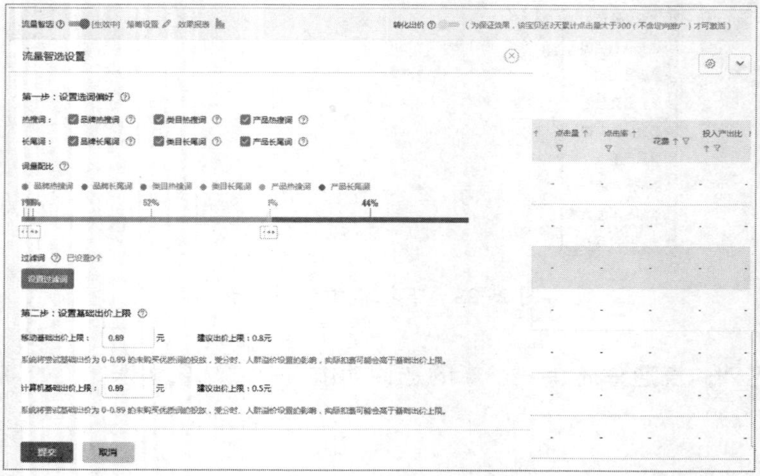

图 2-25　策略设置

另外，卖家也可以通过直通车后台添加关键词中的“指数筛选”功能来设置各个指标的数据范围，查找更加精准的关键词，如图 2–26 所示。

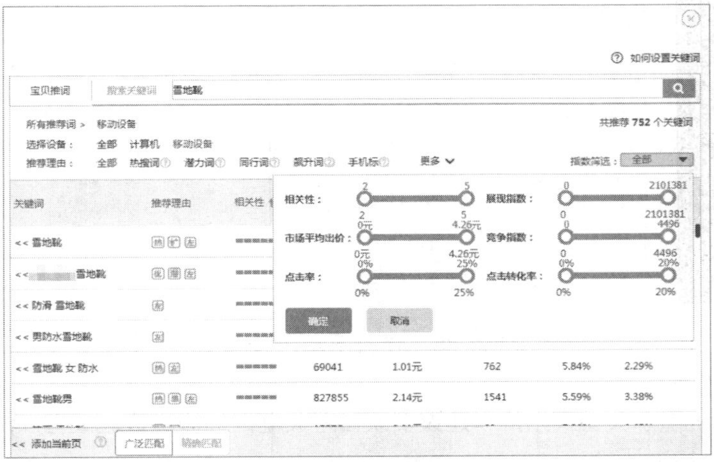

图 2–26　“指数筛选”功能

3. 关键词出价

直通车关键词的出价目的主要包括 4 个方面，如图 2–27 所示。

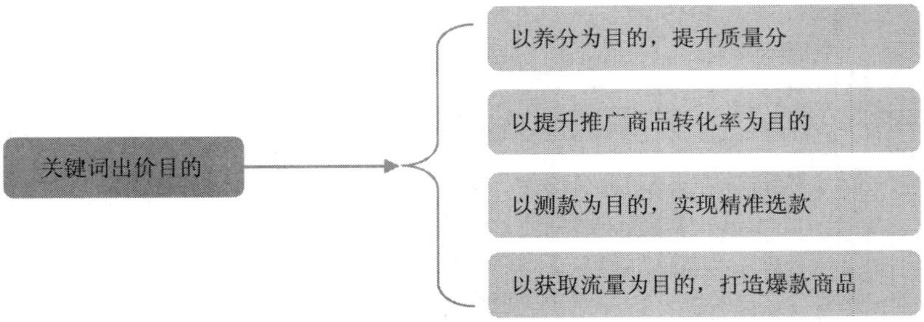

图 2–27　直通车的关键词出价目的

卖家在出价时，需要重点分析行业平均出价、重点关键词出价和次要关键词出价 3 个因素。

（1）行业平均出价：卖家可以在直通车后台选择流量解析工具，查询相应关键词，在“市场数据分析”下设置数据类型为“市场均价”，即可看到该关键词的行业平均出价走势，如图 2–28 所示。

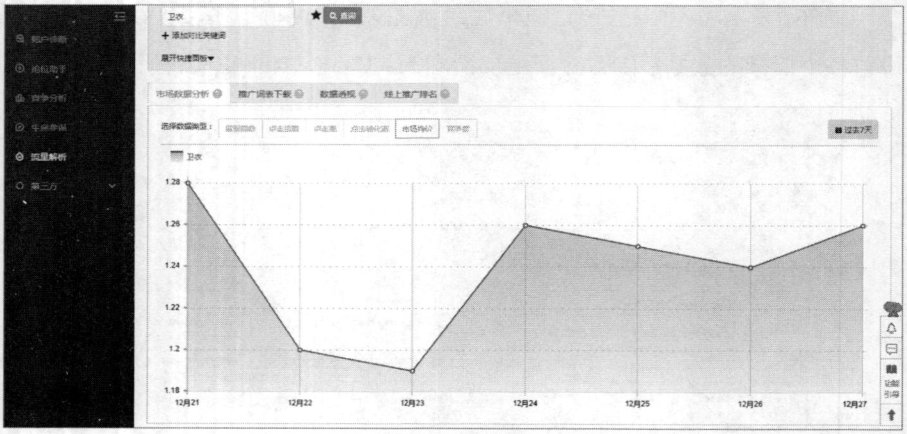

图 2-28　行业平均出价走势

（2）重点关键词出价：建议卖家参考关键词的流量价值或者系统指导出价，再根据报表数据不断调整出价。在直通车后台编辑关键词出价时，可以看到一个系统的建议出价功能，选择相应出价方案后，可以看到预估的展现和点击提升效果，如图 2-29 所示。整体来说，重点关键词出价就是根据数据表现来决定出价，表现好的关键词要提高出价，尽可能去抢占首屏的展现位置。

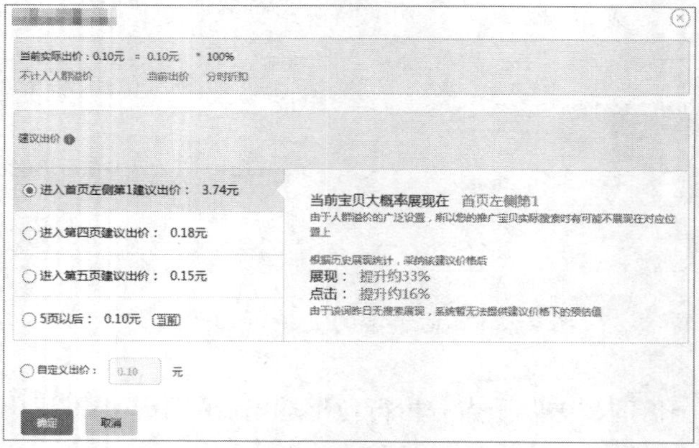

图 2-29　系统指导出价

（3）次要关键词出价：次要关键词也称为相关关键词，是对核心关键词进行扩展得到的关键词，关键词类型采用“20% 的热门词 + 80% 的长尾词”

的组合形式，热门词搜索热度较大，可以带来更多的流量；长尾词更加精准，流量不大但转化效果相对较好。制定次要关键词出价时，卖家除了要考虑自己的实际成本和推广预算外，还要综合考虑展现量、点击率、转化率、平均点击花费等数据指标。

关键词出价优化主要有以下两种方法。

（1）以 ROI 为导向，注重转化率，重点参考关键词的投资回报率数据。

（2）以 SEO 为导向，重视点击率和收藏加购率。

2.2.3 直通车的质量得分优化

前面从选择产品、设置关键词和出价等角度完成了第一轮的直通车基本设置，为了更好地提升推广效率，还需要进行第二轮的优化，具体内容如图 2-30 所示。

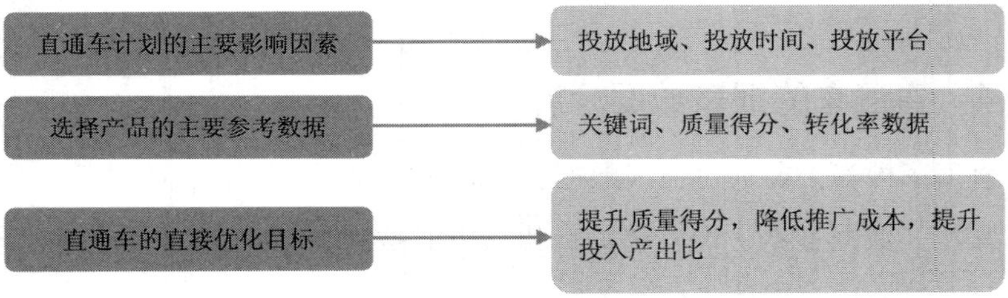

图 2-30　第二轮的优化内容

其中，质量得分非常重要，如何提升直通车的质量得分呢？卖家可以先从几个数据优化着手，如图 2-31 所示。

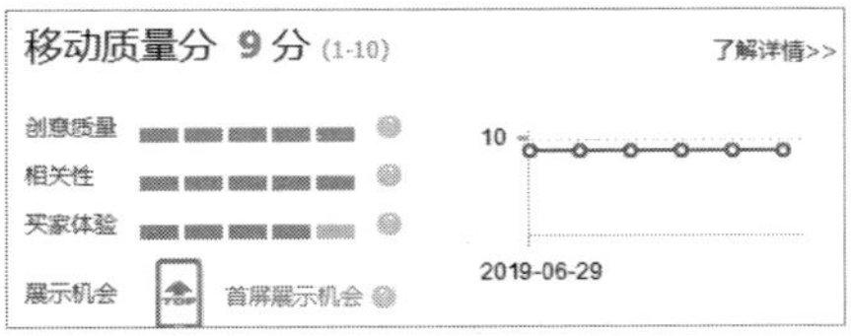

图 2-31　直通车质量得分的优化内容

（1）创意质量：创意质量的影响因素包括创意的点击率和点击反馈（也就是常说的转化率）。点击率的高低，主要由计划维度、宝贝维度以及关键词维度 3 方面构成。

（2）相关性：相关性包括类目相关性、属性相关性、文本相关性、标题相关性 4 个方面。如果想要宝贝出现在 PC 端搜索结果页，即我们常说的“豆腐块直通车位”和第 2 页开始的前 3 个搜索直通车位置，这里是有相关性要求的，即相关性必须大于 4 个。不过需要注意的是，标题相关性是 4 大因素里面最重要的因素，所以卖家对于宝贝标题一定不能掉以轻心。

（3）买家体验：买家体验主要针对的是收藏、加购、转化率、服务反馈、旺旺响应、访问深度、账户整体投放效果（基础分）等因素。但是，对买家体验影响最大的就是关键词的精准度，如果卖家直通车投放的对象和目标用户存在很大差异，那么用户体验程度就会很差。

专家提醒：质量分直接关系到 PPC（pay per click，点击付费广告），而 PPC 又会直接影响 ROI，所以质量分对于直通车的运营来说是一个核心要点，是决定后期直通车效果的关键因素。

2.2.4 直通车的报表数据分析

直通车报表主要通过报表数据、不同时间周期选择、不同列表来显示直通车操作的数据变动，作为店铺优化分析的基础，如图 2-32 所示。直通车报表可以进行按报表种类分类查询、创建过滤条件查询、细分条件查询、报表下载等操作。

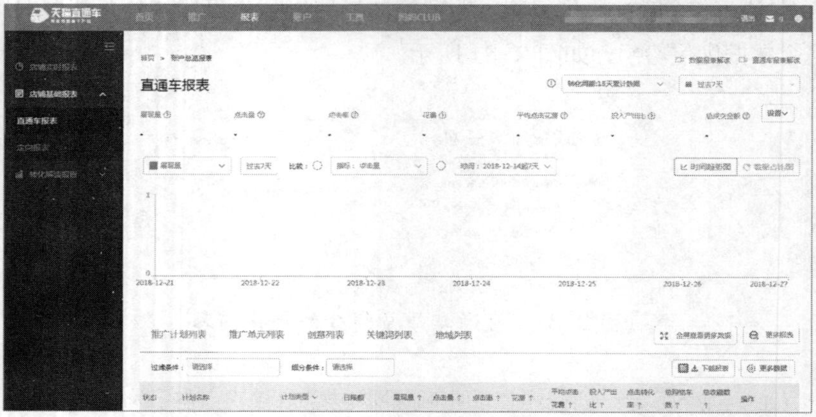

图 2-32 直通车报表

在直通车报表中，种类包括推广计划列表、推广单元列表、创意列表、关键词列表、地域列表，如图 2-33 所示。

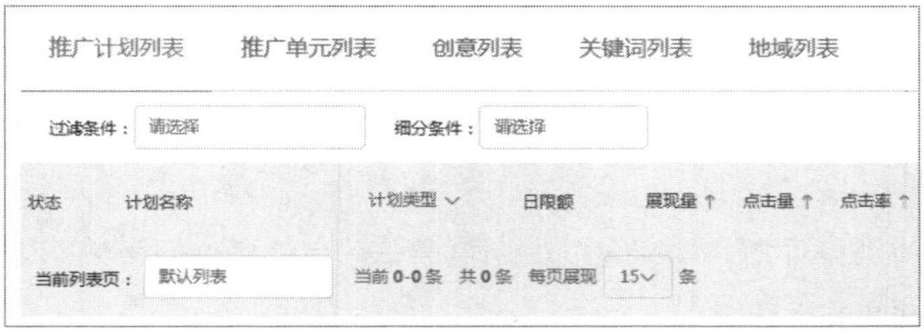

图 2-33 可分类报表的种类

（1）推广计划列表：可以查询直通车后台设立的各个推广计划数据反馈情况。

（2）推广单元列表：可以查询直通车后台所有推广的宝贝在各个计划中采用了哪种推广方式及数据反馈情况。

（3）创意列表：可以查询直通车后台所有推广宝贝的创意图片和创意标题的展现量、点击量、点击率、花费、平均点击花费等数据的反馈情况。

（4）关键词列表：可以查询直通车后台所有设置推广展现的宝贝关键词数据反馈情况。

（5）地域列表：可以查询直通车后台设置的推广计划在各个省份的投放数据反馈信息。

各种报表的查询细分条件又可以分为流量来源、投放类型、投放设备，如图 2-34 所示。

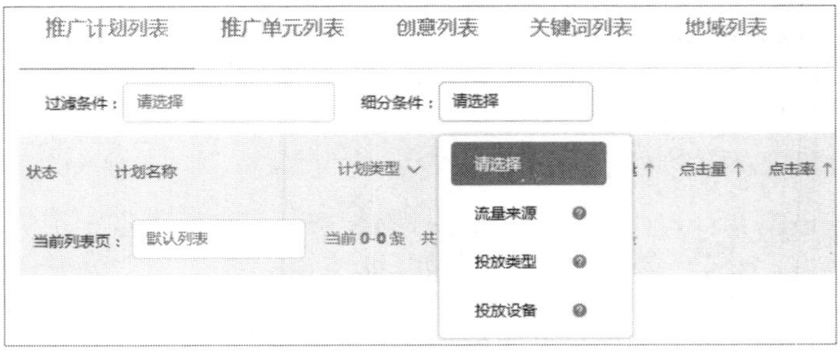

图 2-34 各报表查询的细分条件

（1）流量来源：指的是直通车竞价投放中通过对淘宝站内外投放设置而获得的各种流量类型的效果查询服务。

（2）投放类型：提供针对竞价投放中关键词、类目、定向的效果查询服务。

（3）投放设备：指的是竞价投放中计算机设备、移动设备的效果查询服务。

创建过滤条件时，卖家可以根据直通车后台的多个报表数据进行删选，过滤自己想要查询的数据，如图 2-35 所示。

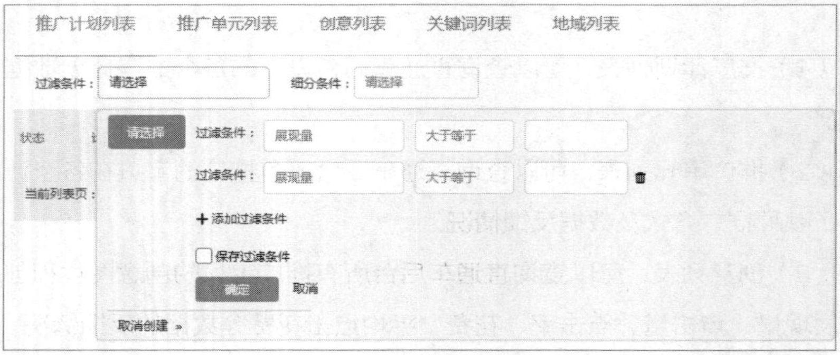

图 2-35　设置过滤条件

下载报表时，卖家可以按报表类型、时间范围等条件，自行输入想要的报表名称进行下载归类。报表的类型分为宝贝、关键词两类，时间范围为当日起往前推 90 天之内的数据均可下载。

直通车报表的相关字段详解如下。

（1）展现量：指推广宝贝在直通车展示位上被买家看到的次数，不包括自然搜索带来的流量。

（2）点击量：推广宝贝在直通车展示位上被点击的次数。注意，虚假点击会被直通车反作弊体系过滤掉。

（3）点击率：点击率 = 点击量 ÷ 展现量，可直观表现宝贝吸引买家的程度，点击率越高，说明宝贝对买家的吸引力越大。

（4）花费：推广宝贝在直通车展示位上被用户点击所消耗的费用。

（5）平均展现排名：平均展现排名 = 每次展现排名的加总 ÷ 展现量，

即推广宝贝在直通车搜索营销展示位上参与竞价的平均排名。

（6）平均点击花费：平均点击花费＝花费 ÷ 点击量，即推广宝贝每一次点击产生的平均花费金额。

（7）千次展现花费：千次展现花费＝花费 / 展现量 ×1 000，即推广宝贝在直通车展示位上每千次展现产生的平均花费金额，用于评估推广宝贝及其创意在直通车营销推广中的展现成本。

（8）直接成交金额：推广宝贝在直通车展示位被点击后，买家在 15 天有效时间内，直接在该推广宝贝的详情页面下单并通过支付宝交易的成交金额（含运费）。

（9）直接成交笔数：推广宝贝在直通车展示位被点击后，买家在 15 天有效时间内，直接在该推广宝贝的详情页面下单并通过支付宝交易的成交笔数。

（10）间接成交金额：推广宝贝在直通车展示位被点击后，买家在 15 天有效时间内，通过该推广宝贝的详情页面跳转至店铺内其他宝贝的详情页面下单并通过支付宝交易的成交金额（含运费）。

（11）间接成交笔数：推广宝贝在直通车展示位被点击后，买家在 15 天有效时间内，通过该推广宝贝的详情页面跳转至店铺内其他宝贝的详情页面下单并通过支付宝交易的成交笔数。

（12）收藏宝贝数：推广宝贝在直通车展示位被点击后，买家在 15 天有效时间内，收藏该推广宝贝的次数。

（13）收藏店铺数：推广宝贝在直通车展示位被点击后，买家在 15 天有效时间内，通过该推广宝贝收藏店铺的次数。

（14）总成交金额：总成交金额＝直接成交金额＋间接成交金额，即推广宝贝在直通车展示位被点击后，买家在 15 天有效时间内，所有通过支付宝交易的成交金额（含运费）。

（15）总成交笔数：总成交笔数＝直接成交笔数＋间接成交笔数，即推广宝贝在直通车展示位被点击后，买家在 15 天有效时间内，所有通过支付宝交易的成交笔数总和。

（16）总收藏数：总收藏数＝收藏宝贝数＋收藏店铺数，即推广宝贝在直通车展示位被点击后，买家在 15 天有效时间内，产生的所有收藏次数。

（17）投入产出比：投入产出比 = 总成交金额 ÷ 花费，反映直通车点击花费在 15 天内带来的支付宝成交金额的比例。

（18）点击转化率：点击转化率 = 总成交笔数 ÷ 点击量，反映直通车点击在 15 天内转化支付宝成交的比例。

（19）当天成交金额：当天成交金额 = 当天直接成交金额 + 当天间接成交金额，即通过点击直通车链接进入店铺的用户，在当天下单且通过支付宝交易的成交金额（含运费）。

（20）当天成交笔数：点击直通车链接进入店铺的用户，在当天下单且通过支付宝交易的成交笔数。

（21）当天收藏量：点击直通车链接进入店铺的用户，在当天收藏该店铺或者该店铺里的宝贝的次数。

（22）当天点击转化率：直通车链接点击量在当天转化为支付宝成交的比例。（当天点击转化率 = 当天成交笔数 ÷ 点击量）

（23）直接购物车数：推广宝贝在直通车展示位被点击后，买家直接在该推广宝贝的详情页面加入购物车的宝贝数量。

（24）间接购物数量：推广宝贝在直通车展示位被点击后，买家通过该推广宝贝的详情页面跳转至店铺内其他宝贝的详情页面加入购物车的宝贝数量。

（25）总购物车数：总购物车数 = 直接购物车数 + 间接购物车数，即推广宝贝在直通车展示位被点击后，买家加入购物车的所有宝贝数量。

2.2.5　直通车的创意调整方法

质量分的核心是提升点击率，而提升点击率的核心是创意调整，在直通车推广中进行创意调整主要有以下两种方法。

（1）突出卖点：直通车创意首先就是要突出卖点，卖点应该包括产品的质感、性能、属性、优势、优惠活动等，这些都是最能吸引人的亮点，所以卖家要尽可能地在标题关键词中突出产品独一无二的卖点来吸引顾客。例如，卖家可以在直通车创意标题中加入一些促销元素，如秒杀、买一赠一、折扣等词，这样能够最大程度地吸引流量，有效提高点击率，如图 2-36 所示。

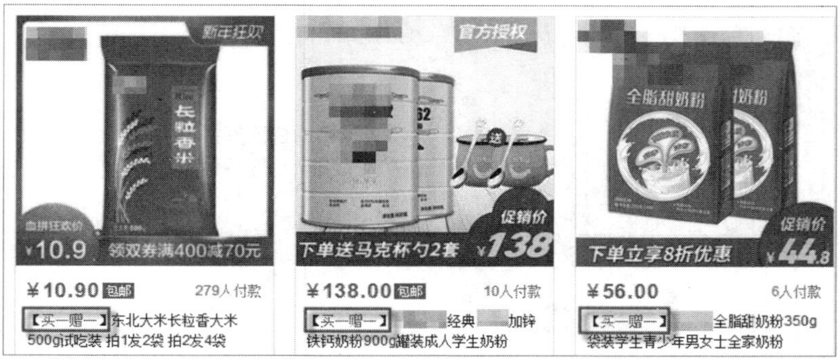

图 2-36　突出卖点的创意标题

（2）差异化：直通车创意还要具有差异化，比如护肤品可以使用效果对比来突出显示推广产品和竞品之间的差异，如图 2-37 所示。除此之外，款式差异化、图片呈现手法差异化、拍摄方法差异化等都是体现产品不同特点的好方法。

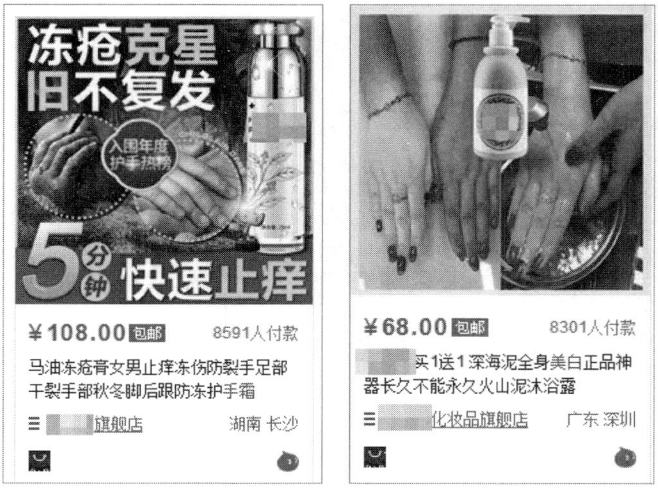

图 2-37　使用效果对比

在淘宝平台上，影响商品点击率的因素有很多，但最直观的还是视觉上的冲击，尤其在目前移动端流量占据主导的情况下，创意图片的重要性尤为凸显。卖家可以通过图文结合的方式来创造带有时效性文案的创意图，比如在图片上添加促销、活动、满减、包邮、买赠以及平台大促活动等文案内容，吸引更多的消费者点击图片，如图 2-38 所示。

图 2-38 图文结合的创意图

第 3 章

人群剖析：快速拉升直通车转化率

在千人千面的流量规则下，如何利用直通车圈出更多的精准人群？直通车人群标签的玩法是什么？淘宝千人千面的系统下，每个人、每个店铺都带有独一无二的标签，精准的人群标签是提升店铺转化率的关键，卖家只有真正懂得运用人群标签才能洞察一切。本章将全方位讲解每个直通车人群标签的含义及其使用技巧，帮助卖家通过直通车人群标签进行精准引流，快速拉升直通车转化率。

本章主要内容包括：

- 解读直通车的重点人群标签
- 利用直通车精准人群提高转化
- 直通车转化一直下滑怎么挽救

3.1 解读直通车的重点人群标签

在直通车推广运营中，精准设置人群标签是非常重要的一步，其中需要重点考虑的是人群质量问题，卖家应筛选出与产品相关的高质量重点人群来进行投放。重点人群大致可以分为新访客、老访客、复购人群、淘宝优质人群、节日促销定制人群以及自定义人群。

3.1.1 新访客

新访客主要指淘宝首页潜力人群，这是淘宝根据用户大数据，从风格、人生阶段、购买力、兴趣偏好等多种角度抽象描述出不同特征的“人群包”，展示场景包括生活研究所、有好货等渠道。直通车将其中适合卖家宝贝的人群同步过来，卖家可以直接添加使用，在“精选人群”界面点击“添加人群”按钮，如图 3-1 所示。

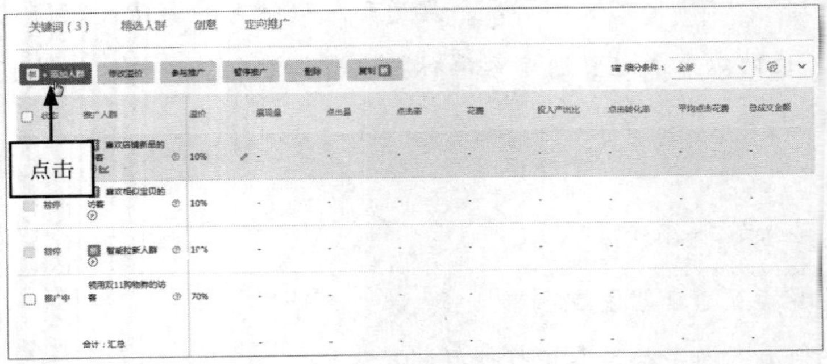

图 3-1 点击“添加人群”按钮

在弹出的“添加访客人群”窗口中，切换至“淘宝首页潜力人群”选项卡，如图 3-2 所示。这里会显示系统自动匹配的人群，而且他们有非常明确的兴趣点。

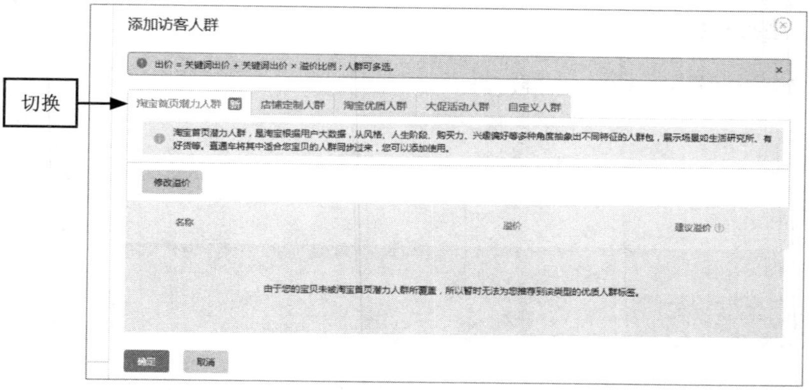

图 3-2 “淘宝首页潜力人群”选项卡

“淘宝首页潜力人群”的基数非常大，而且人群标签可多选，如果是刚开始投放直通车，可以先从 30% 的溢价开始进行测试。另外，卖家也可以从自定义人群中选择一个属性全选标签来进行测试。需要注意的是，这一操作的主要目的不在于推广时间的长短，而是要引入更多的点击量。

在测试人群时，不建议使用组合标签，最好用单标签进行测试。例如，如果同时选择“月均消费额度”这一维度上的“300 元以下”和“300~399 元”这两个标签，如图 3-3 所示，则结果就是数据测试出来后，并不能够准确判断出是“300 元以下”的人群表现好或差，还是“300~399 元”的人群表现好或差。

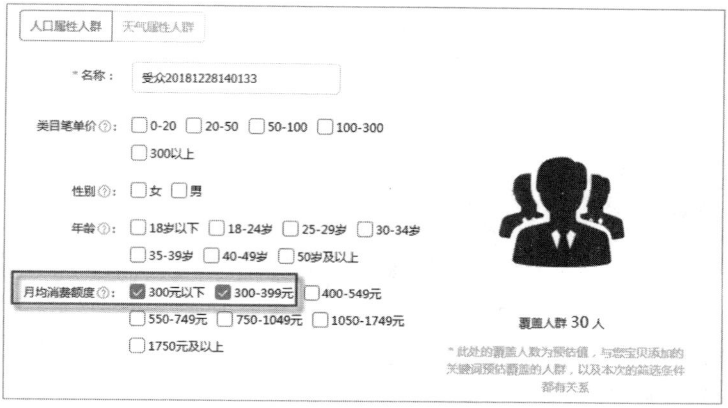

图 3-3 不建议使用组合标签测试

3.1.2 老访客

老访客主要指店铺定制人群，其类型如图 3-4 所示。

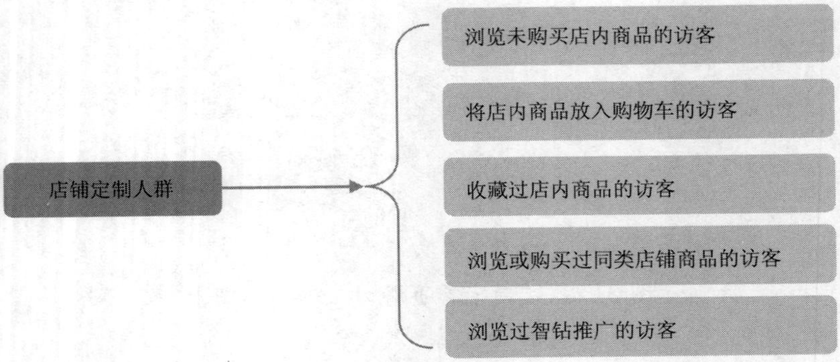

图 3-4 店铺定制人群的类型

在“添加访客人群”窗口切换至“店铺定制人群”选项卡，即可设置老访客人群的溢价，如图 3-5 所示。

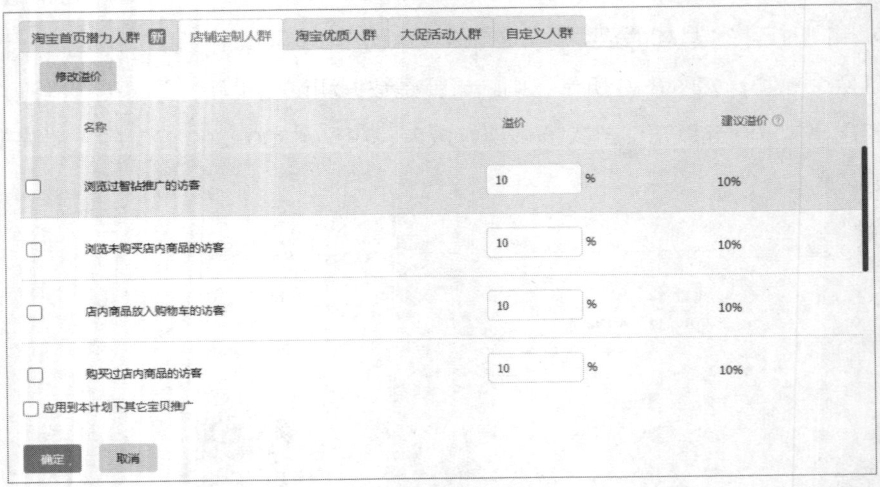

图 3-5 “店铺定制人群”选项卡

不同的人群，溢价设置的方法也不同。

（1）浏览过智钻推广的访客：只有在启用钻展推广时，才能获得这部分流量。因此，如果店铺没有启用钻展推广，则不建议设置该人群的溢价。

（2）浏览但未购买店内商品的访客：通常这部分人群可能只是对该商品感兴趣，但并没有强烈的购买欲望，溢价建议设置为 30% 即可。

（3）将店内商品放入购物车的访客：这部分人群通常有非常强烈的购买欲望，目前可能还在对比其他同类型商品，转化率比较高，因此溢价建议设置得高一些，溢价范围可以设置为 100% ~ 300%。

（4）购买过店内商品的访客：这部分人群就是我们常说的老客户，这种资源对于店铺来说非常宝贵，同样建议设置高溢价来吸引他们进店复购，溢价范围可以设置为 100% ~ 300%。

（5）收藏过店内商品的访客：这部分人群的购买欲望不如将商品添加至购物车的人群，但比那些仅仅浏览过商品的访客对商品要更感兴趣，转化率也更高，因此可以设置高溢价来增强他们的成交机会，建议将溢价设置为 100% ~ 300%。

（6）浏览或购买过同类店铺商品的访客：这些都是同行竞争店铺的消费人群，同样也是我们的潜在消费人群，如果你的商品与竞品相比有非常明显的优势，则建议设置 50% 的溢价，通常都可以获得不错的投放效果。

3.1.3 复购人群

复购人群也属于老访客，主要是指购买过店内商品的访客和购买过同类店铺商品的访客。在电商行业有这么一句话：获得一个新用户的成本是维护一个老用户的 5 ~ 10 倍。因此，卖家一定要多去激活复购人群的购买意愿，让他们形成消费习惯，提高用户生命周期价值，这样才能用更低的营销成本为店铺带来更多的收益。

复购人群是所有人群中最容易转化的人群，因为已经对卖家或商品产生了信任前提，所以这些人群的溢价可以出到最高。当然，也有一些例外的店铺，比如那些产品质量非常差的店铺，先不要急着去做直通车付费推广，而是应该先提高产品质量，否则只是白白浪费钱而已。

另外，还有很多复购率本身就非常低的产品类目，如婚庆用品，以及电视、空调、冰箱等家电类产品，这些产品消费频次非常低，因此不建议卖家做复购人群的推广，而是要多关注那些加购收藏的人群。

3.1.4 淘宝优质人群

“淘宝优质人群”包括资深淘宝 / 天猫的访客、高消费金额的访客、喜好折扣商品的访客以及高购买频次的访客等，如图 3-6 所示。

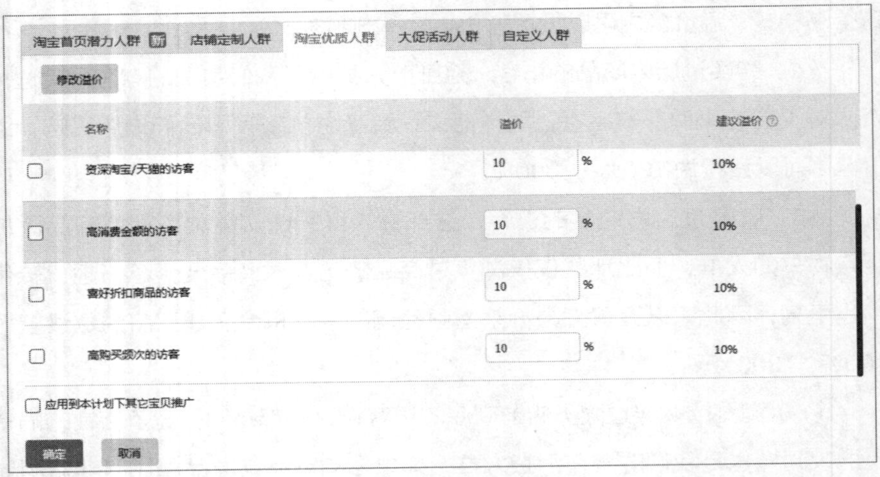

图 3-6 “淘宝优质人群”选项卡

（1）资深淘宝 / 天猫的访客：即淘宝 / 天猫平台上的高等级会员人群，这些人都是非常优质和理想的投放人群。

（2）高消费金额的访客：在淘宝 / 天猫平台消费金额比较高的人群。

（3）喜好折扣商品的访客：在淘宝 / 天猫平台上偏好购买 7~9 折商品的人群。

（4）高购买频次的访客：在淘宝 / 天猫平台上购买频次比较高的人群。

在设置淘宝优质人群的溢价比例时，前期不要设置得太高，可以先设置一定比例，然后根据这些人群的展现量、点击量数据来判断调整方向。例如，资深淘宝 / 天猫的访客，建议初期溢价设置为 50%；高消费金额的访客、喜好折扣商品的访客以及高购买频次的访客，初期建议根据实际推广需求来设置溢价，设置范围为 30% ～ 50%。

3.1.5 节日促销定制人群

节日促销定制人群主要包括大促活动人群，如领用双 11 购物券的访客、加购收藏双 11 狂欢同类商品的访客、购买双 11 狂欢同类预售商品的访客、双 11 狂欢未成交访客等，如图 3–7 所示。

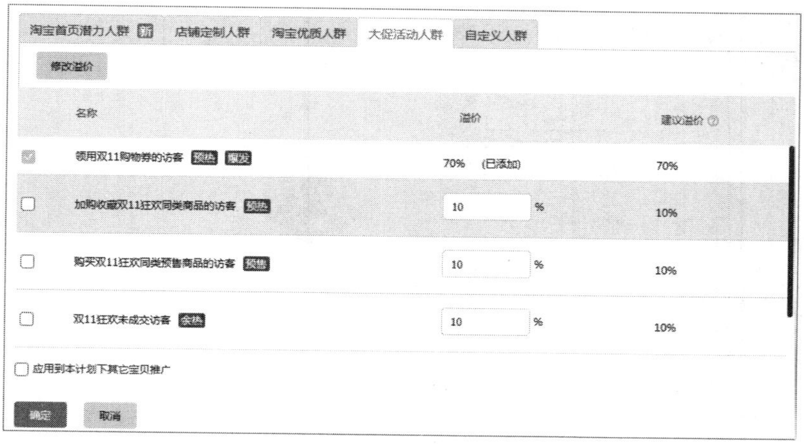

图 3–7 “大促活动人群”选项卡

在大促活动即将到来时，卖家可以开启该部分人群的投放，溢价建议设置范围为 50% ~ 300%，通常都能取得不错的营销效果。

3.1.6 自定义人群

自定义人群包括天气属性标签、人口属性标签以及标签组合等不同的玩法。不同的商品类目在设置投放自定义人群时，区别也非常大，总的来说可以分为以下几类。

（1）类目笔单价人群：卖家可以根据商品的价格来匹配设置该类人群。例如，某童鞋产品的价格为 99 元，则建议投放“50~100”和“100~300”这两个类目笔单价，如图 3–8 所示。

（2）性别人群：此处是根据买家身份证提取的访客性别，买家只需根据商品正常的性别属性来选择即可。当然，也有一些比较特殊的情况，如经营老年服装的店铺，经常会碰到子女为父母买衣服的情况，此时很难判断买家的性别，因此建议卖家同时选择“男”和“女”两个选项。

（3）年龄人群：卖家只需根据商品正常的年龄属性来选择即可，可以参照生意参谋工具中的“访客分析”功能来选择，如图 3–9 所示。当然，也要考虑一些特殊情况，如童装大部分都是父母给孩子买的，不但要设置孩子的年龄，还需要考虑父母的年龄属性。

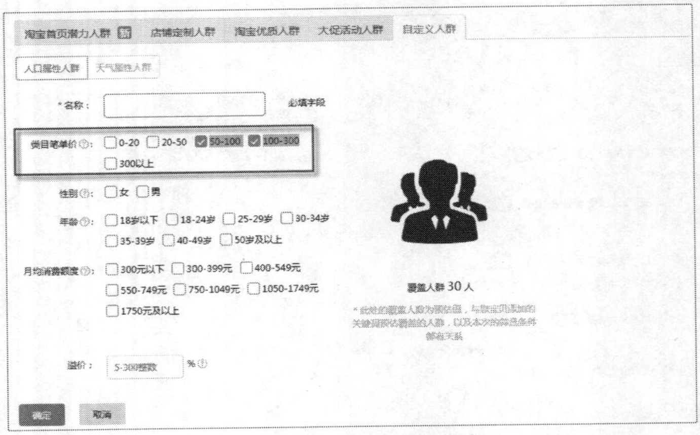

图 3-8　类目笔单价人群投放设置

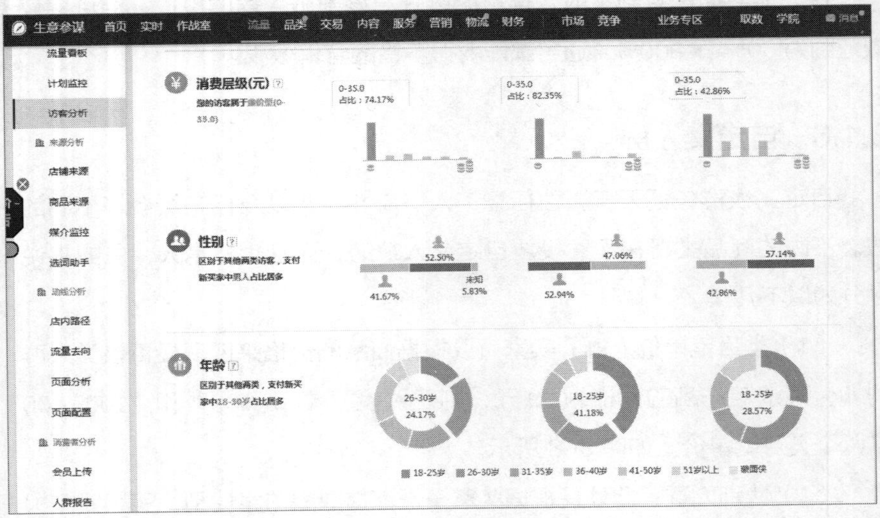

图 3-9　生意参谋工具中的“访客分析”功能

（4）月均消费额度人群：这些人群的投放主要参考商品的客单价，建议选择“客单价 ×（5 ~ 10）倍”的指标。

（5）天气人群：天气人群主要针对的是有季节性特点的产品，以及跟天气非常相关的产品，如雨鞋、雨伞、棉衣、汽车防滑链以及加湿器等，这些产品都可以投放天气人群，效果通常都很好。例如，空气净化器产品在投放时就可以选择“空气质量”中的“良”“差”“劣”等标签，如图 3-10 所示。

图 3-10　天气人群投放设置

3.2　利用直通车精准人群提高转化

直通车人群标签是基于关键词背后的人群，也就是对这些关键词背后的人群进行分组和标签化的具体表现。搜索人群功能可以针对上述后台列出的浏览习惯、人群特点、天气变化区域等标签，通过关键词进行百分比加价去竞争好的排名，从而有针对性地提升展现排位，增加宝贝的展现机会。

3.2.1　精选人群的使用原理

下面介绍精选人群的使用原理，包括降低关键词出价、提高目标人群溢价以及屏蔽劣质人群展现 3 个方面。

1. 降低关键词出价

降低关键词出价，可以非常明显地降低推广成本，但是并不是所有的关键词都可以随意降低出价的，必须在保持展现量、点击率和点击量等数据的稳定基础上进行，以保证调整出价后数据不会产生太大的波动。

在关键词获得排名上分之前，通常首条建议出价是比较高的，因此如果想降低关键词出价，必须要先让关键词获得排名上分。当直通车关键词的点击率越高，则首条建议出价会越低。如图 3–11 所示，“移动首条”的建议出价为 5.09 元，“移动前三”的建议出价为 5.07 元，“移动 4 ~ 6”的建议出价为 0.45 元，“移动前三”和“移动 4 ~ 6”的建议出价差别非常大，此时卖家即可去降低关键词的出价。

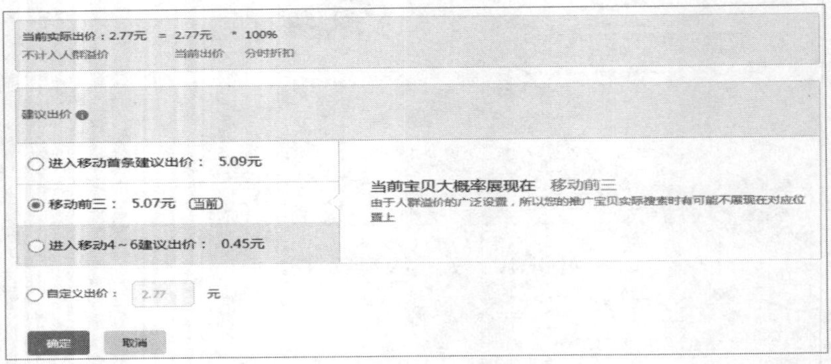

图 3–11　建议出价

在调整关键词出价时，卖家主要观察目前位置和下一个位置之间的价格差距，如果差距非常大，则可以适当降低出价；如果差距不大，则最好不要调整，如图 3–12 所示。通常情况下，关键词出价每次的调整幅度要控制在 0.3~0.5 元，确保降低出价后其排名位置不变。

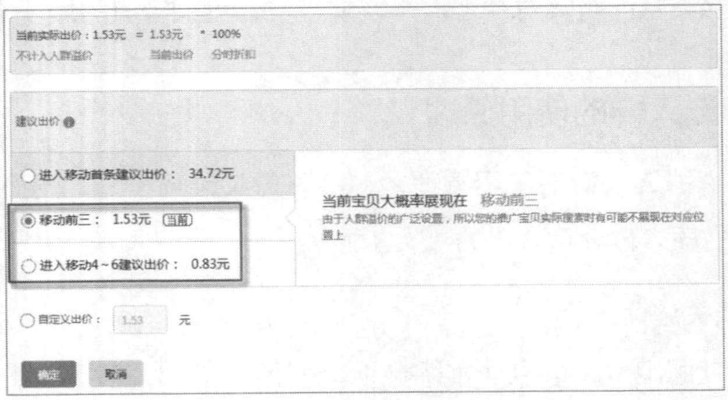

图 3–12　目前位置和下一个位置之间的价格差距很小，不建议调整出价

> **专家提醒**：关键词的设置要注意店铺的成交方向，也就是店铺成交人群，换句话说就是关键词一定要精准投放，切忌盲目随意使用。另外，需要卖家对关键词词库不断更新，及时删除表现不好的数据，拓展更新数据好的关键词。

2. 提高目标人群溢价

提高目标人群溢价，也就意味着为特定人群加价，把钱重点花在刀刃上，从而为商品获得更多的精准流量。目标人群溢价是建立在关键词的基础之上的，因此人群溢价的多少和选定的关键词关系非常大。

卖家可以通过调整人群溢价来设置投放精准人群，即让合适的人看到合适的产品，这样能够大幅提高点击率和转化率。在计划刚推出时，此时权重比较低，卖家可以选择一些质量分比较高的关键词来投放，关键词初始价格不用设置得太高。例如，某个关键词的行业均价为 1.8 元左右，该店铺的出价为 1.6 元左右，如图 3-13 所示。

图 3-13　关键词出价案例

然后进行人群的测试，卖家在设置人群溢价时，要同时考虑精准人群溢价和不确定精准人群之前的实际出价，平衡两者的关系，如图 3-14 所示。只有设置较高的溢价系数，才能提升商品在目标人群中的曝光机会，进而获得更好的转化效果。

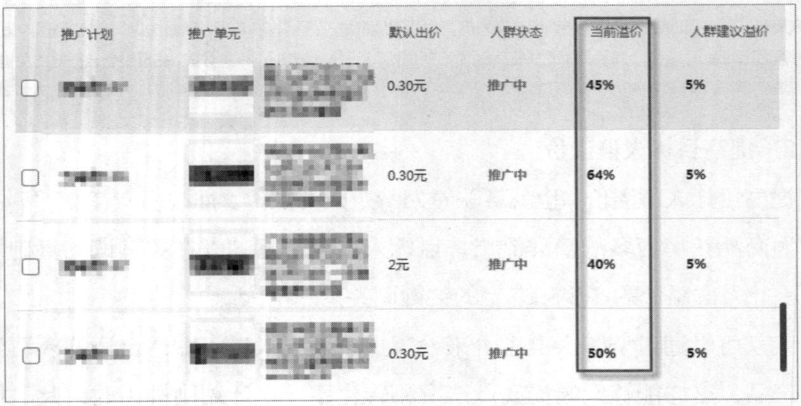

图 3-14　人群溢价设置示例

3. 屏蔽劣质人群展现

在店铺有了一定的消费群体基础后，就可以将这些人群标签进行进一步的细分，为他们加上性别、年龄以及消费习惯等标签，根据数据来判断是否继续投放。卖家可以参考店铺生意参谋来分析自己店铺中的人群数据，如图 3-15 所示。在使用直通车推广时，针对合适的人群，可以适当提高溢价，来获取精准流量；而对于没有点击量和转化率的劣质人群，则需要将他们及时屏蔽掉。

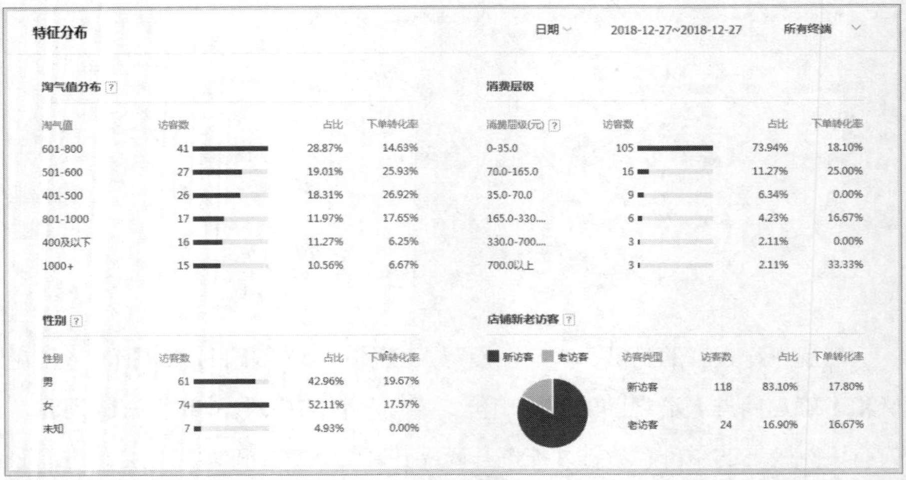

图 3-15　生意参谋人群数据分析

3.2.2 人群标签的测试步骤

直通车推广的基本思路就是测试出精准的人群标签，然后针对这些人群进行重点投放，并根据投放数据来进行优化。下面介绍人群标签的测试步骤。

（1）标签建模。对用户行为数据构建数据模型，分析出用户标签。卖家可以利用生意参谋中的“市场洞察—客群洞察”功能来分析客群属性画像和购买偏好，如图 3-16 所示。

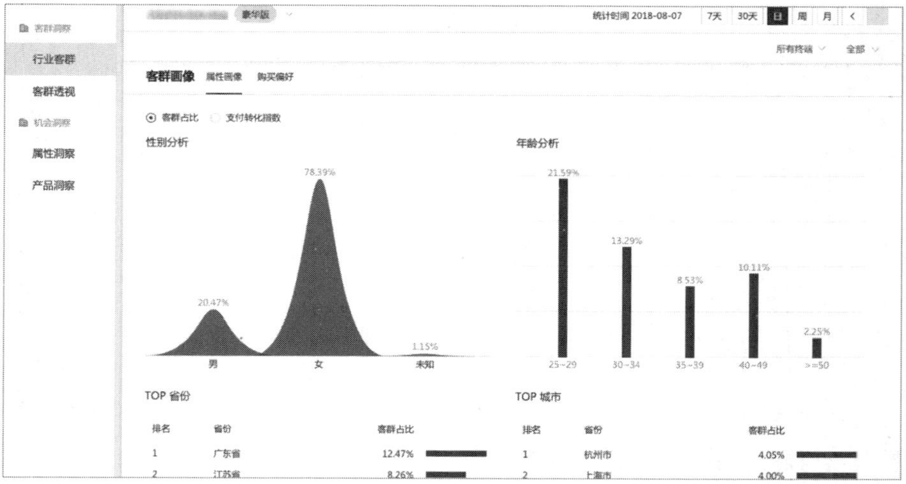

图 3-16 “市场洞察—客群洞察”功能

（2）数据提取：卖家在开通直通车推广一段时间后，即可积累一些人群数据，此时再进行测试会更有价值。只有获得一定的精准数据作为支撑，才能在后期更好地做产品的趋势分析和推广计划调整。

（3）创建计划。测试人群的重点是关注转化率情况，可以选择一个有基础数据的计划，或者根据产品实际情况创建一个新计划，添加测好的主推宝贝，做好关键词的推广数据。

（4）人群圈定。通过设置自定义人群，对符合店铺定位的人群提高溢价，对劣质人群降低溢价，或者直接删掉这个人群，进行更加细致的人群圈定。

注意，每个人群标签都需要单独建立计划进行测试，通过数据发现确实不属于店铺的人群标签，就可以不用再投放这些人群。

3.2.3 人群标签的溢价调整

人群标签的溢价调整是为了圈住更多标签下的精准人群，而要做到这一点，必须建立在关键词的出价基础之上。

人群出价 = 关键词出价 ×（1 + 溢价比例）

如图 3-17 所示，图中人群标签的溢价比例为 56%，关键词出价是 1 元，则人群出价 = 1×（1 + 56%）= 1.56 元。

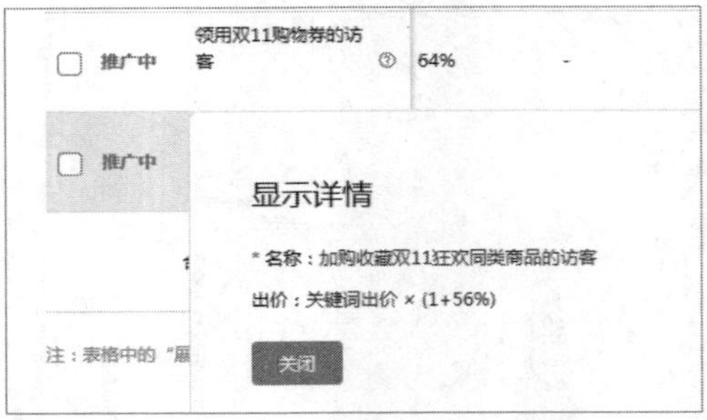

图 3-17 推广人群详情

卖家可以先给关键词养分，当关键词质量分达到 10 分后，再去添加人群标签进行溢价调整，具体原则如图 3-18 所示。

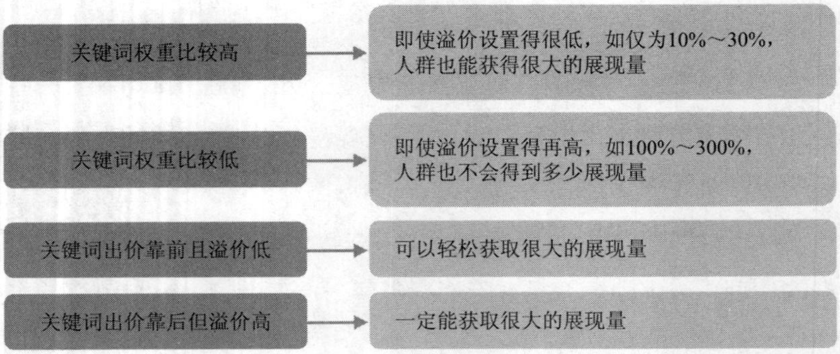

图 3-18 人群标签的溢价调整原则

专家提醒：质量得分是搜索推广中衡量关键词与宝贝推广信息和淘宝网用户搜索意向三者之间相关性的综合性指标。以 10 分制的形式来呈现，分值越高，可以获得更理想的推广效果。

3.3 直通车转化一直下滑怎么挽救

新手在操作直通车的过程中，经常会碰到这些问题，如图 3-19 所示。

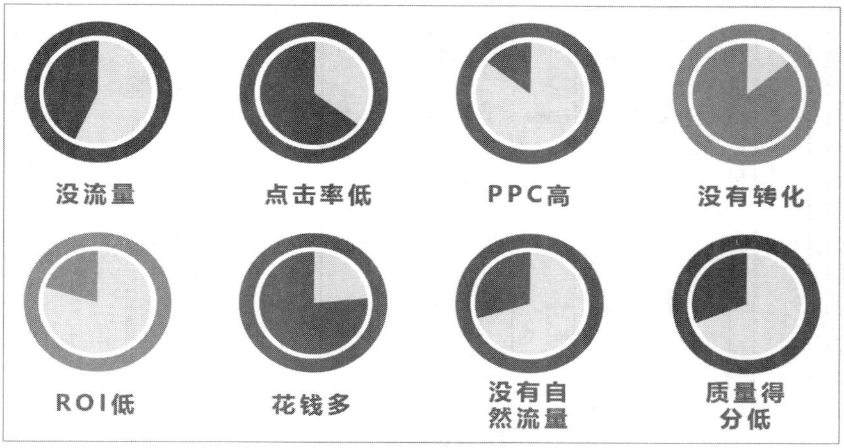

图 3-19 新手操作直通车的常见问题

针对这些问题，我们可以从推广宝贝的流量、转化率、投放策略 3 个方面来考虑。流量的引入要做到稳定且逐步增长，可通过直通车后台的精准关键词、人群定向标签来控制。直通车的转化率可以通过关键词的匹配度、宝贝创意的测试等方法来提升。对宝贝推广的数量、费用、投放时间比例的把控，可以采取积极进攻型、稳健防守型、平衡控制型 3 种策略。

3.3.1 积极进攻型

采取积极进攻型策略，卖家首先要选取具有热卖特质的产品进行推广，比如拥有高点击率、高收藏、高加购、高转化数据的宝贝符合条件，如图 3-20 所示。

省市	展现量 ↑	点击量 ↑	点击率 ↑	花费 ↑	平均点击花费 ↑	总成交金额 ↑	投入产出比 ↓	点击转化率 ↑
青海	866	36	4.16%	¥5.81	¥0.16	¥177.21	30.50	2.78%
重庆	1,147	32	2.79%	¥6.35	¥0.20	¥192.06	30.25	6.25%
天津	1,615	67	4.15%	¥5.97	¥0.09	¥177.21	29.68	1.49%
内蒙	1,255	44	3.51%	¥9.63	¥0.22	¥283.60	29.45	4.55%
北京	1,878	85	4.53%	¥16.66	¥0.20	¥441.06	26.47	3.53%
湖北	2,632	52	1.98%	¥11.14	¥0.21	¥266.31	23.91	1.92%
山西	1,089	31	2.85%	¥7.43	¥0.24	¥177.21	23.85	3.23%
广西	1,114	53	4.76%	¥11.37	¥0.21	¥271.00	23.83	3.77%
辽宁	2,795	98	3.51%	¥21.69	¥0.22	¥485.36	22.38	3.06%

图 3-20　选取符合推广条件的产品

卖家推广的产品类目要和店铺类目相符，产品上架后相较其他款初始点击率就高，成交转化率高于同行或同店产品，店内有促销支持，产品属性和平台类目热销属性相符（热卖属性可以在搜索下拉框中找到），这样的宝贝都具有热卖潜质。

如果直通车原有推广计划或者原推广宝贝里面有推广效果比较好的词，再启动类似的新宝贝时，可以直接选用这样的词，推广启动后提升的速度会加快。

采用进攻型玩法，对于大多数中小商家来说，初期选词应以选择系统提示有成交转化的长尾关键词为主，这种关键词常见的组合方式为：品牌词 + 核心词、属性词 + 核心词。对于流量大、点击率高但转化率较低的关键词，可以采取精准匹配方式来进行投放，但这类词需要比较大的投放预算费用。

关于宝贝的创意素材，在投放的初期可选择“轮播”投放模式，通过测试留下点击率效果相对较好的创意；在投放的中期可采取“优选”投放模式，进一步进行对比测试；投放后期，创意素材可以保留最好的那张，如图 3-21 所示。

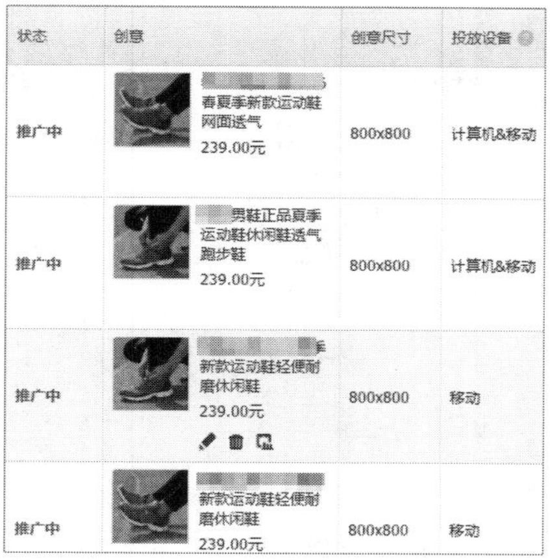

图 3-21　创意素材测试

实行快速进攻出价时还要看好竞品的展示位，通常情况下，新晋产品转化率不如老产品，不能直接出价到最前面，卖家可以根据关键词扣费规则“跟店打店”，即在大词方面紧跟竞品来“卡位”。“卡位”是一种市场营销战略，通过将产品确定在某个有利位置上，使消费者在短时间内了解产品，并产生兴趣，进而购买产品。

需要注意的是，测试创意时采用“推左位置相似创意去重”规则，可以提高直通车左侧资源位置的利用率，从而提高该位置上推广宝贝的点击率，为买家提供更好的搜索体验。建议卖家排查一下重要宝贝在计算机左侧位置上展现的创意是否和宝贝展示主图类似，如图 3-22 所示。如果相似度比较高，应尽快重新制作创意上传推广。

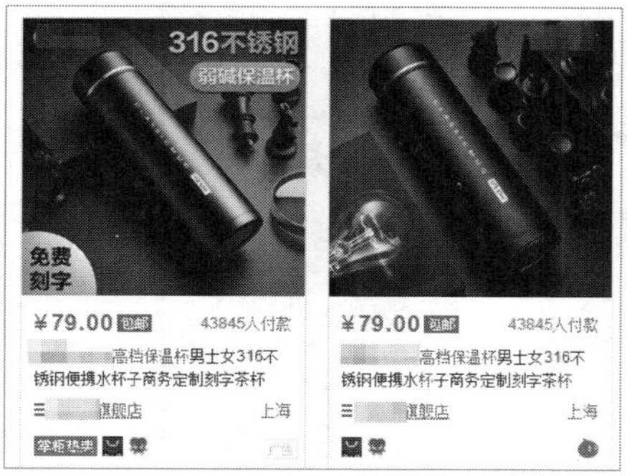

图 3-22　检查左侧位置上展现的创意

3.3.2 稳健防守型

稳健防守型的直通车关键词出价策略如图 3-23 所示。

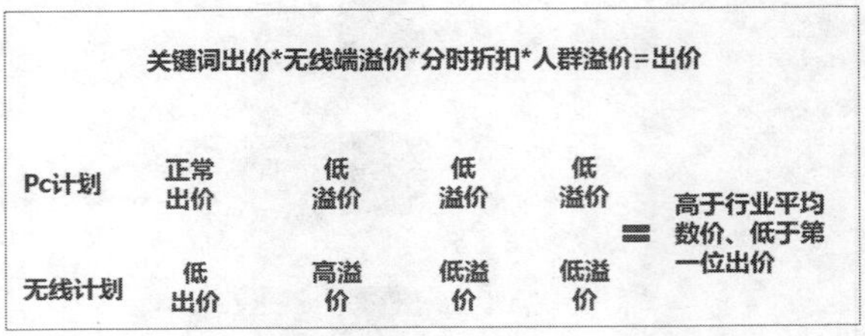

图 3-23 稳健防守型的直通车关键词出价策略

稳健防守型“卡位”建议如下。

（1）PC 端：首页第 3 ~ 5 位是最佳的防守位置，核心关键词尽量卡左侧资源位，通过质量得分、出价降低花费。在竞品快速上升阶段要做好人群搜索，不要追求位置。

（2）移动端：核心关键词、持续转化关键词卡首位，可通过直通车得分、转化率降低消耗。移动端流量很大，大类目产品大词不宜过于靠前。

3.3.3 平衡控制型

平衡控制型的直通车投放策略如下。

（1）降低分时折扣比例，可以通过合理分配花费得到更多的流量。

（2）加大特定时间分时折扣比例，如图 3-24 所示，可以提高店铺转化率。

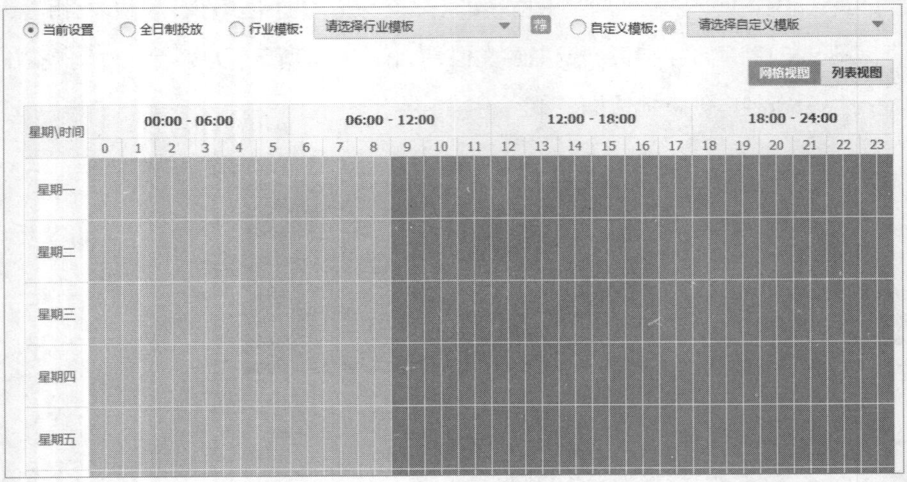

图 3-24 加大特定时间分时折扣比例

（3）设置多套模板配合日常、促销、活动、周末的销售习惯。

（4）无线、PC 购物时间有明显不同，必须在不同计划中单独设置。

（5）选择多组人群标签进行数据测试，如图 3-25 所示。

状态	搜索推广	溢价	展现量	点击量	点击率
自定义人群					
推广中	25-29	10%	650	14	2.15%
推广中	18-24	10%	940	17	1.81%
推广中	女	10%	1,084	39	3.60%
推广中	25-29女	10%	1,064	35	3.29%
推广中	18-24女	10%	1,473	57	3.87%

图 3-25　选择多组人群标签进行数据测试

（6）针对数据效果好的标签提高溢价比例。

（7）将好的基础数据标签进行组合投放，不好的标签停止投放。

（8）精准人群投放比例加大后，可以有效提高点击率和投资回报率。

第 4 章
持续优化：转化率有更多提升空间

直通车推广对于淘宝店铺运营有很大的帮助，能够给店铺带来精准的流量，促进店铺销量的增长，使转化率有更多的提升空间。直通车的推广计划就像一个收纳箱，收纳到计划中的产品，都会参照一个相似的标准进行投放。普通店铺一般有 4 ～ 8 个标准推广计划，个别店铺可以有 20 个推广计划。本章重点介绍直通车的推广策略，帮助卖家实现精准推广宝贝的目标。

本章主要内容包括：

➢ 优化直通车转化率的新思路和新方法
➢ 多计划建立，让直通车转化率瞬间暴涨
➢ 新建推广计划，直通车转化提升 so easy

4.1 优化直通车转化率的新思路和新方法

在淘宝 / 天猫的所有推广工具中，直通车是最为快捷有效的引流工具，能够迅速给卖家带来流量和顾客。当然，转化率还要靠店铺的“内功”，如视觉设计是否能够戳中顾客的痛点。本节主要介绍一些直通车推广的新思路，教你这样“开”直通车才会有更多的流量和曝光机会。

4.1.1 直通车的推广计划分类

直通车的推广计划主要分为标准计划和智能计划两类，智能计划比较适合不怎么懂直通车运营的新手，标准计划则比较适合老手，下面分别进行介绍。

1. 标准计划

标准计划不仅支持单宝贝和多宝贝同时推广，而且还可以用于平销或测款等营销场景。标准计划的主要元素如图 4-1 所示。

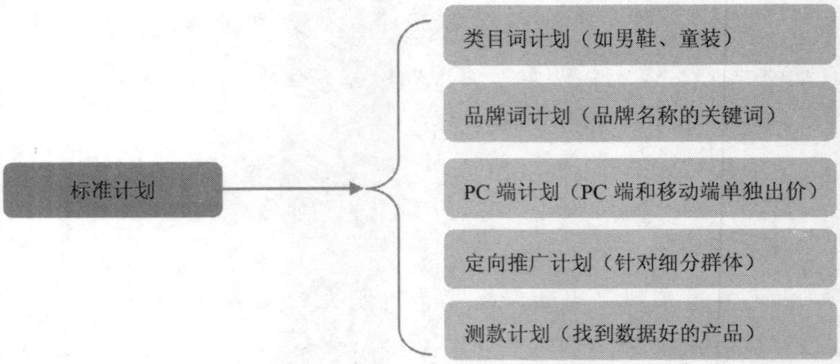

图 4-1 直通车的标准计划

> **专家提醒：**满足近半年消耗达到 15 万元且近 30 天消耗达到 5 万元的店铺可以申请开通 50 个计划；满足近半年消耗达到 3 000 元且近 30 天消耗大于 1 500 元的店铺可以申请开通 20 个计划。

2. 智能计划

智能计划就是根据系统推荐的设置方案来创建直通车推广计划。进入直通车“推广”界面，在计划类型列表框中选择“智能计划”选项，如图 4-2 所示，即可查看店铺当前使用的智能计划。

图 4-2 选择“智能计划”选项

另外，也可以在“推广”界面左侧窗口选择“智能计划”选项来查看，如图 4-3 所示。智能计划的操作虽然非常简单，但也需要进行优化，优化得好推广效果也会事半功倍。

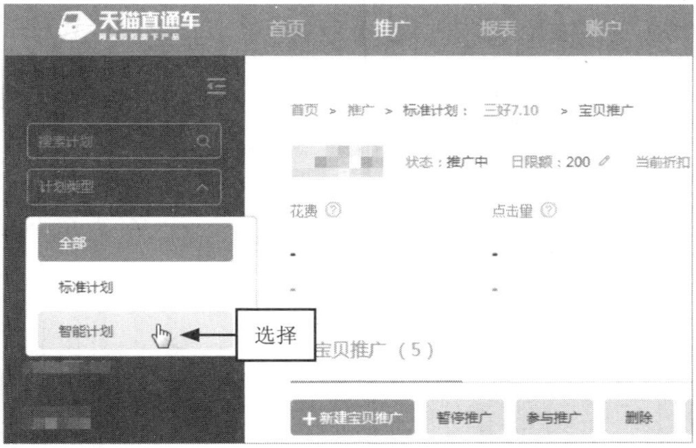

图 4-3 选择查看智能计划

4.1.2 直通车的定向推广技巧

直通车定向推广主要是根据精准买家的消费行为习惯，系统自动匹配并推荐相关性比较高的产品，根据卖家出价来展现符合买家搜索需求的产品。

卖家在设置投放平台时，在计算机设备的淘宝站内和站外渠道中，可以开启“定向推广”功能，如图 4-4 所示。

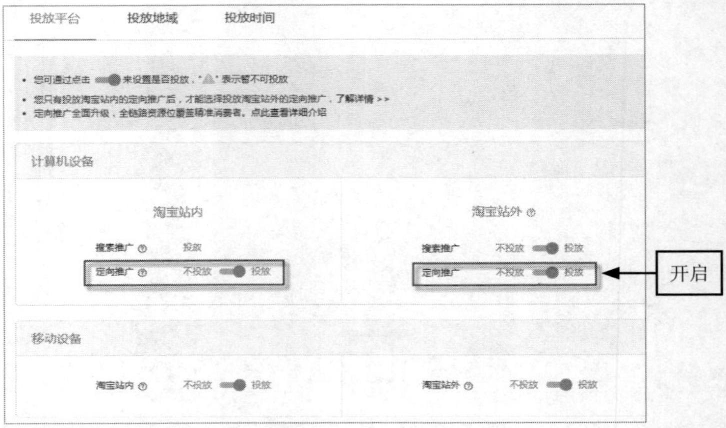

图 4-4 开启“定向推广”功能

在系统条件的投放类型列表框中，可以选中“定向”单选按钮，如图 4-5 所示，单击“确定”按钮，即可查看所有定向推广计划。

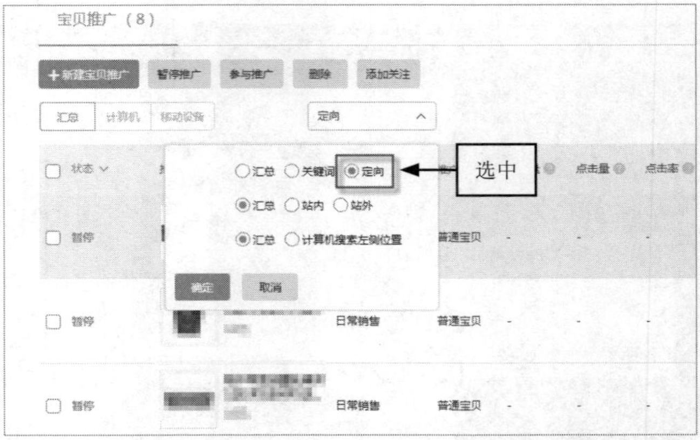

图 4-5 选中“定向”单选按钮

直通车的定向推广有点击单价低、成交多、操作简单、投入产出比高等优点，所以就直通车的关键词推广来说，定向推广也是一个不可或缺的流量渠道。定向投放的资源展示位包括 PC 端的“淘宝首页—热卖单品”、“我的淘宝—已买到的宝贝底部”、阿里旺旺买家版页面、旺旺发货提醒、收藏列表页底部、购物车底部页面、站内评价成功页面底部以及“我的淘宝—物流详情页底部”等，这些位置的流量都非常多，如图 4-6 所示。

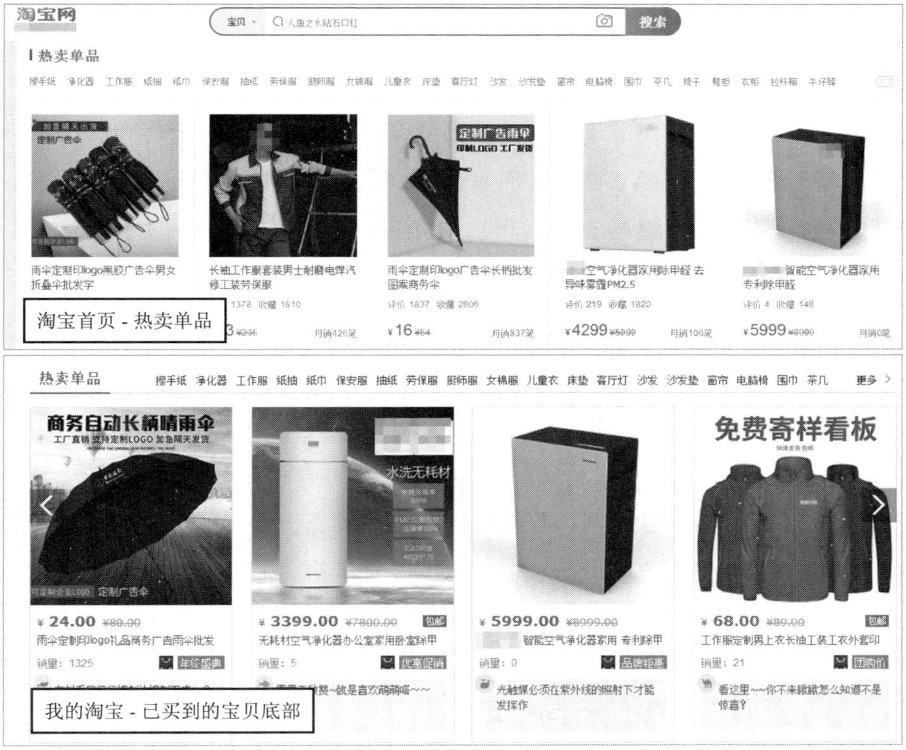

图 4-6　定向投放的部分资源展示

另外，定向推广还有很多站外资源位，而且这些渠道具有使用人数少、曝光量大的特点，非常适合那些具备站外投放需求的类目，以及需要进行站外曝光需求的店铺，如图 4-7 所示。定向推广如果运用得好，可能几分钱或者一两毛钱的点击单价，就能引入几万的 UV（unique visitor 的简写，指通过互联网访问、浏览这个网页的自然人）。

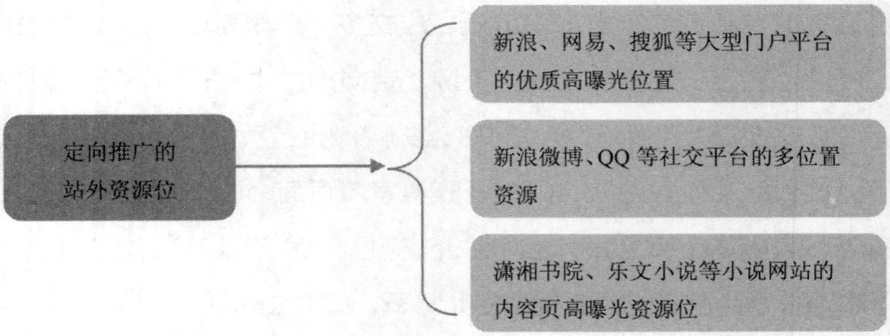

图 4-7 定向推广的站外资源位

那么，要定向获取流量，卖家该如何进行操作呢？这里笔者总结了一个简单的方法：在前期选款阶段，优先选择点击率和转化率比较高的款式，如果款式没选好，即使给它再大的流量也是白费力气，很难实现预期的投产比效果；接下来单独创建一个推广计划，筛选出 10 个左右的优质关键词，投放位置仅选择站内无线端；然后通过优化点击率位置来“养计划”，点击量至少要上百，点击率要超过 3%，增加该推广计划和商品款式的权重，才能开始进行定向推广。

在设置定向推广计划时，出价方案可以根据卖家个人喜好来选择，既可以选择从高到低的顺序，也可以选择从低到高的顺序，只要卖家能承受这个价格即可。接下来，卖家可以根据引流效果来调整出价，当流量数据趋于稳定后，即可缓慢地进行小幅度、低频率的降价操作，当降到一定程度后，发现流量有降低趋势，就要适当的增加价格，之后按照此方法反复操作即可。

4.1.3 直通车的投放布局技巧

直通车的投放布局技巧主要包括测款和爆款打造两个部分。

1. 测款

使用直通车进行测款的目的，主要是通过提升商品点击量来评估商品的后期引流实力，在这个阶段无须过于在意 PPC 指标和投资回报率。在分析数据指标时，不能过于依赖单一的数据维度，在提升点击量数据的过程中，还需要关注点击率、转化率、收藏量、加购量等数据的变化，通过分析商品各方面的数据指标，进行综合评判或审核来决定最终结果。

测款不要太注重过程，而要“以结果为导向”，测款的结果就是为了选款，找到一个有潜力的单品。在测款时，要对 PPC 指标进行合理的评定。如果卖家的时间非常紧，需要快速完成测款操作，则需要尽量获得更多点击量数据，重点观察点击量数据和相关的数据维度。

测款方式有以下两种。

（1）关键词测款：以主推关键词为直通车的测款要点来建立标准计划进行测款，或者采用低价引的测款方法。卖家可以在淘宝搜索框中商品的主搜关键词，重点观察下面这些地方。

- 淘宝推荐的最受买家欢迎的价格段，看自己的商品价格是否属于该价格段，从而了解商品价格是否具备市场优势，如图 4-8 所示。
- 观察市场中有无同款，且同款数量有多少。
- 市场中爆款产品的热销属性，自己的产品属性与这些热销属性是否一致。

如果卖家通过上述分析发现，这个产品价格属于最受买家欢迎的价格段，价格有市场优势，且市场上基本没有同款，产品属性也符合热销属性，达到这些标准后，说明该产品款式极具市场竞争力。

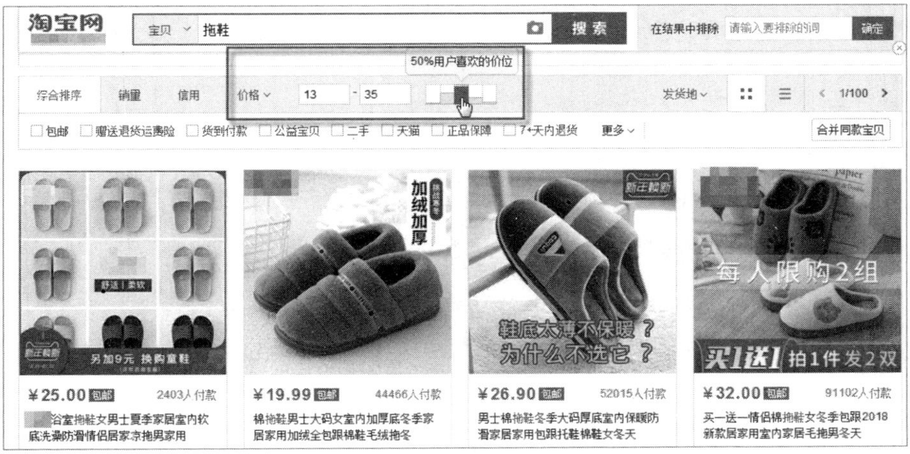

图 4-8　查看淘宝推荐的买家最喜欢的价格段

（2）店铺推广测款：针对自己的产品类目，进入相关的分类页，并分析其中的商品指标数据。

直通车测款步骤如下。

（1）选择产品：选择有一些基础销量和买家秀评价的商品作为主推产品。

（2）创建计划：通过直通车创建产品的关键词推广计划，优先选择精准的关键词，然后再逐步延伸到类目词、属性词等词，观察这些关键词的推广数据。

（3）设定标准。设定一个预期的合理推广目标，如一周内获得 1 000 个点击量，并通过逆向倒推的方式来计算平均每天的流量标准，如果精准词达不到这个标准，则需要通过加价或者加词的方式来调整推广计划。

（4）分析数据。分析推广计划的点击率、转化率、收藏量、加购量等数据，综合评测产品的引流实力。如果主推产品是周期性特别长的产品，则还需要同时增加测款的周期和量级。

（5）测试创意。测图时首先要选择图片，如商品主图、竞品首图或者爆款图片等，模仿这些图片的风格来进行测试。创意方案分为优选和轮播两种形式，前期建议选择 4 张图片轮播测试。当点击量数据达到一定标准后，删除或替换那些在各个终端点击量都比较差的图片。

好的图片创意点击率参考标准为：PC 端 0.5% 左右，无线端 3% 左右。

2. 爆款打造

完成测款操作后，接下来就先确定一个销量目标，并根据该目标计算出相应的流量和推广预算金额。同时，卖家还需要重点考量转化率等重要维度，如果销量目标设置得非常高，给流量很多，但转化率却迟迟上不来，那么卖家需要付出更多的推广预算才能实现销量目标，结果可能会得不偿失。数据统计可以通过生意参谋的专业版的流量来源方式获取。

结合历史往年每个二级类目销售占比制订今年的生产上架的宝贝计划，比如套装的二级类目占比较多，那么今年布局套装这块的产品就多一点，然后根据占比多少来规划产品数量。

> **专家提醒：** 直通车主要包括计算机设备、移动设备、淘宝站内、淘宝站外、定向推广、搜索推广等投放平台。在选择直通车的投放平台时，卖家一定要对自己的产品有所了解，清楚地知道哪些平台的转化率高，就重点投放这些平台。不同行业不同品类的转化率都不尽相同，但无线端是大势所趋，是所有卖家需要重点关注的投放平台。

4.2 多计划建立，让直通车转化率瞬间暴涨

直通车后台建立计划的方法通常有两种，第一种是按照在线设置销售的宝贝分类去建立计划，还有一种是按照直通车后台具备的不同推广功能来分别建立计划，另外还可以批量创建推广计划，本节将介绍具体的方法。

4.2.1 按宝贝分类建立计划

如图 4-9 所示，该商家后台直通车的计划就是典型的按照宝贝分类去建立的，基本上是每一个分类或者针对每一款宝贝来单独创建计划，这种方式比较明显的优势就是卖家可以对不同的产品进行分类投放来达到针对不同宝贝的测款、引流或带来转化等营销推广目的。

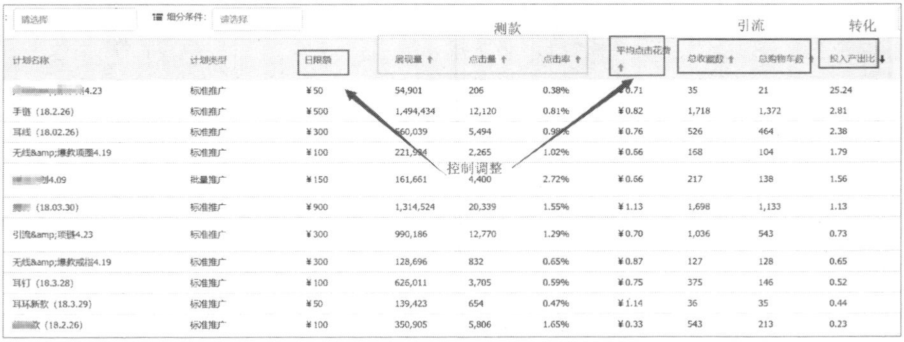

计划名称	计划类型	日限额	展现量	点击量	点击率	平均点击花费	总收藏数	总购物车数	投入产出比
[illegible]4.23	标准推广	¥50	54,901	206	0.38%	¥0.71	35	21	25.24
手链（18.2.26）	标准推广	¥500	1,494,434	12,120	0.81%	¥0.82	1,718	1,372	2.81
耳线（18.02.26）	标准推广	¥300	560,039	5,494	0.98%	¥0.76	526	464	2.38
无线&爆款项圈4.19	标准推广	¥100	221,984	2,265	1.02%	¥0.66	168	104	1.79
[illegible]4.09	批量推广	¥150	161,661	4,400	2.72%	¥0.66	217	138	1.56
[illegible]（18.03.30）	标准推广	¥900	1,314,524	20,339	1.55%	¥1.13	1,698	1,133	1.13
引流&项链4.23	标准推广	¥300	990,186	12,770	1.29%	¥0.70	1,036	543	0.73
无线&爆款戒指4.19	标准推广	¥300	128,696	832	0.65%	¥0.87	127	128	0.65
耳钉（18.3.28）	标准推广	¥100	626,011	3,705	0.59%	¥0.75	375	146	0.52
耳环新款（18.3.29）	标准推广	¥50	139,423	654	0.47%	¥1.14	36	35	0.44
[illegible]款（18.2.26）	标准推广	¥100	350,905	5,806	1.65%	¥0.33	543	213	0.23

图 4-9 按宝贝分类建立计划示例

如果店铺中有些品类是刚上新的产品，则在这些品类当中可能需要挑出若干款进行后续的推广操作，这样就可以为这个品类单独建立一个标准推广计划，然后把想要推广的宝贝放进去。例如，图 4-9 中虽然最后一个计划的

投入产出比只有 0.23，但它的平均点击花费也非常低，只有 0.33 元，而获得的总收藏数却比较高，达到了 500 多次，因此还是值得卖家去投放的。

按宝贝分类建立计划的优化方法包括以下 3 个方面。

（1）创意列表：在按宝贝分类创建计划时，卖家可以用相关的宝贝创意图片搭配不同的创意标题，或者是相同的创意标题搭配不同的创意图片，这样便于找到创意优化的地方，以及好的创意图片和文案。

（2）关键词列表：对于推广效果不好的关键词，可以适当降低人群溢价的费用，如图 4-10 所示。

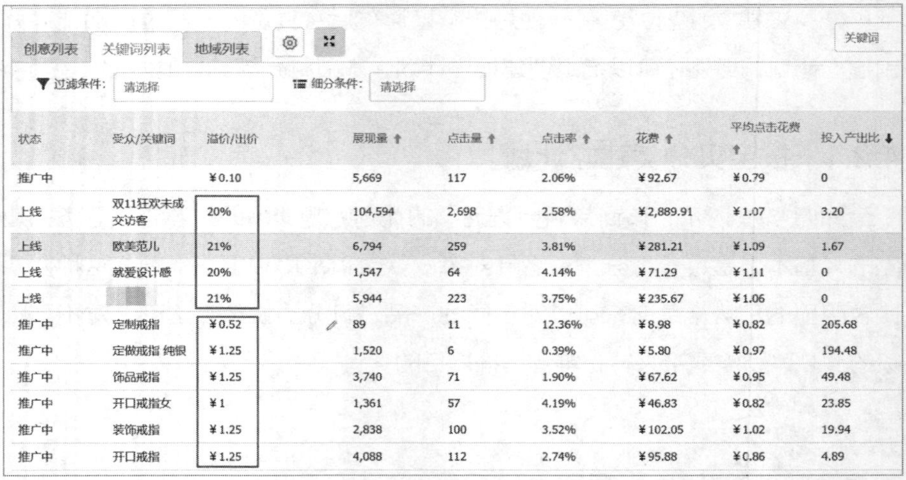

状态	受众/关键词	溢价/出价	展现量	点击量	点击率	花费	平均点击花费	投入产出比
推广中		¥0.10	5,669	117	2.06%	¥92.67	¥0.79	0
上线	双11狂欢未成交访客	20%	104,594	2,698	2.58%	¥2,889.91	¥1.07	3.20
上线	欧美范儿	21%	6,794	259	3.81%	¥281.21	¥1.09	1.67
上线	就爱设计感	20%	1,547	64	4.14%	¥71.29	¥1.11	0
上线		21%	5,944	223	3.75%	¥235.67	¥1.06	0
推广中	定制戒指	¥0.52	89	11	12.36%	¥8.98	¥0.82	205.68
推广中	定做戒指 纯银	¥1.25	1,520	6	0.39%	¥5.80	¥0.97	194.48
推广中	饰品戒指	¥1.25	3,740	71	1.90%	¥67.62	¥0.95	49.48
推广中	开口戒指女	¥1	1,361	57	4.19%	¥46.83	¥0.82	23.85
推广中	装饰戒指	¥1.25	2,838	100	3.52%	¥102.05	¥1.02	19.94
推广中	开口戒指	¥1.25	4,088	112	2.74%	¥95.88	¥0.86	4.89

图 4-10　关键词列表

（3）地域列表：相同的宝贝可以投放在不同的地区，哪些地区的投入产出比比较弱，投放的点击转化成本比较高，那么这些地区就可以停止投放。如图 4-11 所示，相同的宝贝和创意在不同的地区，投入产出比甚至可以达到 3 或者 5，那么卖家即可针对这些区域去投放重点直通车，投入产出比低于 3 的地区则可以选择不投放。但是，对于一些毛利大、缺少流量的店铺来说，即使是投入产出比比价低的地区，也需要去进行适当的投放直通车。

创意列表 关键词列表 地域列表

过滤条件: 请选择

省市	展现量	点击量	点击率	花费	平均点击花费	总收藏数	总购物车数	投入产出比
[illegible]	176,389	1,963	1.11%	¥1,604.69	¥0.82	337	258	4.77
[illegible]	44,494	147	0.33%	¥115.13	¥0.78	20	20	4.33
[illegible]	197,548	1,863	0.94%	¥1,547.05	¥0.83	282	200	4.08
[illegible]	225,746	1,968	0.87%	¥1,622.70	¥0.82	240	233	3.68
[illegible]	184,900	1,744	0.94%	¥1,446.29	¥0.83	265	284	2.78
[illegible]	45,042	398	0.88%	¥319.25	¥0.80	52	48	1.56
[illegible]	87,009	762	0.88%	¥609.75	¥0.80	88	56	1.23
[illegible]	161,155	1,201	0.75%	¥974.29	¥0.81	170	97	1.16

图 4-11　地域列表

4.2.2　按后台功能建立计划

按照功能分类，顾名思义，是指店铺的产品比较少，或者要推广的商品比较少，推广预算也非常有限，在这些情况下，在直通车中只推广一款宝贝或者同一个类目中的 2 ~ 3 个宝贝，此时就可以针对直通车后台的各种功能来创建计划，如定向推广功能人群属性溢价功能、关键词常规推广功能等，如图 4-12 所示。

凉鞋推广 二	标准推广	70%	1000元	计算机 移动设备	10,211	470	4.60%	¥999.92
凉鞋推广 三	标准推广	70%	1000元	计算机 移动设备	6,718	284	4.23%	¥515.82
凉鞋推广 四	标准推广	70%	1000元	计算机 移动设备	10,387	455	4.38%	¥999.95
凉鞋推广 五	标准推广	70%	1000元	计算机 移动设备	3,812	87	2.28%	¥219.87
凉鞋推广 六	标准推广	70%	1000元	计算机 移动设备	3,645	73	2%	¥171.72

图 4-12　按后台功能建立的计划示例

例如，利用关键词常规推广功能建立计划，同一个计划里面一次最多只能放 200 个关键词，如果 10 个计划都推广同一个宝贝，那么就可以放 200×10 = 2 000 个关键词。如果产品的类目比较大，但类目核心词竞争力非常小，则可以采取这种广撒网的投放方法。一般情况下，创建直通车计划时都是使用后台推荐的关键词，但这些关键词的数量还远远不够，此时卖家可以下载淘宝的潜力词表和 TOP 20 万词表来找到更多关键词，如图 4-13 所示。

图 4-13　下载淘宝词表

在直通车后台的关键词旁边，还有一个精选人群功能，进入后可以按照系统本身的智能拉新人群、推荐人群标签等，组合不同的计划去投放。例如，同样的宝贝可以选择同样的关键词，针对其中的某一个人群进行溢价的投放，如图 4-14 所示。这种方法还可以继续细分，如为类目大词单独建立一个计划，选择低出价、高溢价的方式；反之，也可以将搜索人群不多的长尾词单独做一个计划，将词的出价调高、溢价调低，这也是按直通车功能分类创建计划的常用方法。

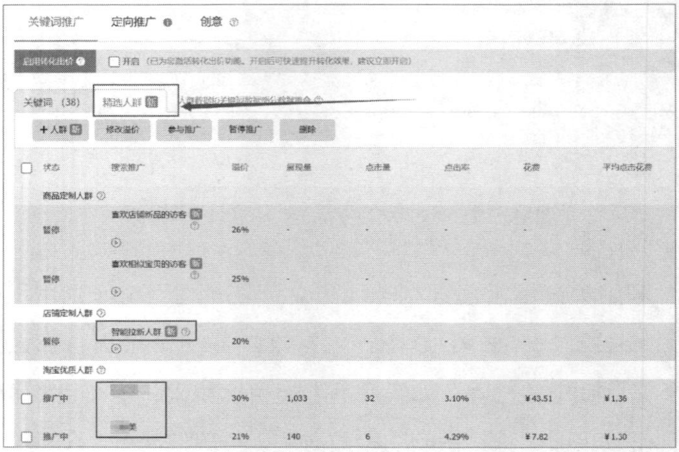

图 4-14　利用精选人群功能建立不同的计划

在添加访客人群中，针对自定义人群，可以任意组合不同的标签来创建计划，如图 4–15 所示。如果店铺本身的流量比较少，人群覆盖的范围比较小，则此处的操作目的更多在于吸引精准流量来提升转化率，但弊端就是整个圈选的人群范围过小且过于集中，这也是卖家投放直通车时需要重点考虑的问题。

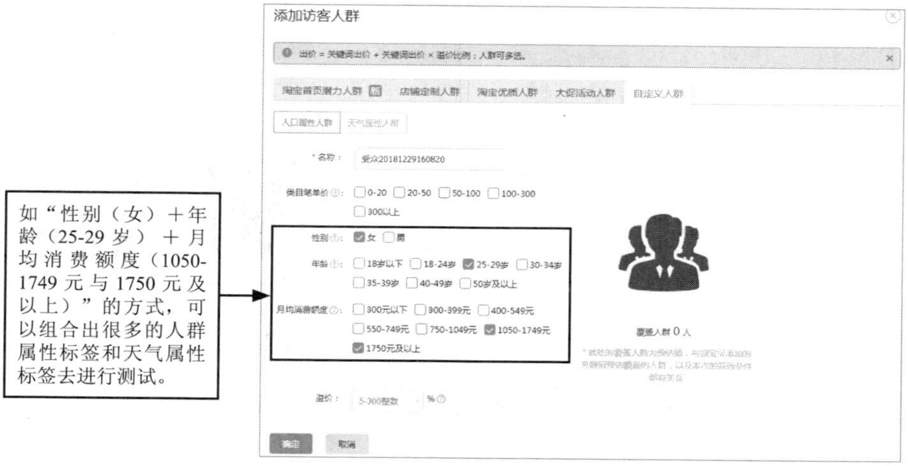

图 4–15　组合不同的人群属性标签来创建计划

另外，根据直通车的定向推广功能，也有很多不同的计划玩法。例如，可以通过定向推广功能来单独测试智能投放效果，如图 4–16 所示。

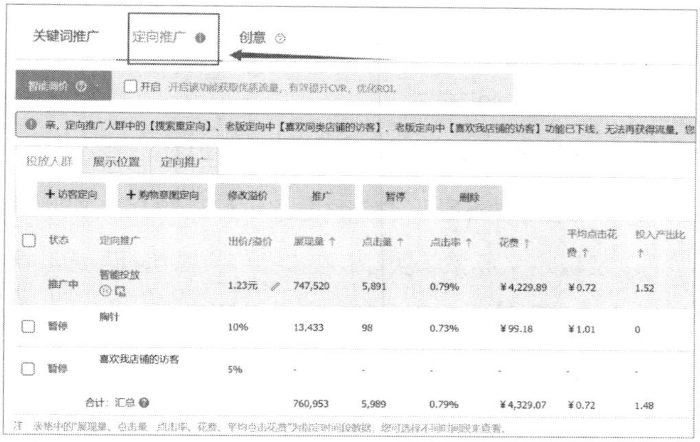

图 4–16　通过定向推广功能单独测试智能投放

通常情况下在定向推广计划的展示位置中，针对“手机淘宝首页—猜你喜欢”这个位置去投放，效果会更好一些，如图 4–17 所示。

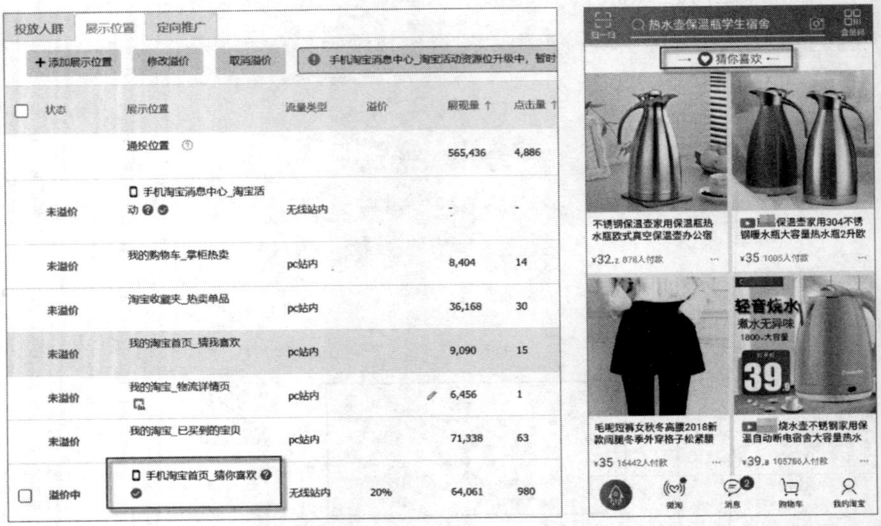

图 4–17　定向推广的展示位置设置为“手机淘宝首页—猜你喜欢”

4.2.3　新建批量的推广计划

直通车支持最多创建 10 个批量推广计划，每个计划可以添加 30 个商品，对于亏损厉害或者流量大却无成交的宝贝计划可以删除。下面介绍新建批量推广计划的具体操作方法。

（1）进入直通车后台的“推广”界面，在“计划”选项区中单击“新建推广计划”按钮，如图 4–18 所示。

（2）进入“选择营销场景”界面，营销场景包括“日常销售—促进成交”“宝贝测款—均匀快速获取流量”“定时上架—促进收藏加购”“活动场景—促进活动爆发”以及自定义场景等类型；在“推广方式选择”选项区中选中“智能推广（原批量推广）”单选按钮，如图 4–19 所示。

图 4-18　点击“新建推广计划”按钮

图 4-19　选中“智能推广（原批量推广）”单选按钮

（3）设置相应的名称、日限额并选择宝贝后，进入“推广方案—智能推广（原批量推广）”界面，此处可以设置出价上限，以及是否添加自选关键词功能，如图 4-20 所示。需要注意的是，批量推广计划是一种智能化的推广策略，不需要卖家添加自选关键词，如果卖家添加自选关键词，会同时作用于整个计划的所有产品。当然，系统会根据相关性进行优先匹配，但是 100 个关键词去匹配 30 个产品在操作上是非常难控制的，卖家如果有建立其他的常规计划，则建议批量推广计划中不添加关键词，直接在常规计划中添加关键词即可。

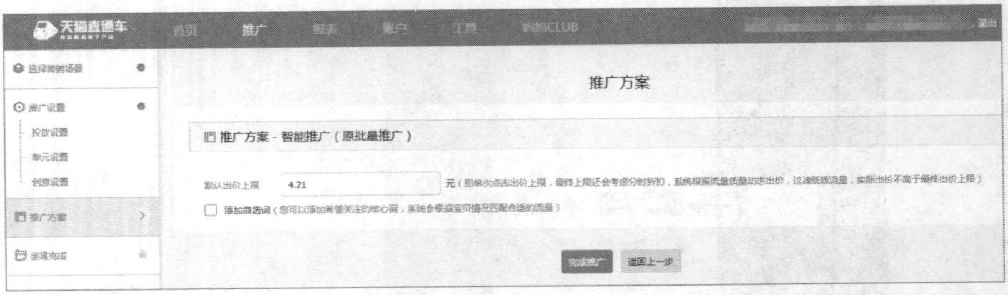

图 4-20　“推广方案—智能推广（原批量推广）”界面

（4）设置完毕后，点击“完成推广”按钮即可创建批量推广计划。批量推广功能非常智能，但也可以进行人工优化操作，适合日常销售、新品测款以及活动引爆等不同的营销场景。

4.3　新建推广计划，直通车转化提升 so easy

在淘宝网上，每个类目下的同质化产品越来越多，新开一个网店或者新上一件商品时，卖家首先要做的就是获取更多的精准流量。怎样快速获取更多有效流量？这就需要卖家向平台搜索机制证明自己的宝贝是被买家认可和喜欢的产品，这样才能获得平台更多的推荐。

如何证明？那就是你的宝贝有人浏览、收藏和购买，特别是有人购买，这样会让搜索引擎更容易抓取到你的宝贝，进而给宝贝更多的流量，所以卖家要想办法突破零销量。流量是解决一切问题的根本，没有流量就没有销量，同理，没有销量，流量也会越来越少，这是一个恶性循环的过程。

卖家要打破这种恶性循环，最好的办法就是想方设法去创造销量，而不能仅仅只靠自然搜索带来成交。在这种情况下，直通车就是一个不错的选择。本节主要介绍新建直通车推广计划的操作方法，帮助卖家通过直通车获得更多的流量。

4.3.1 第一步：设置日限额

不同的直通车推广计划和设置方案，其推广结果也会有很大的差异，而且每个计划都会有自己的缺陷，因此卖家要根据不同的设置方案来做计划，并通过不同的计划进行互补，这样才能形成一个良好的流量闭环，获得更好的推广效果。

下面介绍直通车计划中设置日限额的具体操作方法。

（1）在“选择营销场景”界面中根据推广需求选择合适的营销场景，在下方的“推广方式选择”选项区中选择“系统推荐”或者“自定义”的推广方式，如图 4-21 所示。

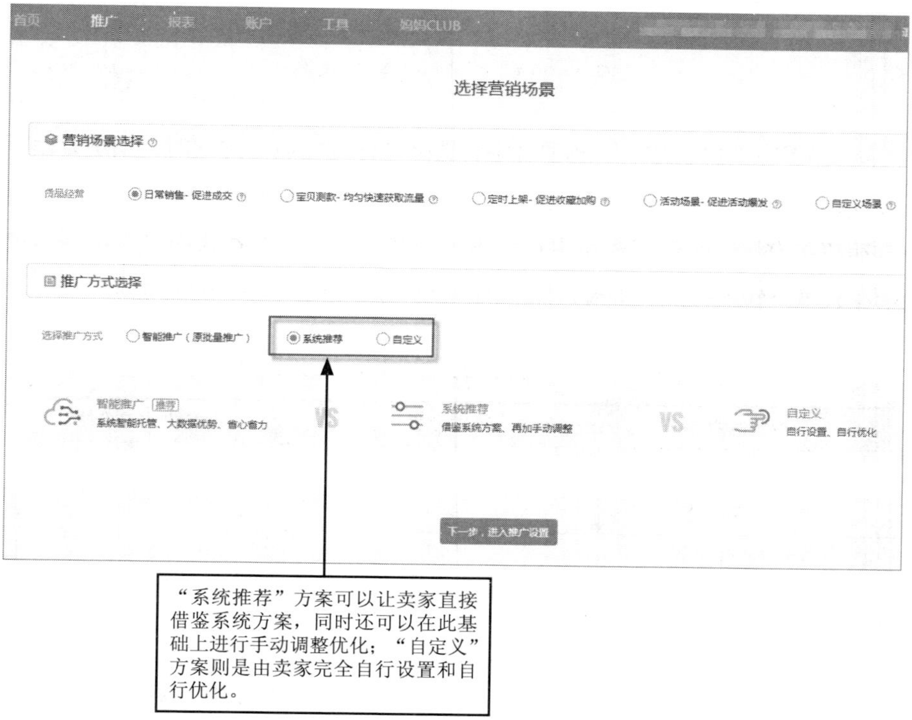

图 4-21 选择推广方式

（2）点击“下一步，进入推广设置”按钮，进入“推广设置”界面，在此可以设置“计划名称”“日限额”和“投放方式”等选项，如图 4-22 所示。推广计划的名称可以随时更改，不是非常重要。

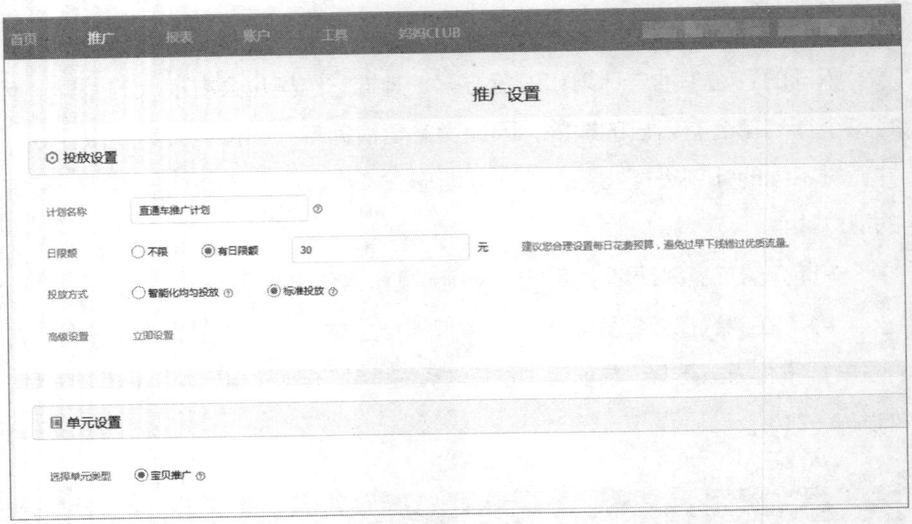

图 4-22 “推广设置”界面

（3）在“投放方式”选项区中，选择“标准投放”方式时，系统会根据卖家的投放设置来进行展现推广；选择“智能化均匀投放”方式时，系统会自动帮卖家优选高质量流量进行展现，延长推广宝贝的在线时长，提升宝贝转化效果，智能化均匀投放对比标准投放的优势如表 4-1 所示。

表 4-1 标准投放与智能化均匀投放的对比

投放方式	标准投放	智能化均匀投放
计划在线时长	短	长
平均扣费单价	高	低
触达有效客户量	少	多
日内数据波动	大	小
投入产出比	低	高

（4）另外需要注意的就是“日限额”的设置，卖家也可以在创建好计划后点击“日限额”选项右侧的编辑按钮图标，如图 4-23 所示。

（5）在弹出的“设置日限额”对话框中，也可以设置每日预算和投放方式，如图 4-24 所示。

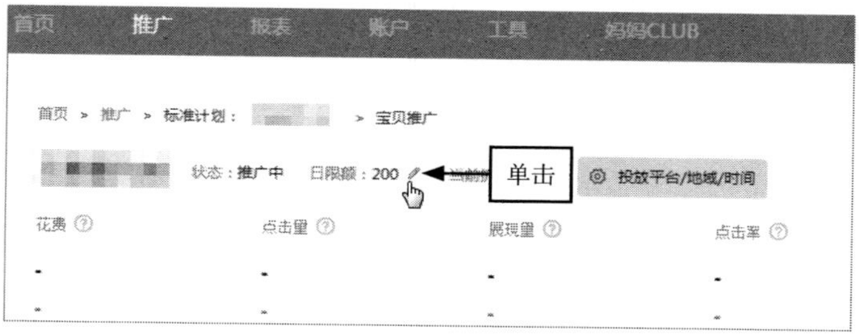

图 4-23 点击“日限额”选项右侧的编辑按钮图标

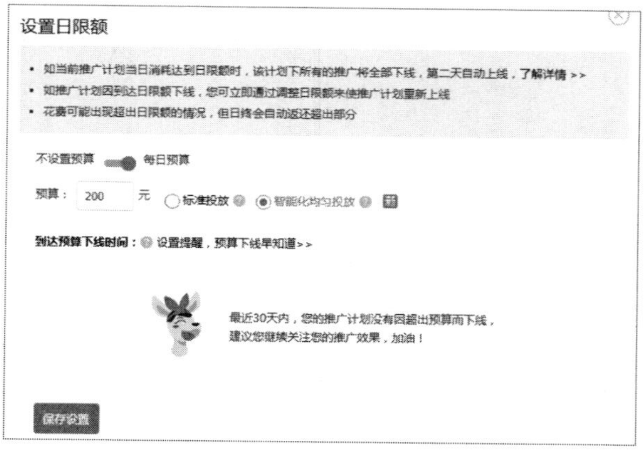

图 4-24 “设置日限额”对话框

专家提醒：卖家需要合理设置日限额预算，最低数额为 30 元，目的是形成一个安全的“阈值”，确保店铺不会支出超出预算的广告费；同时也要注意，过低的限额会导致计划因超出预算而下线，错失流量。

（1）选择“标准投放”方式，可能会因为过早到达日限额而导致投放计划提前下线。

（2）选择“智能化均匀投放”方式，系统会根据流量变化及卖家设置的日限额，在设置的投放时间内均匀展现卖家的推广宝贝，不会因为过早到达日限额而错过晚些时候的流量。对于直通车新手来说，“智能化均匀投放”方式是一个相对“傻瓜化”的选择，系统会自动对投放预算进行分配，最大可能性地避免因为超出预算导致的推广下架；对于相对熟悉直通车操作的老手来说，推荐选择“标准投放”方式，这样才能结合自己的经验和平台的数据，制定最合理的投放预算。

（6）在“设置日限额”对话框中点击“设置提醒”链接，进入“自动充值和提醒”界面，可以设置“账户余额不足提醒”和“日限额到达提醒”等功能，可以通过阿里旺旺或者手机短信等方式来提醒，从而避免因预算不足而错过好的流量情况，如图 4-25 所示。

图 4-25　“自动充值和提醒”界面

4.3.2　第二步：设置推广平台

在“推广设置—投放设置”界面中，点击“高级设置”右侧的“立即设置”按钮，在弹出的“投放平台”对话框即可选择该直通车计划要投放的设备渠道，如图 4-26 所示。卖家也可以在创建好计划后进入计划的详情页面，点击“投放平台 / 地域 / 时间”来进行相关设置。

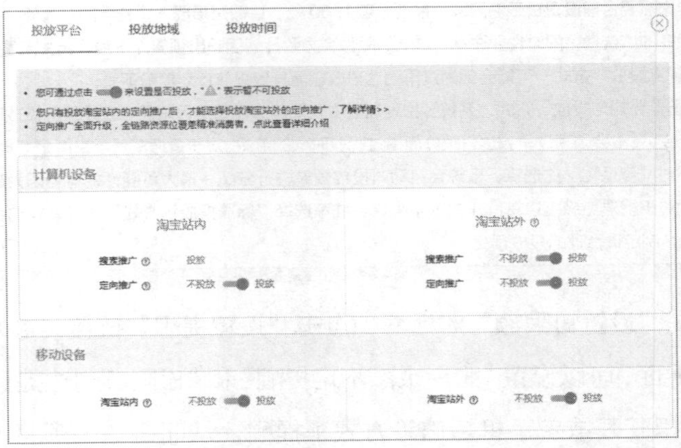

图 4-26　“投放平台”对话框

在“投放平台”对话框中，以平台为维度进行区分，可以分为淘宝站内和淘宝站外两个部分。淘宝站内是指在淘宝、天猫平台上展现的广告；淘宝站外是指在淘宝、天猫之外的其他平台上展示的广告。

以设备来区分，可以分为计算机设备和移动设备。计算机设备主要是指在 PC 端进行广告展现，移动设备主要是指在手机、平板电脑等设备上通过登录淘宝网页（标准版和触屏版）以及各种 App 终端等形式进行广告展现。

出价将以 PC 端出价为基础出价，在移动端采用溢价的方式调整出价，设置完毕后，假设搜索推广默认设置出价为 0.5 元，移动的折扣为 200%，站外推广折扣为 80%，那么移动端的站内默认出价为 1 元，站外默认出价为 0.8 元。

推广平台的设置对整个计划的效率会有比较重要的影响，卖家需要根据投放阶段的目标，并结合“关键词”进行综合比较后再去设置。

推广计划设置好后，会有以下两种推广方式。

（1）搜索推广：推广宝贝会展现在淘宝关键词搜索或类目搜索结果页面的右侧或下方的“商家热卖”中。搜索推广按照关键词出价进行点击扣费。

（2）定向推广：通过多维度的人群定向技术，推广宝贝将展现在相关的浏览页面。按照宝贝的定向推广出价进行点击扣费。

4.3.3 第三步：设置投放时间

在“投放平台”对话框中，点击“投放时间”标签切换至该选项卡，如图 4-27 所示。

点击“列表视图”按钮可以切换显示模式，通过列表可以更加直观地展现出各个时间段的出价百分比数据，如图 4-28 所示。

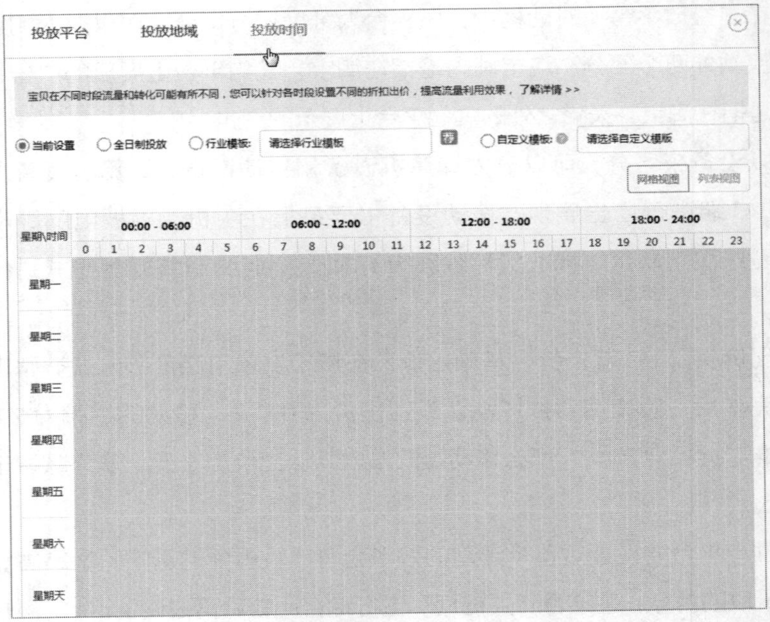

图 4-27 “投放时间”选项卡

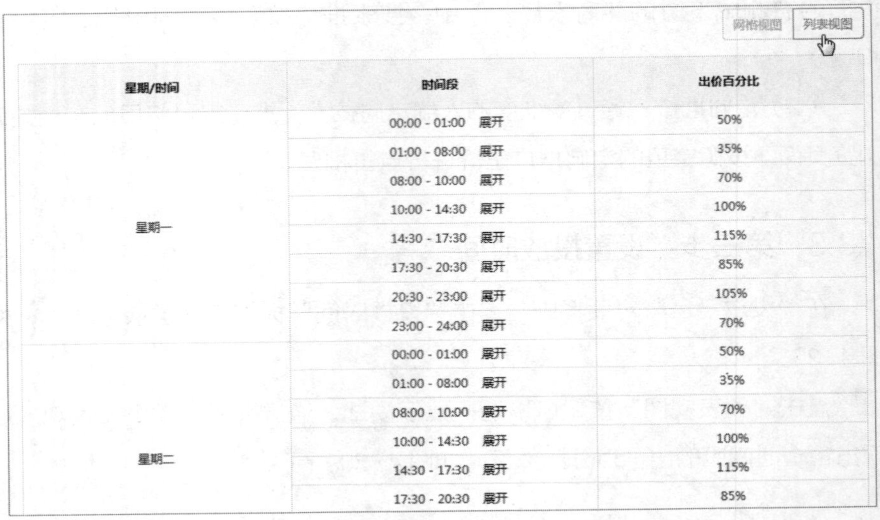

图 4-28 列表视图显示模式

投放时间可具体到凌晨 1 点、早上 9 点、下午 14 点、晚上 21 点左右的 4 个时间段，但很多卖家认为这一步其实没必要，因为在他们看来，每时每刻都会有人进入淘宝。如果有这种思想，其实这些卖家可能就已经忘记了“开车”的目的，“开车”不单单是为了吸引流量，最终是为了提高点击率和转化率，进而提高 ROI。

所以，卖家一定要了解所在的行业，清楚店铺的客户什么时候会进来，转化率什么时候最高，可以通过生意参谋来获得相关的行业数据。卖家也可以将系统自带的行业模板作为时间段的初始设置，这种方法比较适合新手，如图 4-29 所示，了解后台后，建议还是以实际情况自行设置修改。

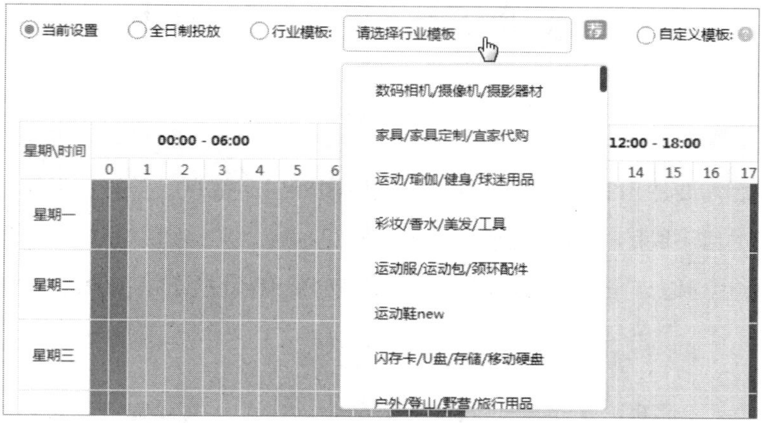

图 4-29　行业模板中预设的方案

在资金有限的情况下，卖家需要将推广的费用用在“刀刃”上，也就是在顾客来得最多的时候进行推广比较好，可以通过分时段进行调整。投放时间模块，可以以 30 分钟为单位，据此设置投放的费用比例，如图 4-30 所示。通常情况下，白天的购物人数比较多，则可以加大这个时间段的投放力度；凌晨购物人数较少，可以降低投放的力度。例如，卖家可以在 10 ~ 11 点设置 200% 的投放，在凌晨 2 ~ 3 点设置 30% 的投放，则当本计划内的产品广告出价为 1.5 元时，在 10 ~ 11 点时段出价将溢价到 3 元，凌晨 2 ~ 3 点出价则将溢价到 0.45 元。

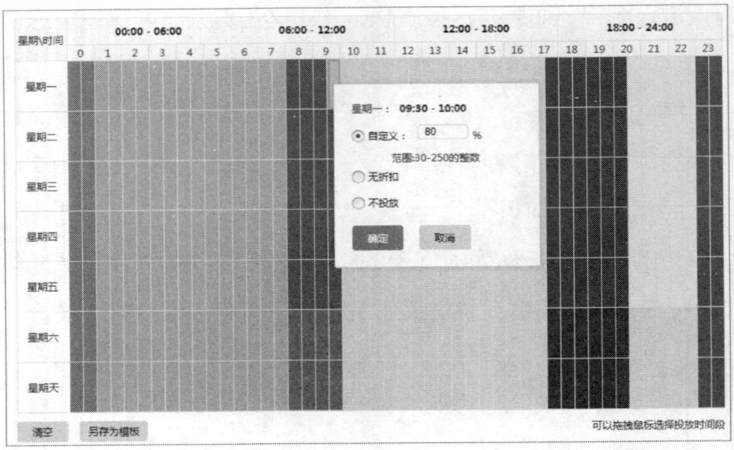

图 4-30 设置投放时间模块

最后需要注意的是，每个类目的流量高峰时期都有所差异，系统可以根据每个类目不同的流量状况来制作类目常见模板。卖家可以直接套用这些类目模板，也可以点击“另存为模板”按钮，自定义设置投放时间模板，如图 4-31 所示。

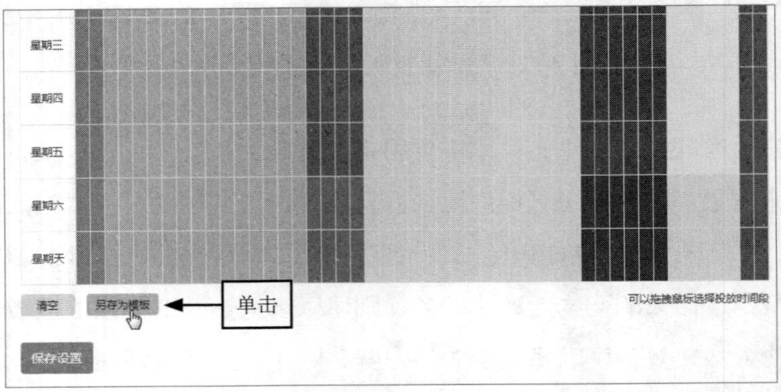

图 4-31 点击“另存为模板”按钮

执行操作后，在弹出的“保存为自定义模板”对话框中，设置相应的模板名称，点击“确定”按钮即可，如图 4-32 所示。卖家可以根据店铺的经营节奏、投放的目的等需求，制作符合自己实际情况的投放折扣、投放时间模板。

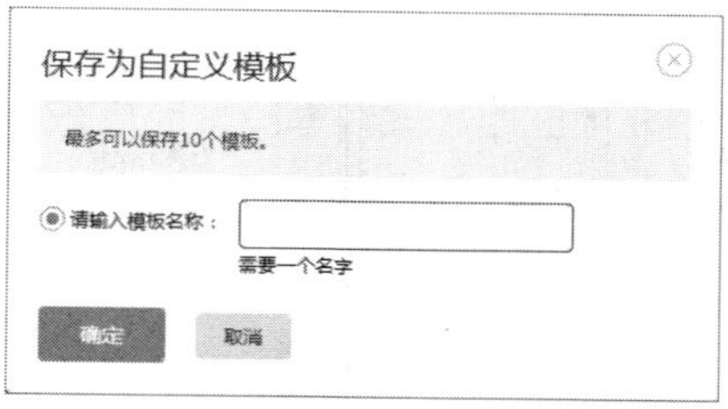

图 4-32 “保存为自定义模板”对话框

4.3.4 第四步：设置投放地域

在“投放平台”对话框中，点击“投放地域”标签切换至该选项卡，如图 4-33 所示。直通车投放的地域一定是要根据卖家自己的产品特点以及营销方案筛选过的，通常主要是根据已有数据进行筛选。筛选方法有两个，第一个是通过关键词数据透视地域来进行选择，第二个就是使用第三方应用来进行数据透视。

图 4-33 “投放地域”选项卡

卖家可以根据需要进行地域投放，不同地域的气候、环境、购买力水平都有较大的差异，在广告投放时也可以根据自己的产品情况和行业数据反馈来筛选符合自己店铺需求的地域。

比如，对于一些运费较高的偏远地区，就可以在广告投放中选择不投放；再如，每年的 11 月，东北地区已经比较寒冷，而广东地区仍然炎热，卖凉拖鞋的商家的投放地域就可以不选择东北区域，而保留南方炎热地区即可。

不同的省份下面投放的地域可以精确到市一级。比如，某个省份整体投放广告后，销售数据反馈不错，但其中有某个城市是该投放产品的生产地或者商家集中地，广告转化效果不好，卖家就可以选择不投放该城市，如图 4-34 所示。

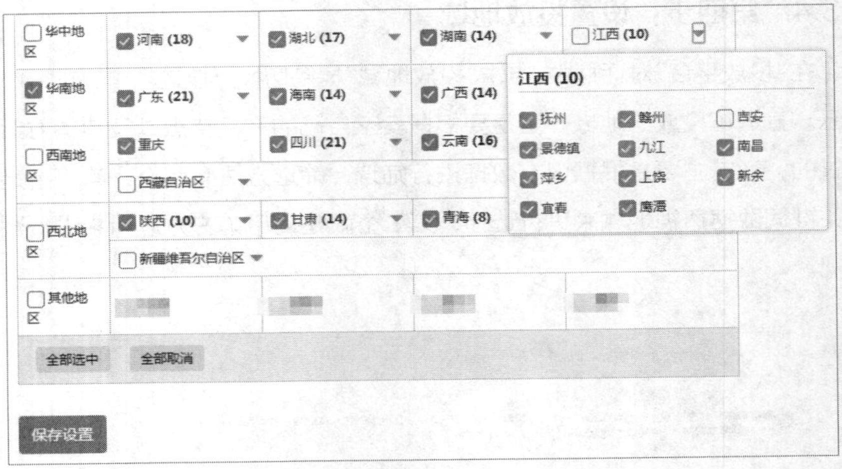

图 4-34　投放地域可以精确到市一级

4.3.5　第五步：新建宝贝

设置好投放平台、投放地域和投放时间后，接下来就需要新建推广宝贝了，具体步骤包括选择推广产品、选择创意图片、添加关键词、设置出价以及后续的优化推广工作。

1. 选择推广产品

进入“单元设置”模块，这里只有一个“宝贝推广”选项，主要是指在 PC 端和移动端搜索结果页中，展现推广的宝贝，从而获得更多的流量和成交量，如图 4-35 所示。从宝贝单品的角度来说，卖家必须要做的就是单独设置移动端出价，因为现在移动端成交占比已经达到 90% 左右。同时，选择适当的推广产品非常重要，适合直通车推广的产品，不仅能够帮助这个产品获得更多的流量，实现更多的销售，也能促进整个店铺流量结构合理化，帮助店铺提升销售额。

图 4-35　“单元设置”模块

在“单元设置”模块中点击“添加宝贝”按钮，弹出添加宝贝窗口，在“宝贝”列表中可以选择要添加的产品，卖家也可以通过选择类目和搜索宝贝来添加产品，如图 4-36 所示。

在推广产品的选择上有多种方法，系统也会自带一些基本参考工具。卖家可以参考宝贝历史销量，历史销量越多的产品越容易引起消费者注意，相应的引流效果、转化效果也会更明显一些。系统自带基本参考工具如下。

（1）优选宝贝：根据该宝贝历史数据预测适合推广的宝贝。

（2）优选流量：根据该宝贝历史数据预测在引流方面有潜力的宝贝。

（3）优选转化：根据该宝贝历史数据预测在转化方面有潜力的宝贝。

在添加宝贝时，卖家也可以使用“定时上架”功能来进行添加，如图 4-37 所示。“定时上架”功能目前仅支持店铺有发布定时上架的宝贝，且需要在直通车上月消耗 2 万笔或超过 2 万笔以上。另外，为了使有价值的资源得到合理的利用，系统对于在一周内未使用该功能成功推广的宝贝，会自动关闭该功能。

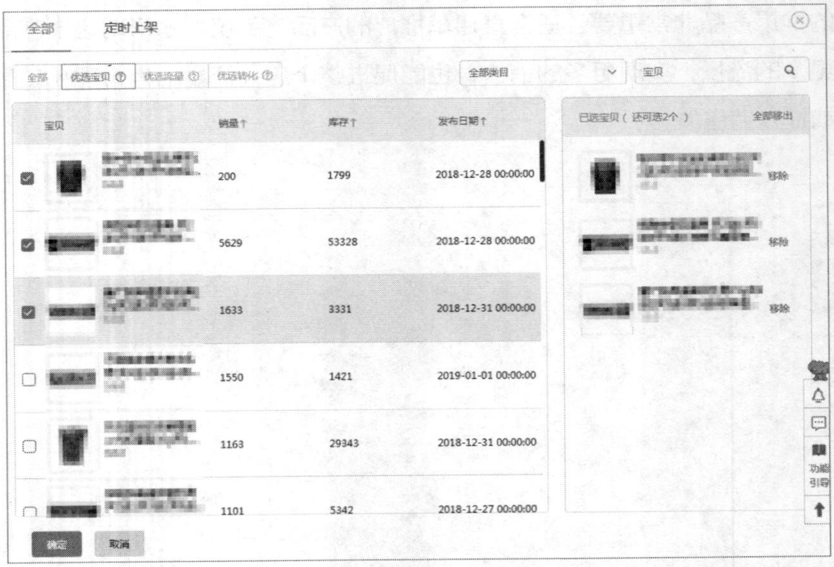

图 4-36　添加宝贝

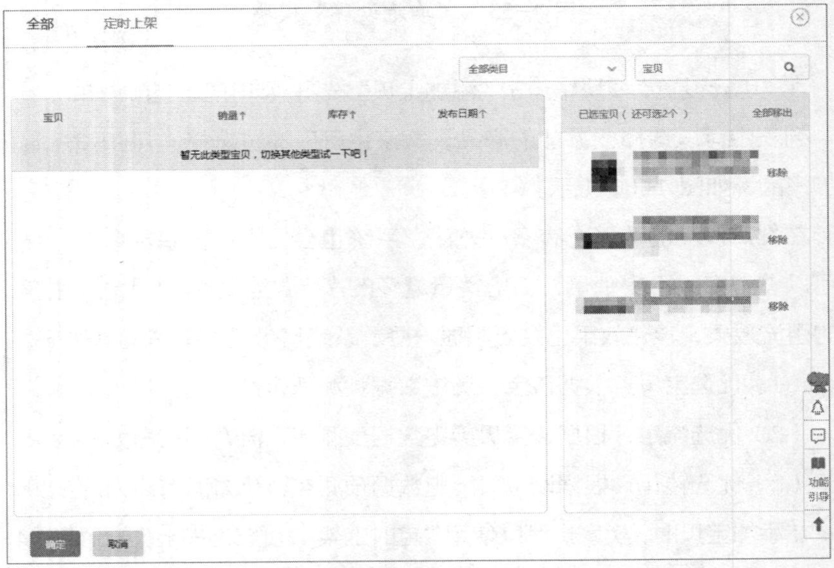

图 4-37　“定时上架”界面

选择好宝贝后，点击“确定”按钮，即可添加到推广计划中，如图 4-38 所示。

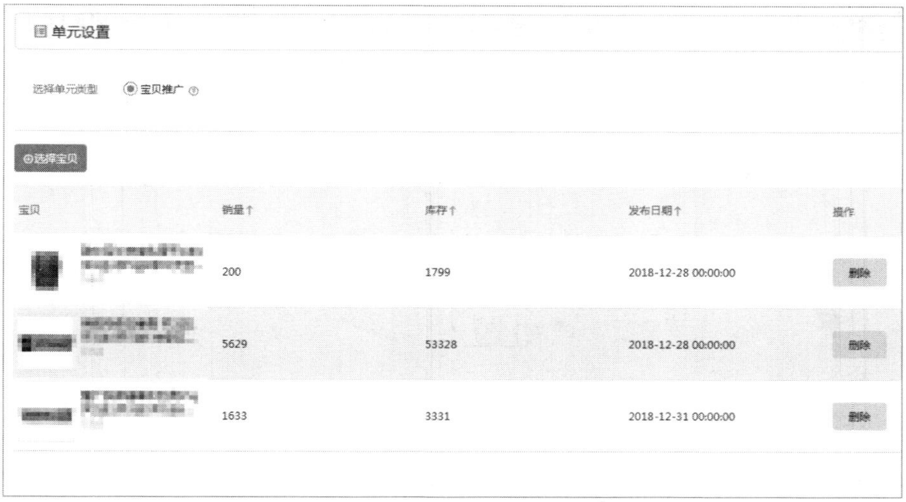

图 4-38　添加宝贝到推广计划中

一般来说，在选择直通车推广产品时，建议选择历史销量高、评价较好、货物描述较好、价格具有竞争力的产品进行推广，才能起到事半功倍的效果。

2. 选择创意图片

选择好推广的产品之后，需要选择相应的创意图片，创意图片就是当消费者搜索相关关键词的时候展现出来的产品图片，如图 4-39 所示。创意图片的质量好坏，是决定能否吸引消费者的重要因素。

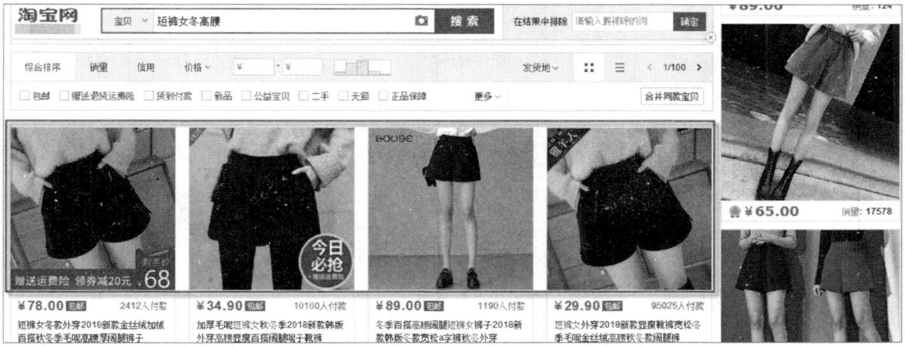

图 4-39　创意图片的展现

创意图片默认为产品的主图，可以在上传的主图中进行选择，标题可以写 40 个字符（20 个汉字）。在“创意设置”界面中，可以选中“开启智能标题”复选框，系统会根据产品的人群偏好，自动生成对应的展示标题，该标题不会影响质量得分中的相关性，如图 4-40 所示。如果卖家希望继续使用原标题，则可以关闭该功能。

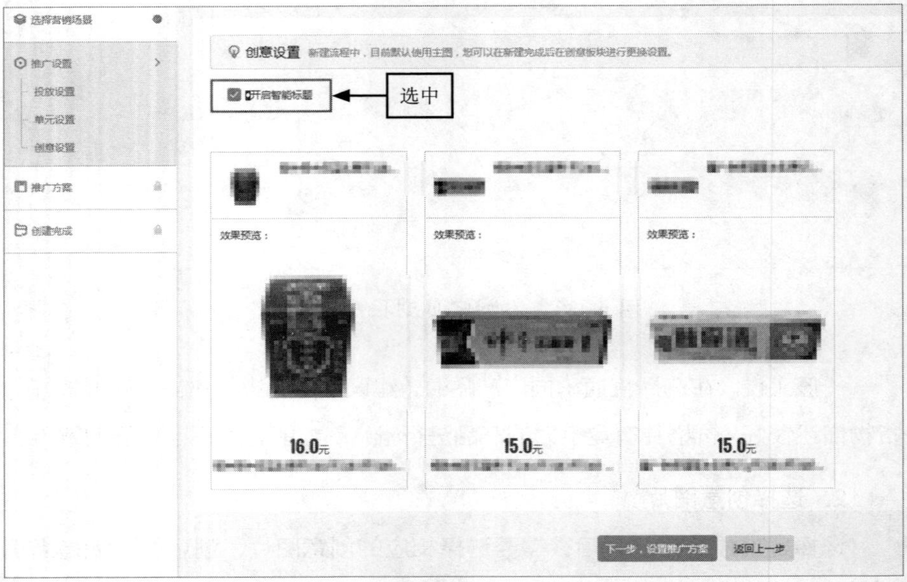

图 4-40 选中“开启智能标题”复选框

3. 添加关键词

选择完产品之后，接下来就要添加关键词了，系统会根据产品自动推荐多个关键词以供选择，每个产品下最多可以添加 200 个词。

在“创意设置”界面点击“下一步，设置推广方案”按钮，进入“推广方案”界面，系统会根据之前选择的营销场景和目标来为卖家量身定制合适的关键词和人群方案，卖家可以在此基础上进行调整和修改，如图 4-41 所示。

点击“更多关键词”按钮，弹出“添加关键词”对话框，如图 4-42 所示。选择关键词的方法与自然搜索选择关键词的方法比较相似，直通车在这里提供了更多实用的小工具，可以帮助查找到更多的关键词，有了足够的关键词基数，才能进行有效的筛选。

图 4-41　“推广方案”界面

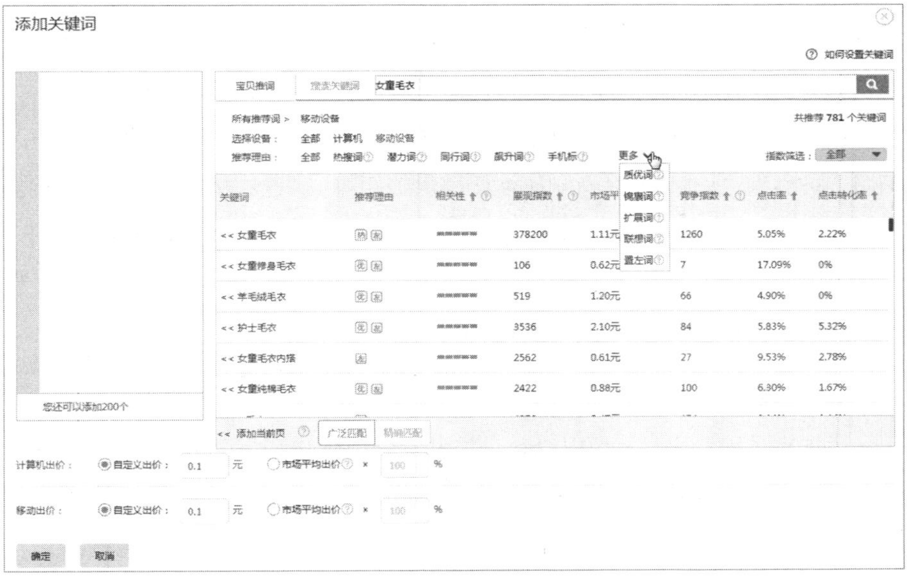

图 4-42　“添加关键词”对话框

在“搜索关键词”列表框中，卖家可以输入相应的关键词，同时在下拉框和右侧的“您是不是想找”列表框中，也会出现更多的相关热搜词，这些都是很好的找词渠道，如图 4-43 所示。

图 4-43 利用搜索关键词功能找词

在设置关键词时，这个关键词是否有足够的搜索量非常重要。无论是关键词的搜索量大，还是关键词与产品的匹配度较高，都能帮卖家获得比较稳定的流量。一般来说，产品词、类目词流量比较大，习惯上被称为“大词”，如“奶油”“连衣裙”“加湿器”这些词搜索量大，竞争也比较激烈。

另外，有一些词比较细致地描述了产品的属性、特点，字数也比较多，习惯上被称为“长尾词”，如“奶油奶酪烘焙原料”“连衣裙夏小清新中长款”“加湿器家用静音卧室”等。有时候甚至像一个短句，虽然整体搜索量相对较小，但带来的流量却比较精准，能更清晰地反映用户的需求喜好，有助于商家发现用户需求，获得精准流量，更好地优化产品。

4. 设置出价

添加完关键词之后，可以给每个关键词分别在 PC 端和移动端进行出价。当消费者在搜索相应的关键词时，卖家推广的产品会根据产品的出价和质量得分等因素，在系统内部进行排序，并依次展现给消费者。消费者点击之后会进入对应的产品详情页，同时系统也将根据扣费公式进行扣费，这样就完成了一次广告投放的过程。

卖家可以在“添加关键词”对话框下方设置自定义出价和市场平均出价，也可以在“推荐关键词”下方的“修改出价”列表框中选择计算机或者移动设备渠道来批量修改某个渠道的出价，如图 4-44 所示。

图 4-44　批量修改出价

另外，在“推广方案”界面下方，可以针对推荐人群来设置溢价，以及进行智能投放出价设置，如图 4-45 所示。此处是系统为卖家的宝贝量身定制的人群溢价方案，卖家也可以自己手动增加或者删除相应的人群。设置完毕后，点击“完成推广”按钮，即可新建一个直通车推广计划。

图 4-45　设置人群溢价和定向推广

需要注意的是，从直通车的公式“展现量 = 出价 × 质量得分”中可以看出，出价会直接影响到排名。在当前版本的直通车中，输入出价之后，可以给出预计的产品排名情况，出价越高，排名越靠前，在质量得分相对稳定的情况下，商品展现给消费者的概率也就越大。在竞争激烈的情况下，行业内的一些热词可能被竞相抬价；在出价相对稳定的情况下，质量得分越高，商品获得的展现量就越高，就拥有更多的曝光机会。排名靠前不等于花费靠前。因此，如果质量得分较高，就可以相对降低出价。

> **专家提醒：**直通车扣费 = 下一名出价 × 下一名的质量得分 ÷ 自己的质量得分 + 0.01 元
> 通过直通车的扣费公式可以看到，下一名的出价是卖家没有办法进行操控的，下一名的质量得分也是无法控制的，唯一可以相对控制的是自己的质量得分。也就是说，卖家一定要想尽办法提升自己的质量得分，从而降低推广成本。

5. 优化推广细节

到了这一步，所有的直通车计划基础工作都已经完成，产品也已经可以进行推广了。但是，商家投入推广的资金通常是有限的，都希望能用最少的资金撬动最大的产出，那么就要不断完善直通车的推广工作，不断优化每一个细节。

下面用一个案例来介绍直通车后续的优化方法。以 PC 端为例，作为一个普通用户，搜索“奶油”关键词时出现的结果如图 4-46 所示。在首屏可以看到 4 种品牌的产品，分别是雀巢 250 毫升、安佳 1 000 毫升、爱乐薇 1 000 毫升、金钻 1 000 毫升，作为消费者会选择哪种产品呢？

图 4-46　搜索“奶油”关键词时出现的结果

消费者首先会考虑品牌、口味、容量等因素。通过“生意参谋—市场行情—搜索词查询”可以查到该关键词某日的搜索人气，假设为 4 000（搜索人气是以搜索人数为基础拟合出来的指标，为便于理解，此处简单地将搜索人气值等于搜索人数值），而且这 4 000 人都有不同的品牌喜好，基于不同品牌的选择，选择雀巢 250 毫升淡奶油的人数为 1 000 人，这 1 000 人又会选择哪一个商家的雀巢淡奶油呢？

在进行进一步选择的时候，消费者会在不知不觉的“理性”中进行选择，甚至会列出相关的产品属性进行对比。

（1）价格敏感型用户会优先选择价格最低的产品。

（2）品质优先型用户会考虑价格贵的产品，他们认为这些产品品质更有保障。

（3）细致的用户会向下拖动页面，看看是否有更多、更好的选择。

（4）当机立断的用户看到了某个中意的产品，就会立刻下单。

（5）复合型需求的用户不仅需要淡奶油还需要其他产品，会挨个点开页面进入店铺，观看多个产品的详情页并与客服进行沟通，最终决定是否下单。

（6）需求简单的用户需要多瓶淡奶油，会考虑综合采购成本和地域是否接近，降低自己的采购成本。

（7）相信销量的用户则认为销量大的产品一般品质不会差。

（8）相信服务的用户则会认为开通的诸如“七天无理由退换货”“订单险”“运费险”以及“信用卡支付”等服务越多的店铺越好。

消费者无论做出哪一种选择，都有自己的理由，因为上述产品都有一定的销量，从中可以得出一些影响直通车选择的要素，包括排名（位置）、图片创意、产品属性、产品规格、产品价格、所在地域、产品标题、货物描述、服务质量、历史销量、评价质量等。

其中，有些因素是可以直接通过直通车优化而实现的，比如排名（位置）、图片创意；还有一些需要在产品选择初期就要进行优化，比如产品属性、规格、价格、货物描述和服务质量等。

在优化直通车推广计划时，另一个需要卖家关注的重点就是转化数据。转化数据包含的指标较多，包含花费金额、总成交金额（直接销售额和间接销售额）、加购物车数量以及加收藏数量等。

直通车推广的主要功能是获取流量，流量引入之后是否能够转化成购买力受两大因素的影响。

（1）一方面受流量的精准性影响。例如，某个卖小米手机的商家，选择了关键词“小米”进行推广，那么购买食用小米的用户也有可能会看到相应的广告，也有可能会有点击行为，但是由于购买目的不一致，成交率会非常低，这就造成了流量的不精准。

（2）另一方面，受店铺自身的资质、信誉等级、产品销量、页面描述、客服水平以及同行竞争等方面的因素影响，进入店铺的用户未必会真正下单购买。

专家提醒：广告投放一定要有收益，只有能够直接或者间接帮助店铺产生更好的销量，才是广告投放的意义。通常情况下，所有卖家都希望花费越来越少，而总成交金额越来越大。在直通车推广中，不同的关键词会有不同的成交表现，对于投入产出比较高的关键词，可以加大投放预算；对于投入产出比比较低的关键词，则建议缩小投放，甚至删除。

第 5 章

钻展原理：从零开始认识钻展

在精准定向广告引流时代，要把消费者定位由人群精确到人，同时要把商家推广的需求场景化，把他们对流量的需求按照商品的生命周期分配到各个阶段，根据目标、人群、资源位及出价进行分配。基于日常销售期间的最终目标是提高转化率，这就需要卖家进行钻展投放。本章主要介绍钻展的基本概念、投放优势、资源位置和投放方式等内容，帮助商家从零开始认识钻展。

本章主要内容包括：

➤ 钻展最终追求的是点击率和转化率

➤ 投放优势：为什么选择钻石展位

➤ 投放位置：投出高转化的钻展资源

➤ 投放方式：钻展转化率如何有效提高

5.1 钻展最终追求的是点击率和转化率

钻石展位简称钻展，是一个采用自动竞价模式的广告平台，主要展现形式为图片广告。钻展的主要优点在于卖家可以自主设计广告图片，通过鲜艳的色彩来吸引消费者的眼球，增强品牌印象，而且营销成本低，能够提高点击率和转化率获得大量流量。

5.1.1 加入钻石展位的好处

通过钻石展位平台，卖家可以获得全网的精准流量。钻石展位支持 CPM 和 CPC 两种收费模式，其核心功能是精准定向、创意策略、效果监测以及数据分析，帮助卖家实现更加高效、精准的店铺营销方案。

加入钻石展位，卖家可以获得以下好处。

（1）覆盖全网渠道，流量更精准、成本更低。钻石展位的展示位置多种多样，站内资源位包括淘宝网首页、天猫首页和淘宝无线端等，站外资源位包括各大视频网站、门户网站以及社区网站等，卖家可以自主调整引流成本。

（2）打通全网数据，快速定位精准消费者。钻石展位包括多种定向推广方式，如访客定向、营销场景定向、智能定向、相似宝贝定向、类目型定向、行业店铺定向等，能够将卖家的广告展现到精准消费群体眼前。

（3）主流媒体海量曝光，让品牌价值实现高效提升。钻石展位的展现形式非常丰富，可以快速为店铺的各类营销活动引流，提升商品销量，而且还能够将品牌完全展现到目标群体中，提高品牌影响力，帮助卖家更好地实现营销目标。

（4）投放方式更智能、更便捷，轻松实现推广目标。通过智能化的钻展投放根据，卖家可以通过分析全网大数据，让广告投放更有根据。同时，卖家可以及时监测投放效果，根据数据来优化投放策略，实现一键推广。

5.1.2 钻石展位的展现逻辑

钻石展位的展现原理主要是根据出价方式来排序：根据不同时间段的出价方案进行排序，优先展现出价高的推广计划，当该计划的预算全部用完后，再将下一个推广计划往前移，以此类推，直到该时间段的流量消失殆尽，因此排在最后面的推广计划可能得不到展现机会。

钻展流量的具体计算公式和示例如图 5-1 所示。其中，PV 是 page view 的简写，即页面浏览量。在同样的预算下，千次展现单价越高，获得的流量反而越少，因此卖家需要在保证出价能展现的基础上来合理竞价。

广告展示的优先权——价高者得（但不要盲目出价）

购买到流量计算公式：预算/CPM单价 × 1000=买到流量数

客户	CPM 每千次展示出价	预算	购买到PV	展示顺序
A	5元	500	10万	2
B	3元	1000	33万	3
C	7元	800	11万	1
D	2元	3000	150万	4

C客户预估购买的PV数：800/7 × 1000 ≈11万
A客户预估购买的PV数：500/5 × 1000 ≈10万
……

图 5-1　钻展流量的具体计算公式和示例

5.1.3 钻石展位的后台功能

如今，钻石展位已经全面升级为智钻，实现了智能营销，其最大特征是自动化及高效。图 5-2 所示为智钻的后台首页界面，在此可以查看单日投放效果和历史投放效果，以及账户余额和推广预算等数据。

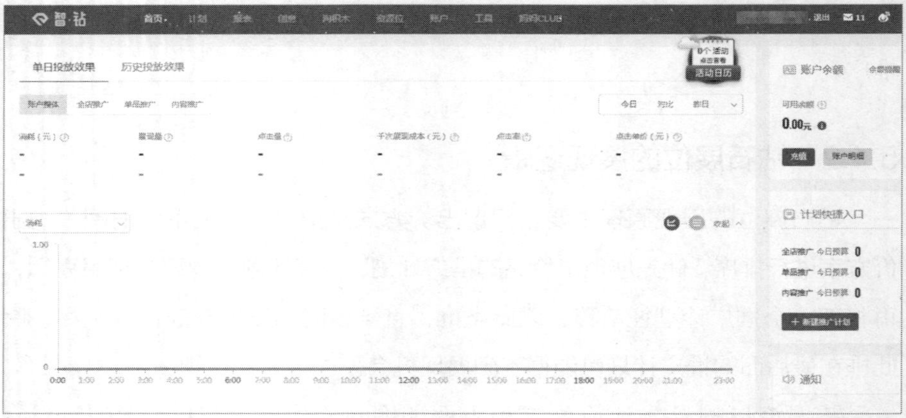

图 5-2　智钻的后台首页界面

在“计划”界面，可以查看和管理全店推广计划、单品推广计划以及内容推广计划等，如图 5-3 所示。当前默认显示“有效计划”和“有效单元”，如要复制已经投放结束的计划，选择“全部状态”再进行查找即可。

图 5-3　“计划”界面

在“报表”界面，可以查看账户整体报表、全店推广报表、单品推广报表以及内容推广报表等数据，还可以批量下载报表，如图 5-4 所示。

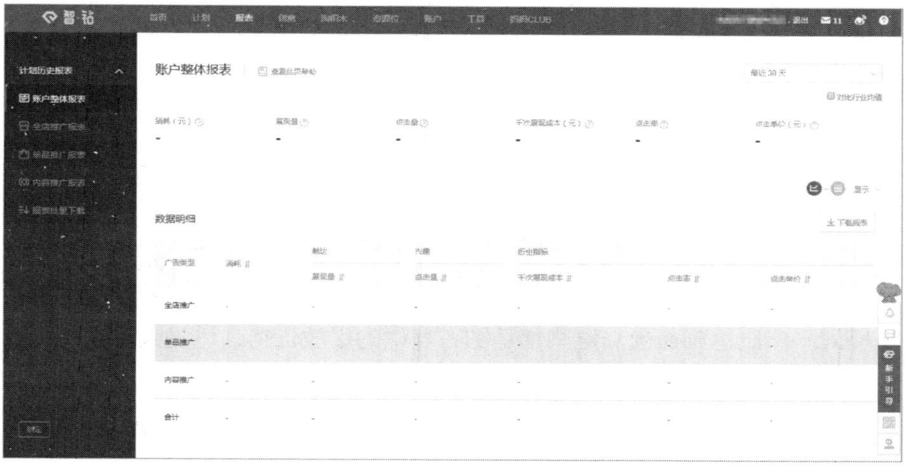

图 5-4 “报表”界面

在“创意”界面，包括创意管理、回收站、创意制作以及创意指导等功能，如图 5-5 所示。创意图片要求图文结合、清晰美观，能直接反映产品卖点或品牌诉求。

图 5-5 “创意”界面

专家提醒：创意类型主要包括图片、视频等，卖家可以根据资源位的要求（如尺寸、大小等）来制作创意。创意类目可以选择自己店铺的所属类目，如无符合的类目则选择“其他”选项。上传创意后需要等待审核，审核时间通常为 1 个工作日。

5.2 投放优势：为什么选择钻石展位

钻石展位可以说精选了淘宝平台上各种优质的展示位置，门槛低——卖家只需花少量的钱，即可通过有价值的展示来发布推广信息。钻石展位推广内容的展现形式非常丰富、酷炫，而且位置面积较大，能使商品获得不错的展现效果。另外，钻石展位可以自由组合信息，控制发布时间、位置和费用，让投入产出比达到最优。这些都是钻石展位的投放优势，也是大量卖家选择钻石展位进行推广的理由。

5.2.1 专业和业余的区别

在使用钻展之前，卖家需要看看自己是否具有专业推广的特质，下面通过一个案例来进行分析。例如，A 店铺在类目排行中处于第七层级，如图 5-6 所示。

图 5-6　A 店铺处于第七层级

淘宝根据店铺推广的支付金额来给店铺划分层级，包括一到七层。

（1）第一、第二层级：被称为“底层卖家”，卖家数量占比为 70%，划分的流量占比为 30%，竞争非常激烈。

（2）第三至第五层级：被称为“腰部卖家”，卖家数量占比为 25%，划分的流量占比为 40%，获得流量比较容易。

（3）第六、第七层级：被称为“顶层卖家”，卖家数量占比为 5%，划分的流量占比为 30%，获得流量相当轻松。

A 店铺每日访客数量为 3 万左右，看上去流量获取能力很不错，如图 5-7 所示。

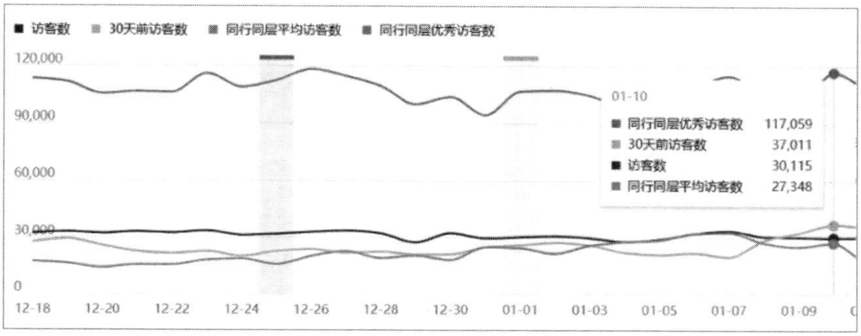

图 5-7　A 店铺的流量获取能力

同时，B 店铺在类目排行中处于第四层级，如图 5-8 所示。

图 5-8　B 店铺处于第四层级

B 店铺每天的访客数量为 9 000 左右，虽然所处层级相对较低，但看上去流量获取能力也不差，如图 5-9 所示。

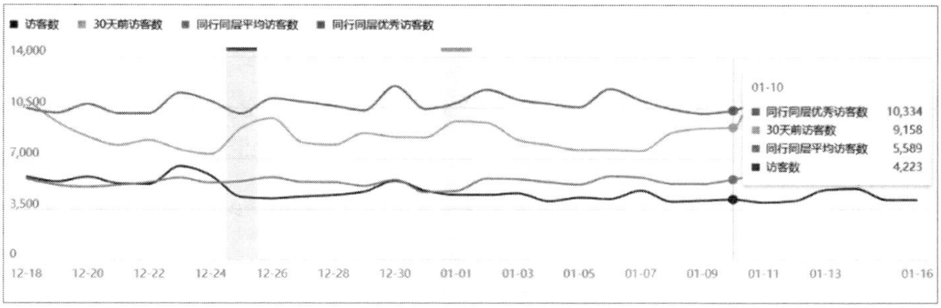

图 5-9　B 店铺的流量获取能力

将这两个店铺的流量获取能力放在一起进行对比，可以发现一些有趣的现象。

（1）A 店铺每天的访客数跟同行同层级的优秀卖家相比，日均流量只有优秀卖家的 30% 左右，说明它与竞争对手相比，流量获取能力非常弱。

（2）B 店铺跟同行同层的优秀卖家相比，访客数的差距很小，只有 10% 左右的差距。但是，B 店铺的日均访客数起伏波动很大，常常超过 30%，这也是其店铺层级不能继续上升的一个重要原因。

如果将 A 店铺与 B 店铺的引流能力用专业和业余的标准来简单对比一下，其实它们都是不合格的。一个专业的推广岗位应该具备的基本特质如图 5-10 所示。

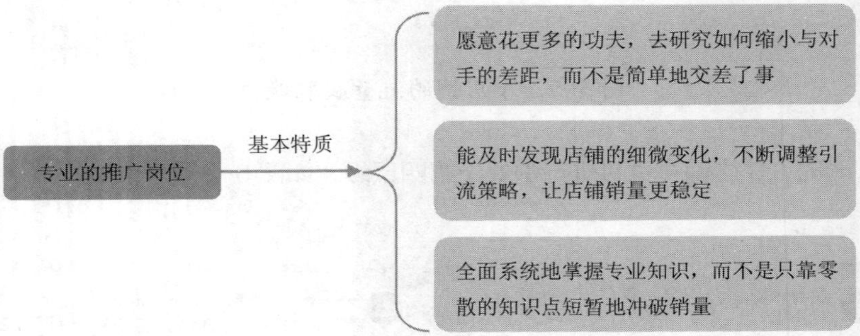

图 5-10　专业推广岗位应具备的基本特质

5.2.2　为什么 90% 的商家做付费引流

例如，某个卖家在做店铺运营分析时发现了一个问题：店铺最近每天的访问人数和卖出去的商品件数都在下降，如图 5-11 所示。可是，该店铺的产品结构、商品价格以及服务质量都没有变化，产品也不受季节影响，同行近期也没有做大的促销活动。那么，为什么该店铺的流量和销量一直在下降呢？

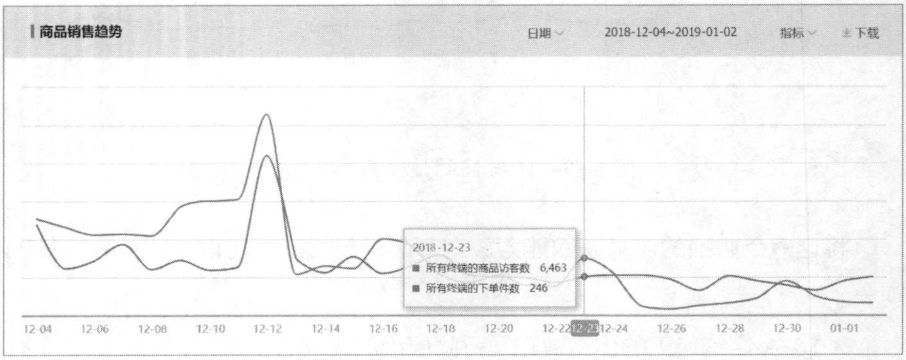

图 5-11　店铺商品销售趋势分析示例

我们首先对该店铺的流量来源进行分析，发现在付费引流时，在直通车上的推广费用的减少，直接导致访客数下降了 30.95%，同时下单买家数也少了 42.09%，因此这一部分流量和买家人数的减少，就是店铺销量下降的主要原因，如图 5-12 所示。

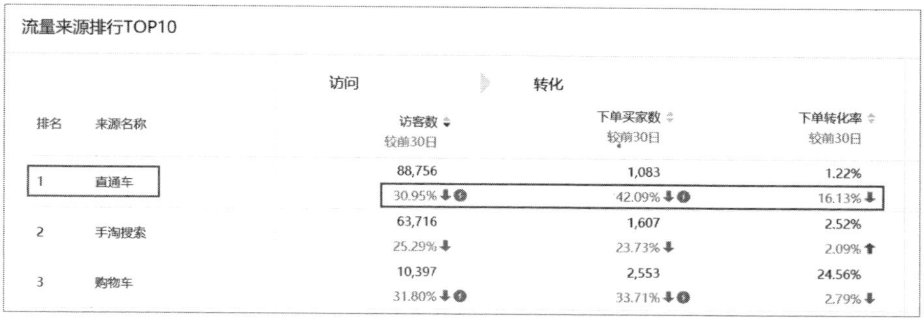

图 5-12　店铺流量来源分析示例

同时，对卖家近期的付费推广情况进行了数据分析，发现直通车的花费非常多，带来的点击、收藏、加购等数据也非常好，可见直通车确实能为该店铺带来明显的销量增长，但投入产出比却非常低，如图 5-13 所示。

图 5-13　直通车报表分析示例

如果店铺不做付费引流，销售下滑又非常明显，可直通车的产出效果又稍微差了一点，此时不妨试试钻展投放。如图 5-14 所示，该店铺近期在钻展平台投放了 1 500 多元，带来的直接订单成交金额达到了近 15 000 元，投资回报率为 9.29，这些数据说明钻展投放效果非常好，而且这种方式也是比较适合该店铺的。

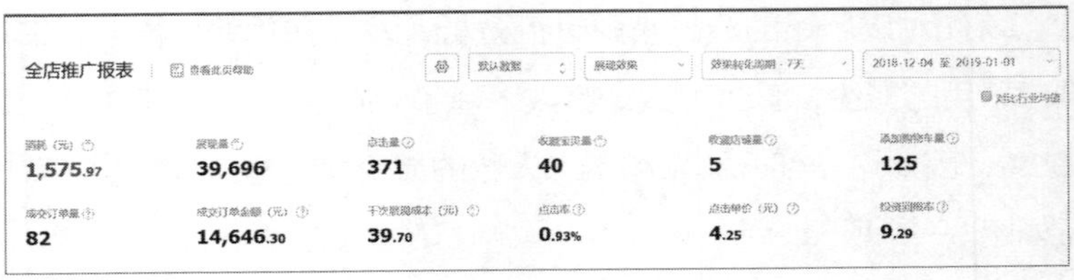

图 5-14　钻展平台全店推广报表分析示例

同时，该店铺在钻展平台还有很大的提升空间，如在推广费用、点击率（偏低）以及点击单价（相对同行来说偏高）方面，如果能够进一步改善这些问题，即可明显提升全店的销量，达到与直通车流量互补的作用。

通过该案例，可以得出以下 3 个结论。

（1）付费流量是店铺流量的重要组成部分。

（2）“直钻”结合投放可以有效促进引流效果和投入产出比的相互转换。

（3）想要提升钻展投放效果，需要卖家进行系统的了解和学习。

在钻展后台可以看到，其资源位置非常多，卖家既可以在淘宝站内平台投放广告，也可以在影视、新闻以及综合门户网站等站外渠道投放广告，如图 5-15 所示。

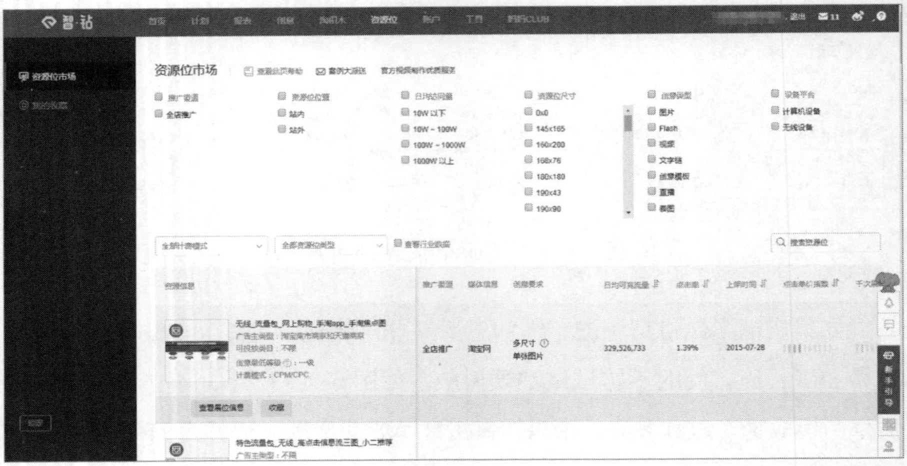

图 5-15　钻展资源位

> **专家提醒：**展示位指页面上包含图片、文字和视屏等信息的固定尺寸的展示区域。展示图片指展示位所显示的图片、文字和链接等。

钻展既可以通过图片的形式来展现，也可以通过视频播放的形式来展现，这些位置都可以给店铺带来巨大的流量。从图 5-15 可以看到，在手淘焦点图这个钻展资源位上，每天就有超过 3.2 亿次以上的广告曝光机会。

通过钻展投放，卖家可以对店铺首页或者店铺的任意一个多宝贝集成的页面进行引流，从而达到带动整个店铺销量提升的目的；也可以针对店铺中需要打造的爆款或新品进行单品集中引流，从而达到快速提升单品销量的目的，如图 5-16 所示。正是这种强大的引流能力，让 90% 的商家都选择做付费推广引流。

分类	为店铺引流	为宝贝引流
推广主体	可推广店铺首页、店铺单品、店铺自定义页面，推广主体丰富。	仅支持推广店铺单品页面
扣费模式	支持按点击付费CPC和按展现付费CPM两种模式	仅支持按点击付费CPC模式
推广资源位	智钻全店推广计划资源位覆盖淘宝、天猫首页，以及各个频道大尺寸展位、淘宝无线app端、以及淘宝站外如新浪微博、腾讯、优酷等各大优势媒体，海量资源位，高曝光。主要常见资源位如下： 无线： 无线APP淘宝首页焦点图 无线APP天猫首页焦点图 无线爱淘宝焦点图 PC: PC淘宝首页焦点图 PC淘宝首页天猫精选大图	1、系统以基础流量包的形式，为您主动投放来自站内站外、PC无线的丰富优质资源位。 2、部分转化优质、流量规模较大的资源位单独透出，供广告主对更优质的流量进行额外溢价： 其中无线重点资源位： 手机淘宝—猜你喜欢； 手机淘宝—消息中心—淘宝活动
人群定向	按点击付费CPC和按展现付费CPM两种模式下提供丰富的定向人群选择：通投 、群体定向、行业店铺定向、类目型定向-高级兴趣点、相似宝贝定向、访客定向、营销场景定向、智能定向、达摩盘定向	目前包含三大定向类型，智能定向、达摩盘定向、扩展定向。
创意	支持自主上传创意图片，您可以根据推广需求自定义推广的创意图片。	针对所投放的单品，仅支持将相应宝贝主图作为推广创意，暂不支持自主上传创意图片。

图 5-16　不同类型的智钻（智能钻石展位）推广方案

5.2.3　范围广，定向准，实时竞价

钻展的主要优势如图 5-17 所示。

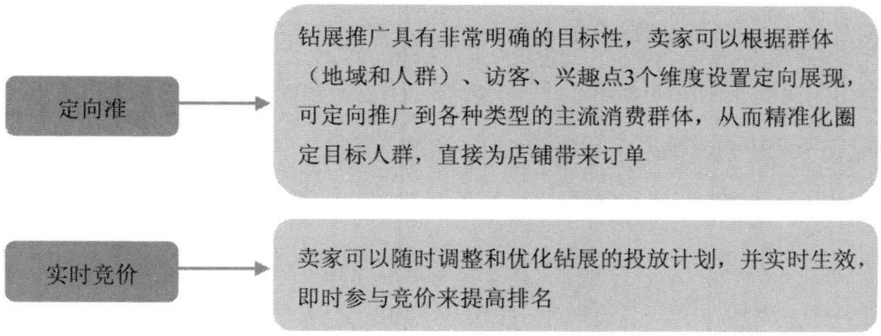

图 5-17　钻展的主要优势

5.3 投放位置：投出高转化的钻展资源

定向、资源位和素材是做钻展推广最重要的 3 个元素，尤其是资源位的选择非常关键，系统会将卖家的创意素材投放到淘宝各渠道优质资源位，卖家可以通过对重点资源位溢价来获取该位置的更多流量。

5.3.1 钻石展位的主要展示位置

钻石展位的主要展示位置包括淘宝 / 天猫首页，以及各个频道大尺寸展位、淘宝无线端 App，同时还有淘宝站外如新浪微博、腾讯以及优酷等各大优势媒体。可以在钻展后台“资源位”中查看，分 19 个行业，其中“网上购物”为淘宝站内的资源位，其他为全网资源。例如，单品推广的基础资源位，采用智能定向的默认投放方式，系统通过大数据算法帮助卖家的宝贝在全网优质流量中精准定向推广给最适合宝贝的用户。基础流量包基本覆盖全网流量，如图 5-18 所示。

基础流量包部分资源位	
PC站内	淘宝首页—焦点图（淘好物活动）
	淘宝首页—热卖单品精品
	单品—购物车
无线站内	手淘—猜你喜欢
	手淘—焦点图（淘好物活动）
	手淘—购物车
	手淘—有好货
无线站外	腾讯，今日头条，抖音，美柚，网易

图 5-18 基础流量包主要资源位

目前，钻展在淘宝 PC 端和移动端的应用最广泛，因为卖家的需求，现在淘宝又拓展出站外渠道。不过商家投放最多的还是在站内，最受卖家喜欢的是淘宝首页的焦点图和无线端 App 的焦点图，它以图片大、制作方便、展现丰富为基础，可获取的流量十分巨大，能够满足各种流量和品牌的展现需求。

无线端钻展是淘宝在 2013 年 5 月份推出的钻石展位新模块，它大大加强了淘宝移动端的推广力度，也是淘宝手机店铺引流的好帮手。无线端展位的最大亮点就是首页的大海报处于很显眼的位置；整体页面色调清新，除了

4 个布局一致的色块，其余再无图片干扰，很好地和淘宝官方图片融为一体，如图 5-19 所示。

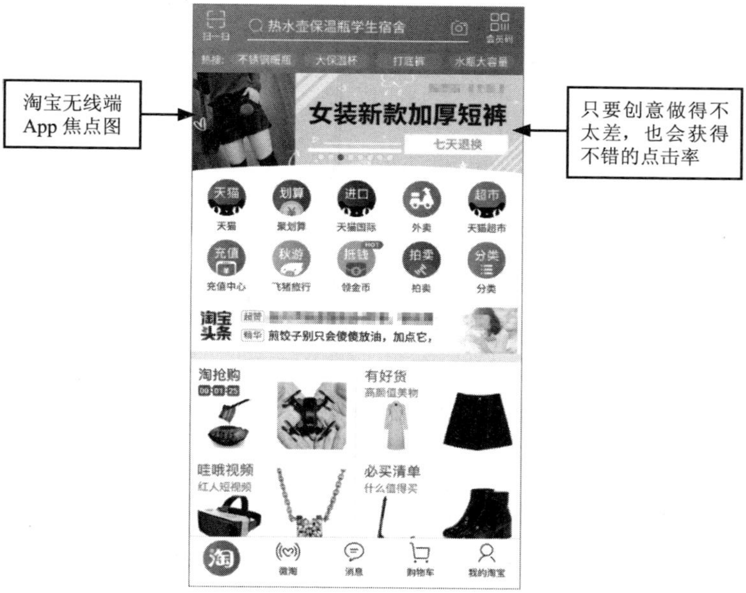

图 5-19　无线 App 的焦点图

> **专家提醒：**无线端钻展共有 5 个展位，分别是无线端淘宝 App 首页焦点图 3、无线端淘宝站内触摸版首焦 3，无线端淘宝热卖触摸版首焦 1、2、3，竞价条件为最低日预算是不能低于 100，最低千次展现价格不等，创意都要求为一级创意。这些资源位虽然上线不久，但是都有令人惊喜的表现。

5.3.2　怎样挑选适合你的资源位

钻展的展示位置覆盖淘宝网首页、天猫首页和移动端等站内资源位，以及各大视频、门户、社区网站等全网优质流量资源。有一句话说得好：选择不对，努力白费。卖家只有正确选择要投放的资源位，才能按照尺寸要求制作相应的创意，如图 5-20 所示。

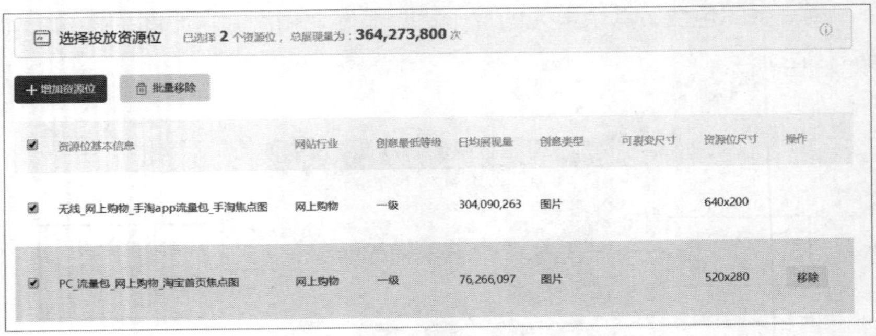

图 5-20　已选择投放的资源位

1. 正确选择资源位是操作钻展制胜的第一步

选择资源位时最主要看两点：日均可竞流量和点击通过率（click through rate，CTR）。寻找那些 CTR 好同时日均展现较高的展位，然后加入收藏，并进行投放测试，如果效果不错再进行长期的投放。

首先选择站内的资源位，即名称中带有“淘宝网”的资源位，选择原则是少而精，建议预算不多的卖家投放的资源位数量不要超过 5 个。操作方法：❶ 设置“资源位位置”为站内；❷ 选中“查看行业数据”复选框；❸ 选择本行业排名靠前的资源位，如图 5-21 所示。这些都是系统根据各个数据维度按照最适合卖家的行业的资源位进行排序的。

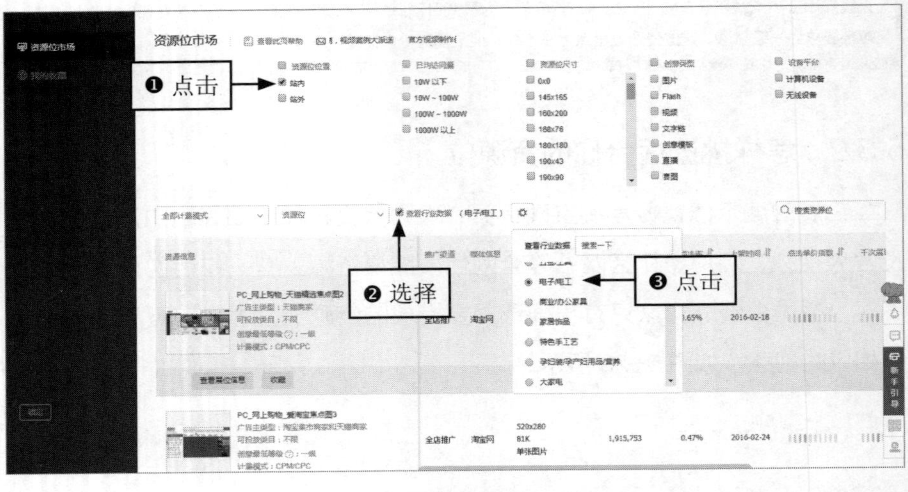

图 5-21　已选择投放的资源位

选择相应资源位后，点击“查看展位信息”按钮，即可查看该资源位的广告主类型、可投放类目、创意要求、创意尺寸、媒体屏蔽类目、资源位动态以及分类目钻展表现趋势图等，如图 5-22 所示。

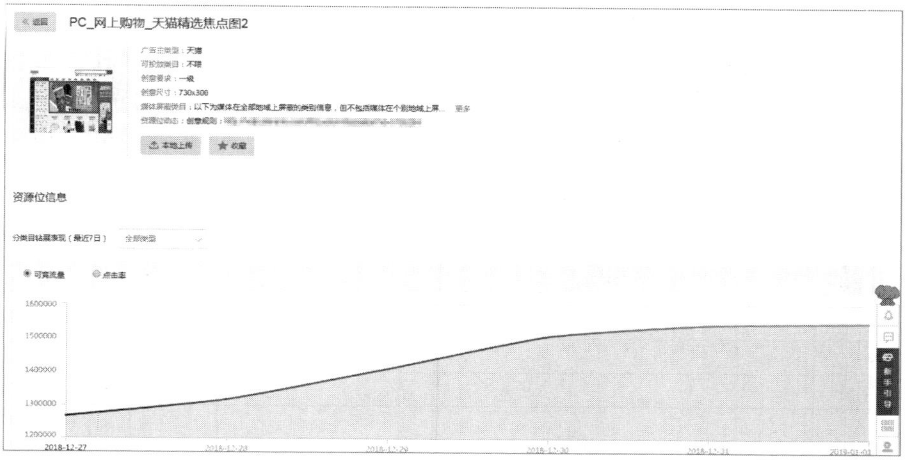

图 5-22　查看资源位

每个资源位可以查看媒体信息、创意要求和日均展现量、点击率等数据。特别需要注意该资源位可以投放的广告主类型、类目限制和创意等级，是否仅限淘宝网店铺投放、是否仅限个别类目、创意等级是否需要一级。有不少商家选择了自己中意的资源位投放后，一直都没有流量，很可能是商品的某些设置不符合资源位的投放要求。

2. 个性化的钻展资源位选择方法

下面通过一个案例介绍选择钻展资源位的技巧。图 5-23 所示是两个店铺要推广的商品，左边是一个高客单价、创意型的化妆镜，右侧是一个相对低客单价、大众型消费的个性化 U 盘。

投放钻展前，首先要去后台找到适合产品投放的资源位。如果广告主要针对淘宝、天猫上想购物的人群，则可以单选“站内”的资源位位置；日均访问量通常选择流量最大的位置，也可以通过人群精准定向来控制访问量。接下来选择合适的“创意类型”，常用的主要是图片。最后是确定展现的设备平台，包括计算机设备和无线设备，建议以无线设备展现为主，以计算机设备为辅，如图 5-24 所示。

图 5-23　两种需要推广的商品类型

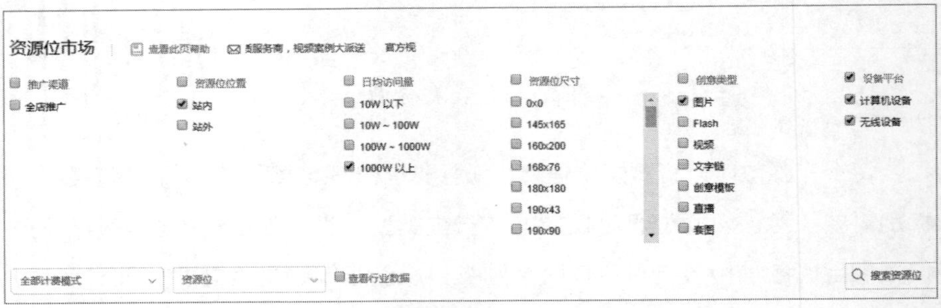

图 5-24　设置资源位筛选条件

设置完成后，即可找到符合该条件的资源位，如图 5-25 所示。

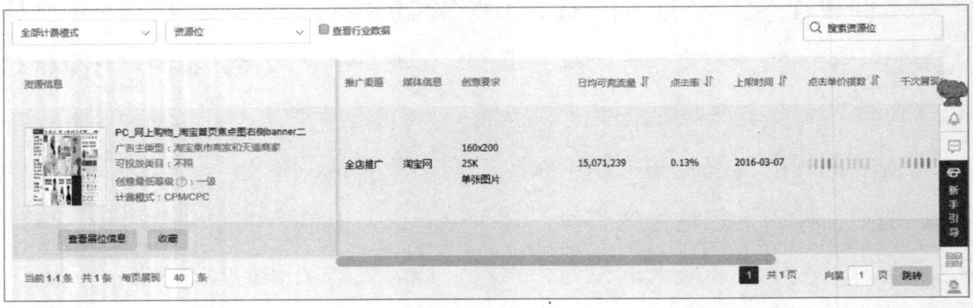

图 5-25　找到符合条件的资源位

点击“查看展位信息”按钮可查看该资源位最近 7 天内的可竞流量，以及预估的行业平均点击率，如图 5-26 所示。通过对比其他不同资源位的相关数据，即可找到可竞流量和点击率最高的投放位置。

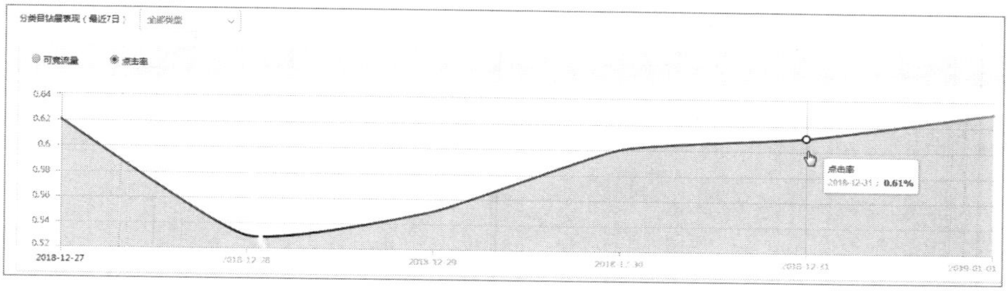

图 5-26　查看行业平均点击率走势

如果店铺每天的广告预算有限，还只处在第一或第二层级的位置，销量不太高，在使用钻展推广初期，可以通过一些快速、简单的方法进行直接的投放：❶ 选择“图片”创意类型和“无线设备”平台；❷ 综合分析日均可竞流量和点击率；❸ 综合分析点击单价指数和千次展现成本指数，以及竞争热度、综合推荐指数等，选出比较理想的手淘焦点图的位置，如图 5-27 所示。

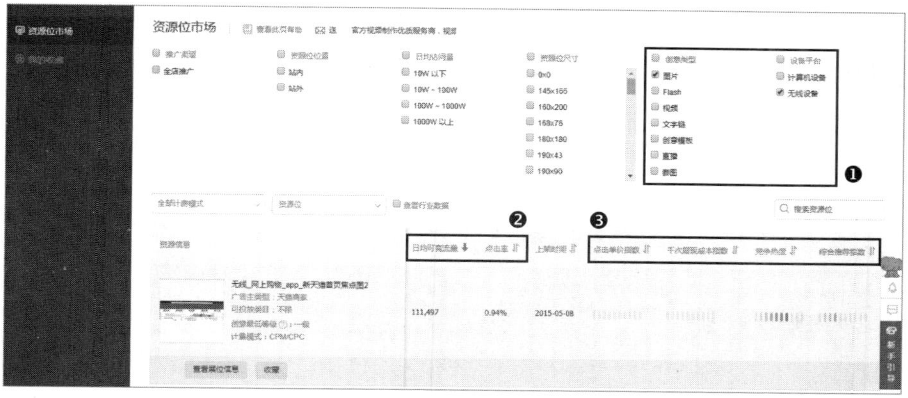

图 5-27　快速、简单的资源位选择方法

那么，针对之前介绍的两个店铺产品，具体该如何选择投放位置？化妆镜被放在创意礼品的类目当中，这个类目的特点是比较小众，整体的类目流量比较少，同时该产品在行业里面的客单价偏高，超过了行业平均值的 10 倍

以上，而且复购率比较低。从创意礼品行业的后台数据分析，可以知道这个店铺的产品销售受到淡旺季和节日的影响较大，因此建议除了日常进行精准投放外，同时还应该选择单品推广资源位中的投放位置，如图 5-28 所示。

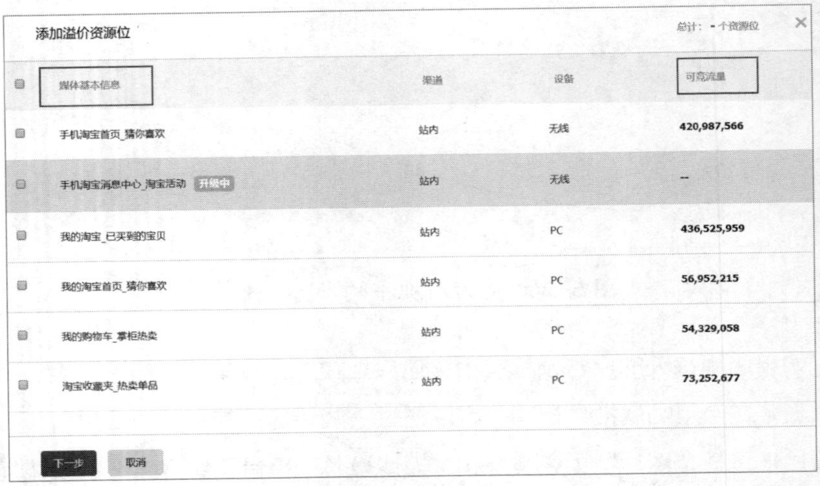

图 5-28　单品推广资源位

U 盘属于比较大的类目，日常购物需求的流量非常大，产品特点是客单价比较低，复购率比较高，同时不受季节的影响。在这种情况下，该产品建议优先选择站内投放位置，资源位不要选择过多，如图 5-29 所示，同时要实时关注广告费的消耗情况来控制预算。

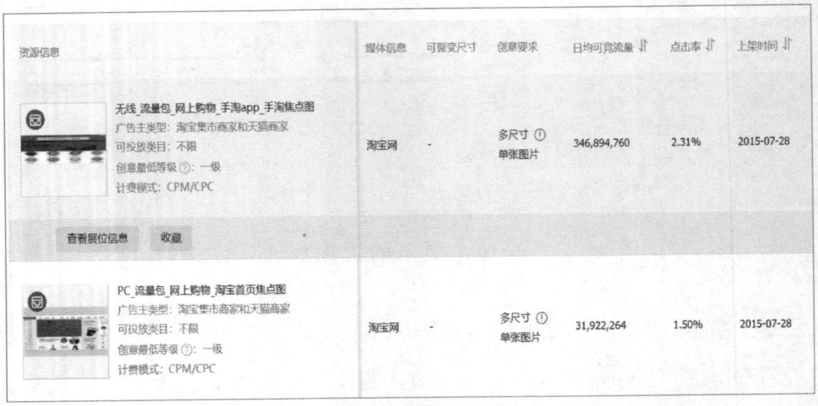

图 5-29　U 盘的资源位选择建议

5.3.3 为什么你的创意总是被 PASS

在投放钻展时，选择好合适的资源位以后，还需要做出相应规格的图片进行上传。例如，在创意管理中，有两种制作图片的方法，分别是创意模板制作和本地上传，如图 5-30 所示。

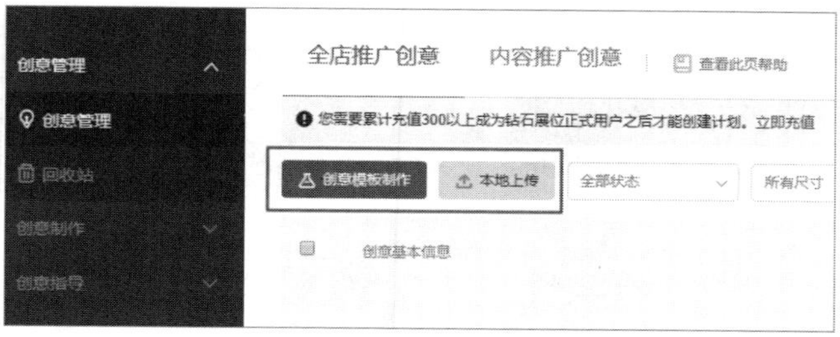

图 5-30 两种制作图片的方法

如果卖家有美工团队，或者自己具备一定的设计能力，可以根据系统规定的尺寸自行制作图片并将其上传到钻展后台，供系统审核。在这种情况下，商家自己制作图片后通过本地上传的方式来制作创意。如果卖家不太懂设计，也可以选择系统后台的创意模板来制作，根据后台的提示一步步完成图片的创作。

下面介绍使用创意模板制作的步骤，点击“创意模板制作”按钮进入“创意模板库”界面，用户可以在“筛选条件”选项区中设置图片尺寸、产品类目、促销类型、产品构图以及投放设备等，然后在“风格”选项区选择符合产品特点的风格，如古典、优雅、自然、文艺、个性以及现代等风格类型，如图 5-31 所示。

设置好合适的筛选条件后，即可在下方找到符合的创意模板，然后可以选择自己满意的图片，点击“开始制作”按钮进入图片制作界面，用户可以更换模板图片和文案内容，同时还可以修改主体背景色，如图 5-32 所示。

图 5-31 “创意模板库”界面

图 5-32 图片制作界面

在图 5-32 的左侧模特图片位置，用户可以将现有模特图片更换为自己拍好的模特照片或者产品图片，同时模特朝向的脸型和手势的方向都是可以左右翻转的。在右侧的文字框中，用户可以输入自己店铺的优惠信息，将其换成自己的促销文案。将图片内容更换和调整后，即可得到一张属于自己的创意图片。那么，为什么很多时候我们制作的创意图片会在系统审核时无法通过呢？主要原因有以下几点。

1. 图片不符合相应格式要求

例如图 5-33 所示的图片，进入系统后台后，可以看到系统提示“天猫位置—格式”，据此可知该图片投放的位置为天猫，无法通过的原因则是格式不符合要求。

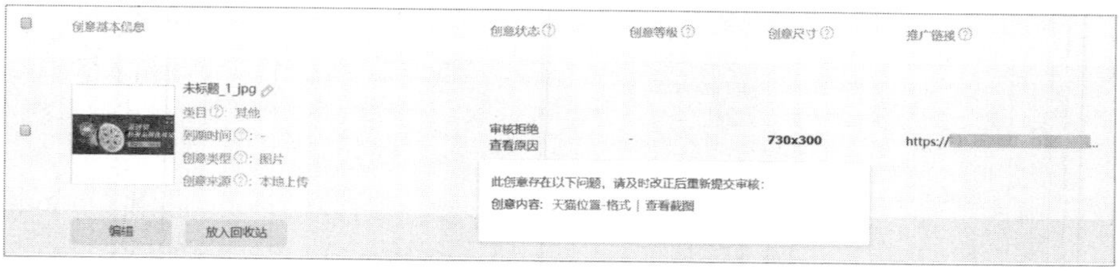

图 5-33　图片不符合相应格式要求

点击该提示，进入详细的拒绝原因界面，可以看到该位置的图片投放要求，看到这个位置为“天猫精选 PC 首焦二”，系统对该位置做出了明确的要求，整个文字的内容必须在规定的方框内。在创意图片的基本信息界面中，点击“查看截图”链接，可以看到文案创意和 LOGO 内容都已经超过规定的方框范围，因此这也是该图片审核无法通过的主要原因，如图 5-34 所示。

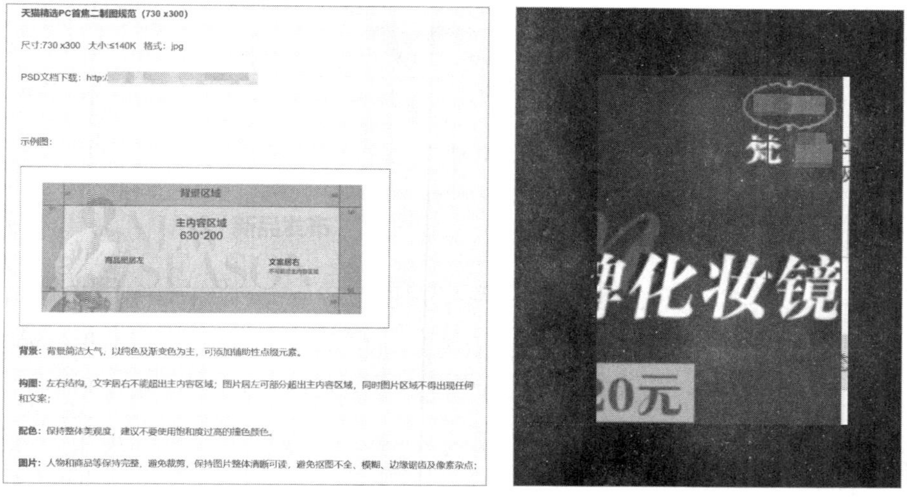

图 5-34　查看审核无法通过的具体原因

2. 绝对化用语

如图 5-35 所示，这张钻展创意图片也是在审核时被拒绝了，系统提示的原因是“绝对化用语”。

图 5-35　“绝对化用语”的案例

钻展广告也属于广告投放的范畴，必须符合广告法的相关规定，其中“绝对化用语”的相关系统提示如图 5-36 所示，这些绝对性、排他性的文案是不能出现在钻展广告图片中的。

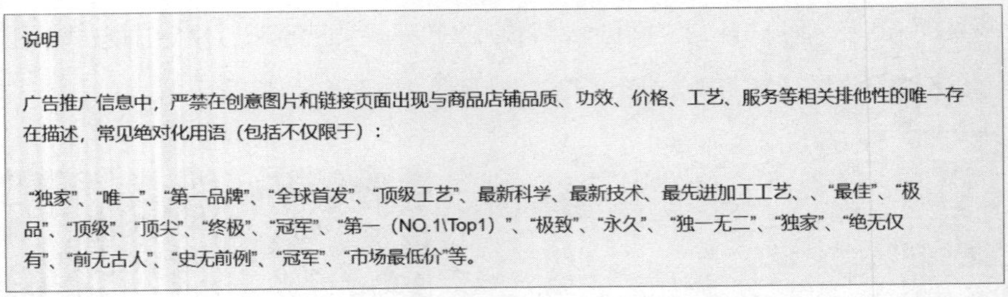

说明

广告推广信息中，严禁在创意图片和链接页面出现与商品店铺品质、功效、价格、工艺、服务等相关排他性的唯一存在描述，常见绝对化用语（包括不仅限于）：

“独家”、“唯一”、“第一品牌”、“全球首发”、“顶级工艺”、最新科学、最新技术、最先进加工工艺、、“最佳”、“极品”、“顶级”、“顶尖”、“终极”、“冠军”、“第一（NO.1\Top1）”、“极致”、“永久”、“独一无二”、“独家”、“绝无仅有”、“前无古人”、“史无前例”、“冠军”、“市场最低价”等。

图 5-36　“绝对化用语”的相关系统提示

3. 描述不符

第 3 类问题就是“描述不符”，系统的相关规则解读如图 5-37 所示。例如，广告图片上标明了“限时促销”，但没有说明限时的时间段，这就属于模糊用语的描述，不会被系统审核通过。

描述不符规则解读

一、拒绝理由内容：

严禁推广图片促销信息、商品价格、销量、链接描述等存在不符或无法证实的广告。如材质不清、价格折扣不符、销量不符、广告作品图片与链接不符、促销信息无法验证、非正常展现等，请更换相应信息；如价格为真实活动价，请注明活动开始的时间。用户需如实描述自己的品牌信息，不得凸显非本身品牌信息的行为，涉及傍大牌等。

二、审核规则说明：

1. 广告信息中推广的商品价格，销量，材质，折扣等必须与事实描述相符，广告图片描述必须与实际商品相符；

2. 商品或推广信息中如涉及价格、折扣等内容的，用户须自行确认真实、合法、准确。且必须与对应链接页面设置一致；

3. 推广中如页面中存在不同折扣力度或不同价格的商品，创意图片中关于价格或折扣的描述应为"……起"，创意图片上不能出现原价、原售价、没有一人退货、跳楼价、亏大了、简直不要钱、亏本、零利润、等了三年终于降价了、等了一年终于抢到了等类似描述：

4. 依据主站大闸蟹行业资质管理规范，产地属性非"阳澄湖"的大闸蟹不得用阳澄湖做相关内容宣传；不符合要求的案例举例（包括但不限于以下案例）

1） 广告图片出现：两件包邮，设置为：满2件免运费（不免邮区域：内蒙古、辽宁……），广告图片与实际不符、不予通过（若不是全区包邮，图片上需加上"部分地区除外"等符合实际情况等字样）

2） 广告图片价格与实际不符

图 5-37 "描述不符"的相关规则解读

4. 图片尺寸大小问题

如图 5-38 所示，这张钻展图片的文案创意、摆放格式、背景要求都是满足钻展规则的，但图片尺寸大小超过了资源位的最大限度，因此在系统审核时无法通过。

图 5-38 图片尺寸大小不符要求的示例

5. 创意等级不符合要求

除了上述常见的 4 种被审核拒绝原因外，有时候，还可能会出现图片被系统审核通过了，但还是不能在相应位置上投放广告，这又是为什么呢？此时，在图片的创意基本信息右侧，可以看到一个"创意等级"的选项，如图 5-39 所示。

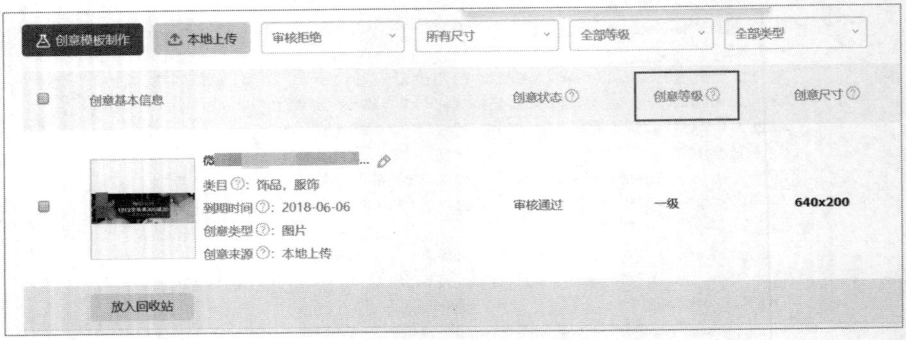

图 5-39　图片的创意基本信息

有时候，卖家的图片设计上达到了系统的要求，但图片的“创意等级”与该位置的要求不符合，此时就需要关注“创意等级”选项，查看图片被系统判定为什么等级，通常“一级创意”是最优先的创意，适合任何投放位置。图 5-40 所示为创意分级对应的资源位及要求。

分级	对应资源位	资源位对创意要求
一级	淘宝站内首页位置，如淘宝首页，天猫首页 手淘app首页，天猫app首页，触摸版手淘首页 天猫所有资源位	仅一级创意可以绑定
二级	站内：站内其他位置 站外：无线app全部资源位	一级二级创意可以绑定
三级	站外门户，影视等体资源位流量包； 全部wap资源位	一级二级三级创意可以绑定
四级	站外地方门户，教育，动漫图片，健康，军事，母婴，小说等类型资源位； 还有流量包： 智能优化流量包，app_banner,app_feeds,wap_banner流量包	一级二级三级四级创意可以绑定

图 5-40　创意分级对应的资源位及要求

创意分级，是指钻石展位根据每个媒体广告位的不同要求，将商家提交的创意分为不同的等级（目前分为 1~4 级），以便匹配投放对应的资源位。商家的创意等级可在创意审核通过后进行查看。你的图片为什么被定为当前等级？可将鼠标移到创意等级旁边的感叹号上进行查看。目前部分尺寸的广告位只接受“一级创意”，如淘宝首焦。如制作素材等级不够，则需要重新制作上传，或者换一个投放位置。

5.4　投放方式：钻展转化率如何有效提高

本节主要介绍钻石展位的一些常用投放思路和技巧，如定向、扣费的原理，投放时段和方式的设置，以及 CPC 和 CPM 的投放方式等，让卖家把每一分钱都花在刀刃上，帮助卖家控制成本，提高钻展转化率，获得更好的投放效果。

5.4.1　钻石展位的定向原理

钻展的定向原理为：每个访问淘宝的访客，都会形成搜索、浏览、收藏以及购买等各种行为，系统会根据这些行为给这些访客打上各种标签，如图 5-41 所示。例如，一个人在淘宝上经常购买美白面膜，那么她就会被打上“美白面膜”或者“女性”等标签。

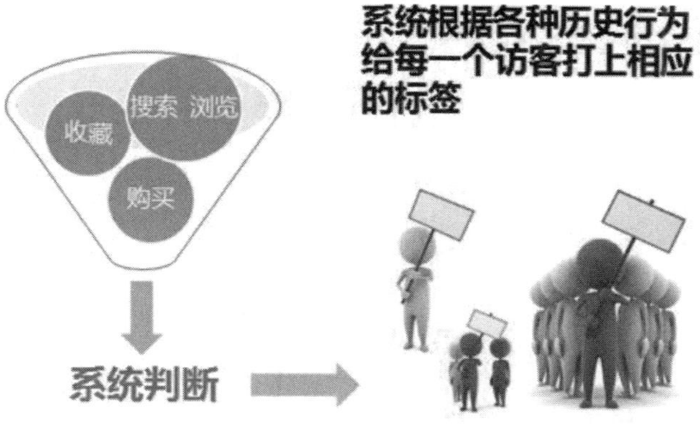

图 5-41　钻展的定向原理

在设置定向时，卖家可以通过钻展系统来圈定这些已被打上标签的人群，只把广告创意展现给这部分访客。因此，每个行为不同的人，在同一时间打开钻展的广告位，看到的广告都是不一样的。通过合理定向，把卖家的广告展现给想要的人群，从而获得精准流量和好的广告效果。

在新建钻展推广计划时，在推广单元设置界面可以选择定向人群，如图 5-42 所示。界面左侧为设置圈定投放的人群的操作选项；右侧为设置后，系统预估广告可以覆盖的人群范围大小。

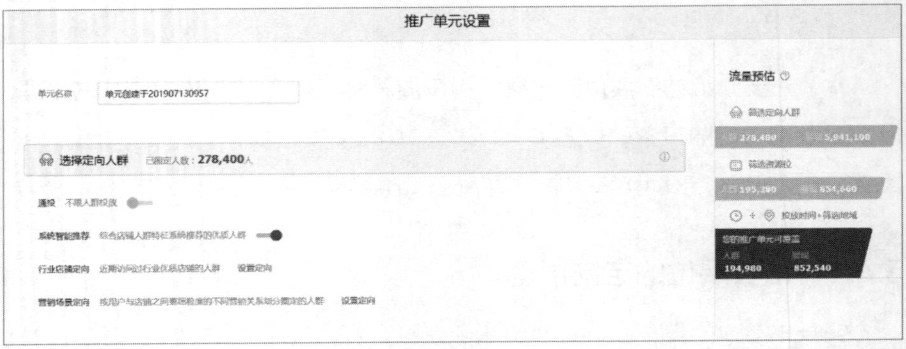

图 5-42　推广单元设置

在“行业店铺定向”选项右侧，点击“设置定向”按钮，可以在弹出的窗口中选择自己店铺经营产品的类目来设置定向推广，如图 5-43 所示。

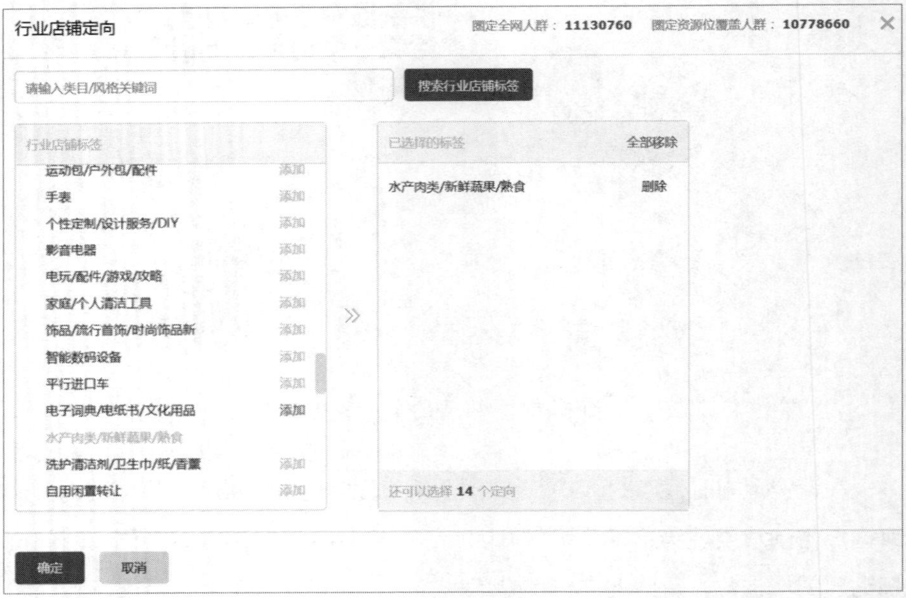

图 5-43　行业店铺定向

在“营销场景定向”选项右侧，点击“设置定向”按钮，在弹出的“场景定向”窗口中可以根据店铺当前需要流量的大小来圈定客户，如图 5-44 所示。

图 5-44　场景定向

专家提醒：定向获取的流量叫作“定向流量”，没有定向的流量，叫作“通投流量”。对于中小商家来说，预算通常有限，为了更有效地获取精准流量，建议关掉通投功能。

5.4.2　钻石展位的扣费原理

在创建钻展投放计划时，选择钻展投放计划类型通常默认选择“全店推广”类型，推广方式分为按点击付费和按展现付费，如图 5-45 所示。

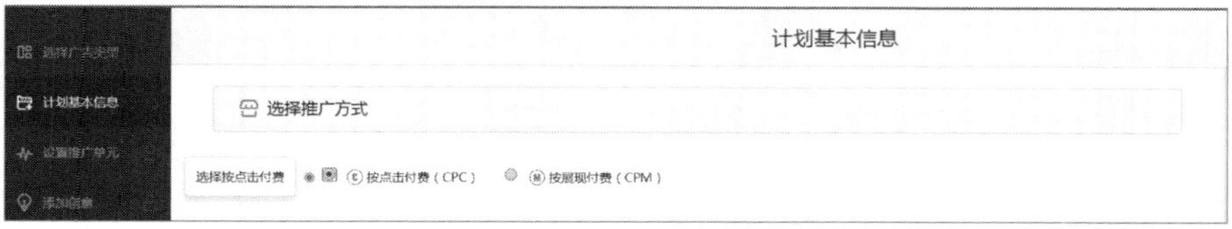

图 5-45　钻石展位的扣费方式

按点击付费的推广方式适用于获取中小规模的流量，投入费用不需要太多，几百元的预算就可以了。按展现付费的推广方式适用于获取中大规模的流量，对投入费用需要有较高的预算。

1. CPM：按展现收费

CPM 可以精准化圈定人群，主要介绍如下。

（1）收费原则：CPM 竞价收费，即按照每千次展现收费，点击不收费。钻展系统会自动统计展现次数，并在钻展后台报表中给予反馈，不满 1 000 次的展现系统自动折算收费。

（2）排名原则：按照竞价高低进行排名，价高者优先展现。

（3）相关公式：实际扣费 = 下一名 CPM 结算价格 + 0.1。

（4）案例说明：卖家出价 5 元，那么他的广告每被看 1 000 人看到，系统就会收取 5 元。

2. CPC：按展现收费

CPC 具有点击成本可控的特点，主要介绍如下。

（1）收费原则：按照 CPC 竞价收费，即展现免费，点击收费。点击付费投放模式下将“点击出价”折算成“千次展现的价格”。

（2）排名原则：折算后的 CPM 出价与其他商家进行竞争，价格高的优先展示。

（3）相关公式：CPM = CPC × CTR × 1 000。

CPC 是卖家设置的出价，系统会参考创意的历史 CTR 来预估 CTR。竞价成功后，“下一名 CPM 结算价格 + 0.1 元”作为实际扣费的 CPM 价格，根据公式换算成点击扣费 CPC = CPC × CTR × 1 000，推算出 CPC = CPM ÷ 1 000 ÷ CTR。

（4）案例说明：商家 A 设置的“点击出价”是 1 元，预估 CTR 是 10%。参与竞价的 CPM = 1 × 10% × 1 000 = 100 元。也就是说，用点击付费模式设置的出价是 1 元，实际是以 100 元的 CPM 参与竞价，最后根据 CPM 出价高低进行展现排序。假设下一名的结算价格为 59.9 元，商家 A 投放结算的 CPM 价格为 59.9 + 0.1 = 60 元。最终通过下一名的结算价格 + 0.1 元，即 60 元，作为最后实际扣费的 CPM 价格，则实际扣费为：CPC = 60 元 ÷ 1 000 ÷ 10%=0.6 元。

> **专家提醒**：当选择按展现付费的方式进行投放时，会出现“自定义投放”“系统推荐投放”两种形式。建议选择“自定义投放”模式，因为自行人工设置更为精准。

5.4.3 设置合理的投放时段

当卖家的推广预算有限时，可以通过设置合理的投放时段，来有效提高推广效果，主要方法如图 5-46 所示。

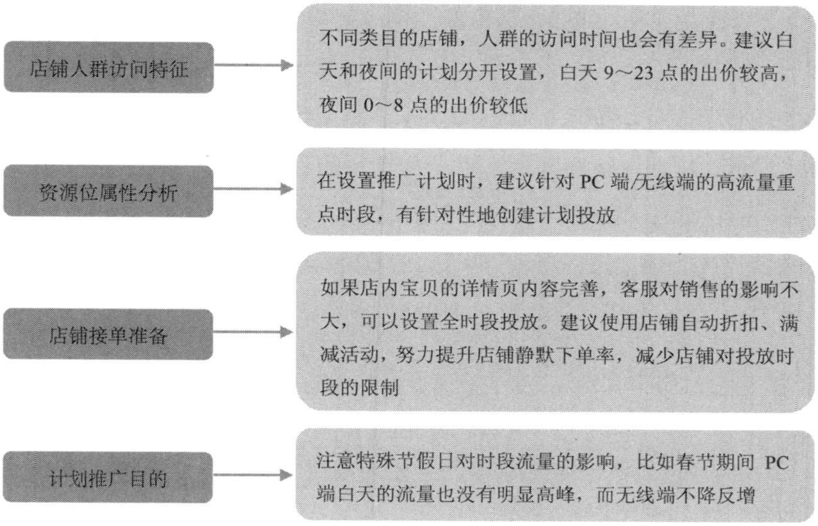

图 5-46　合理设置投放时段的方法

5.4.4 选择合适的投放方式

钻展推广计划的投放方式可以分为“尽快投放”和“均匀投放”两种类型，如图 5-47 所示。

图 5-47　钻展计划的投放方式

（1）均匀投放：全天预算平滑投放。系统将预算分配到每个小时，每个小时预算用完的时候计划自动暂停，到下一个小时再开启，保证每个小时都有展现。均匀投放可以保证全天每个小时的流量平滑，预算可控；避免流量瞬间进店，造成客服压力过大。适用于日常投放、圈定人数较多的宽泛定向。

（2）尽快投放：如遇合适流量，预算集中投放。当遇到符合定向条件的流量时，计划就会参与竞价，直到计划的预算全部消耗完毕。尽快投放可以尽可能地竞争定向所圈定人群，适用于圈定人数较少的精准投放，比如维护店铺老顾客、单独定向某竞品店铺、明星店铺计划等。

补充 1：每个小时的预算分配比例是系统根据近期资源位整体流量的比例来确定的。在流量较大的时段，预算也会多分配一些，以保证展现充足。比如：卖家设置的投放时段为 3 点、8 点、9 点、11 点 4 个小时，这几个小时的流量比例约为 1 ：2 ：3 ：4，则预算的分配比例也大致为 10% ：20% ：30% ：40%。

补充 2：如果某计划只设置了 1 个小时，则预算全部分配在这 1 个小时，此时均匀投放 = 尽快投放。

5.4.5　30 元就能玩的 CPC 投放

很多卖家在用直通车引流时，常常会发现一个现象：关键词的质量得分养到了 10 分，但想要获得一个好的展示位置，点击出价往往还是偏高，如图 5-48 所示。其实，这种情况下卖家可以考虑换一个思路，那就是利用钻展平台的 CPC 投放来进行拉新引流。

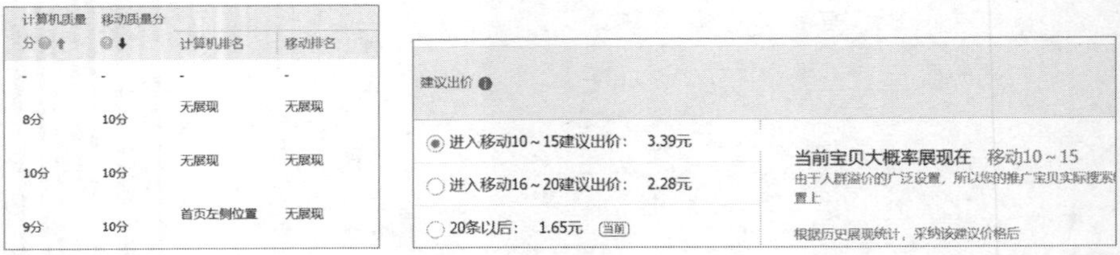

图 5-48　高质量得分时推广成本依然很高的示例

钻展的 CPC 投放扣费方式跟直通车是一样的，即按照点击扣费，相对直通车来说，其优点是不用长时间去培养关键词的质量得分，经投放马上就可以实现引流。另外，钻展的 CPC 投放用的人相对较少，引流成本也比较低。

在钻展后台的“计划”界面点击“新建推广计划”按钮，进入“选择推广场景”界面，可以看到展示广告和内容推广两种不同的推广场景，这两种推广场景都可以选择按点击计费的方式，如图 5-49 所示。

图 5-49 “选择推广场景”界面

1. 为店铺引流

选择展示广告中的“全店推广”后进入“设置计划”界面，如图 5-50 所示。

图 5-50 “设置计划”界面

第一步：设置营销参数，包括以下几个参数。

（1）常规场景：前面的“日常销售”“认知转化”“拉新”以及“老客召回”等是由系统根据店铺的人群特点来圈选的，“站外拉新”指的是系统根据站外的人群特点来对推广宝贝的流量进行匹配。CPC 投放通常选择“自定义”选项。

（2）营销目标：系统将根据卖家选择的目标人群和营销目标调整实际投放的人群范围。“促进购买”即系统以成交量为目标进行优化；“促进进店”即系统以进店量为目标进行优化，适合店铺拉新，CPC 投放可以选择该选项。

（3）生成方案：“系统托管”即由系统智能推广，简单高效；“系统推荐”是由系统根据卖家的营销目标及店铺特征，推荐并生成推广方案，卖家可根据实际需求微调；“自定义”则是由卖家自定义设置定向、资源位以及出价等推广要素。

（4）每日流量预估：根据当前的定向和资源位，并结合目标人群和营销目标的设定，系统预计每日最多可覆盖的目标人数及展现次数。

第二步：设置基本信息，如图 5-51 所示。这里需要创建一个计划名称，付费方式设置为“按点击付费（CPC）”，地域设置和时段设置可以针对店铺的实际情况选择“自定义”设置，投放方式建议设置为“均匀投放”，出价方式设置为操作更为灵活的“手动出价”，最后可以得出一个每日预算的范围。

点击“下一步，设置推广单元”按钮，进入“设置单元”界面，如图 5-52 所示。此处需要设置一个自定义的单元名称，同时围绕需要推广的宝贝来设置精准的定向人群，其下包括 10 个定向选项。CPC 的投放重点在于拉新引流，因此只需要重点设置访客定向、智能定向和相似宝贝定向即可。

图 5-51　设置基本信息

图 5-52　“设置单元”界面

第三步：根据圈选的定向人群来选择合适的投放资源位，如图 5-53 所示。使用 CPC 投放模式，建议一个计划单元只选择一个资源位。例如，只投放无线端手淘焦点图位置，然后针对该位置进行出价设置。在选择资源位时，90% 的卖家都会选择淘宝站内，因为其人群的购买意向会更强一些。

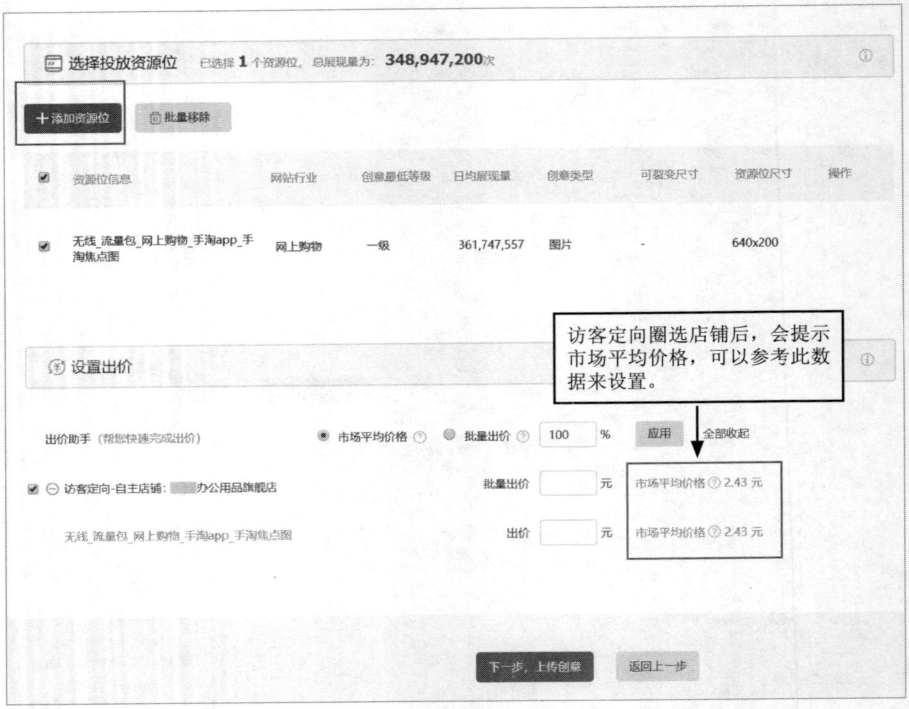

图 5-53　选择合适的投放资源位

2. 为宝贝引流

单品推广只能选择按点击计费方式，而且仅限推广单品。在“选择推广场景”界面中，选择“单品推广”后进入“设置计划”界面，如图 5-54 所示。

第一步：设置营销参数。营销场景主要考虑通过 CPC 方式来拉新，营销目标建议设置为“促进进店”，生成方案可以选择自定义形式，最终覆盖人群需要超过 10 万才能获得一定的展现效果。

图 5-54　单品推广“设置计划”界面

第二步：设置基本信息。和店铺推广的方式类似，建议采用自定义的方式。然后进入“设置单元”界面，需要添加推广宝贝，如图 5-55 所示。一个计划单元只能选择一个推广宝贝。

图 5-55　添加推广宝贝

第三步：设置定向人群及相应出价。系统默认有一个“智能定向”的选项，也就是说卖家在进行定向投放时，系统会自动参考和抓取一部分流量来匹配给产品，如图 5-56 所示。通常情况下，智能定向推荐的市场平均价格都是偏低的，卖家可以参考直通车的平均出价下调 30% 左右。

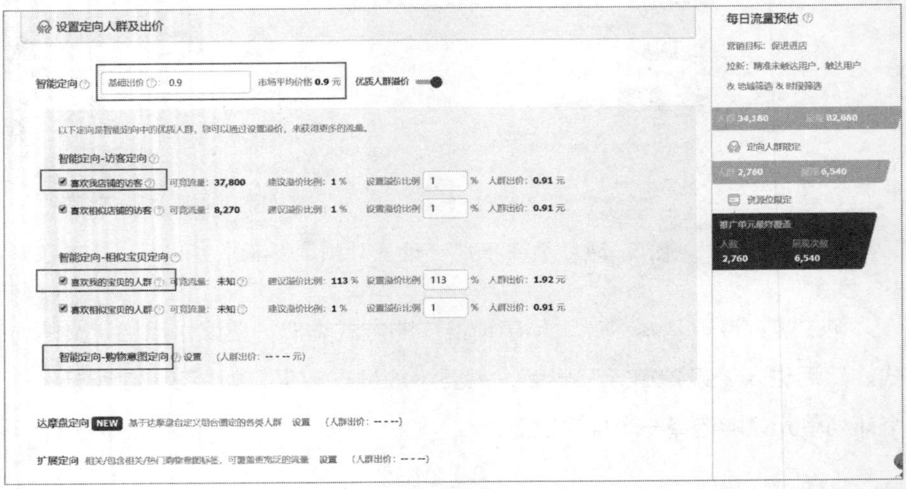

图 5-56　设置定向人群及出价

智能定向又可以分为访客定向、相似宝贝定向和购物意图定向，加上达摩盘定向和扩展定向，一共有 5 种定向方式。如果卖家的预算不多，建议卖家可以针对优质人群来选择相应的定向投放方式。其中，扩展定向主要是根据卖家设置的单品推广宝贝，列出一些与宝贝相关的长尾关键词的展现流量、市场平均价，如图 5-57 所示。

第四步：设置资源位和溢价。CPC 单品推广主要投放到“手机淘宝首页 - 猜你喜欢”这个资源位，同时还包括一些 PC 端和无线端的核心展示位置，如图 5-58 所示。溢价助手中的展示位置可以单选或者多选，建议卖家做 CPC 投放初期不要选太多的资源位，可以先选择 2 ~ 3 个进行测试，如果费用较少也可以只选择一个资源位进行测试。

图 5-57 扩展定向

图 5-58 设置资源位和溢价

第五步：添加创意。系统会默认抓取宝贝的4张主图来展示，如图5-59所示。如果这些主图不符合卖家的要求，也可以点击“添加创意支持本地上传”按钮来上传合适的创意图片。同时，在添加创意界面的右侧，可以看到宝贝图片的一些要求，如果想要让CPC投放展现到无线端，则创意图片必须符合这些要求。

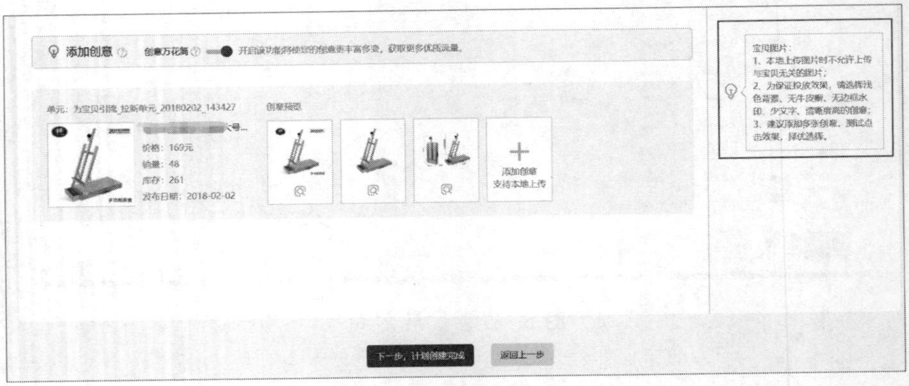

图 5-59　添加创意

表5-1所示是CPC广告投放针对不同目标人群的一些玩法，人群的圈选主要针对“未进店潜在新客”和“现有客户”两类。总的来说，CPC投放更加适合新客推广，CPM则更适用于老客推广。

表 5-1　CPC 广告投放针对不同目标人群的一些玩法

目标人群	出价方式	推荐理由
未进店潜在新客	CPC +系统智能推荐	系统智能拓展，拉新成本可控
未进店潜在新客	CPC +相似宝贝定向	主推宝贝明确，拉新
未进店潜在新客	CPC +访客定向	适合大多数，可定向竞争对手
现有客户	CPC +访客定向	定向自己

5.4.6　CPM 投放的 6 种营销定向

CPM投放是钻展后台的一种扣费方式，下面介绍CPM投放计划的创建方法。在钻展后台的“计划”界面点击“新建推广计划”按钮，进入“选择推广场景”界面，在全店推广、内容推广以及直播推广等场景的说明中可以看到按展现计费的方式，如图 5-60 所示。

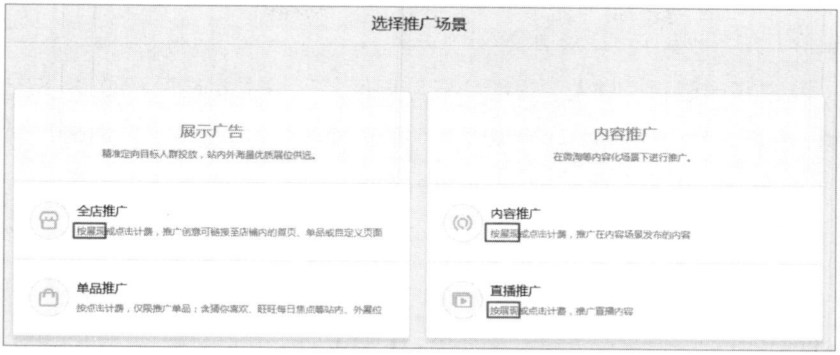

图 5-60 支持 CPM 投放的场景

例如，选择全店推广场景进入“设置计划”界面，首先需要设置营销参数，如图 5-61 所示。在常规场景设置部分，有 3 种 CPM 投放方法，方法 1 包括日常销售、认知转化、拉新和老客召回 4 种常规场景，这些场景系统对于基础设置和人群圈选都有一定的限制，操作的自主性偏弱；方法 2 就是纯粹的自定义的推广方式，操作自主性比较强；方法 3 则是站外拉新，这种投放方式通常很少用，主要是用于活动期间的引流，或者不考虑转化目的的品牌和小众类目推广等场景。营销目标设置包括不限、促进购买和促进进店，CPM 投放可以选择后面两种方式。

图 5-61 设置营销参数

接下来，设置基本信息：付费方式选择“按展现付费（CPM）”，地域设置和时段设置选择自定义模式，投放方式选择均匀投放，出价方式选择手动出价，每日预算必须大于或等于 300 元。

设置好计划后，进入“设置单元”界面，这里主要是设置 CPM 的定向人群，包括 9 种定向策略，与 CPM 相关的选项包括访客定向、营销场景定向、智能定向、相似宝贝定向、类目型定向以及店铺行业定向。

1. 访客定向

其中，访客定向在 CPM 投放中非常重要，包括自主添加店铺和添加子店铺两个功能，如图 5-61 所示。自主添加店铺下方是系统推荐的一些店铺标签，显示的都是系统判断的相关度比较高的店铺标签，卖家可以按照系统提示输入自己店铺的旺旺名，添加到推荐店铺列表中来获取圈定人群。

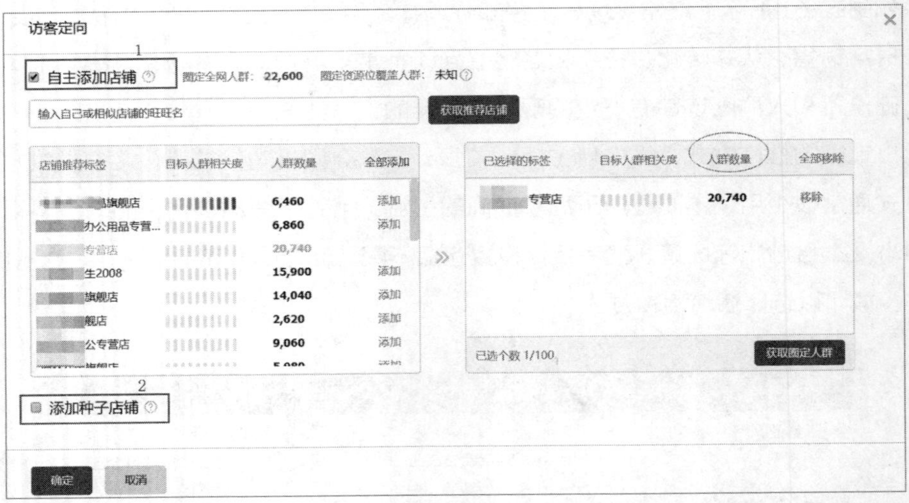

图 5-62　访客定向设置

使用 CPM 投放时，“自主添加店铺”是一个必选设置，而“添加种子店铺”则是一个辅助选项，只有当圈选人群数量达不到要求时才开启该功能。当然，如果系统推荐的店铺与你的人群相关度不是很高，你也可以在淘宝搜索竞争店铺的名字，通过找相似店铺功能来找到更精准的人群。卖家可以通过生意参谋中的访客分析功能来查看自己店铺的人群特征，包括年龄、性别、消费行为偏好等维度。

2. 营销场景定向

进入“营销场景定向”界面后，在后台可以看到 5 种人群类型，笔者拟出 3 种投放方案供参考，如图 5-63 所示。

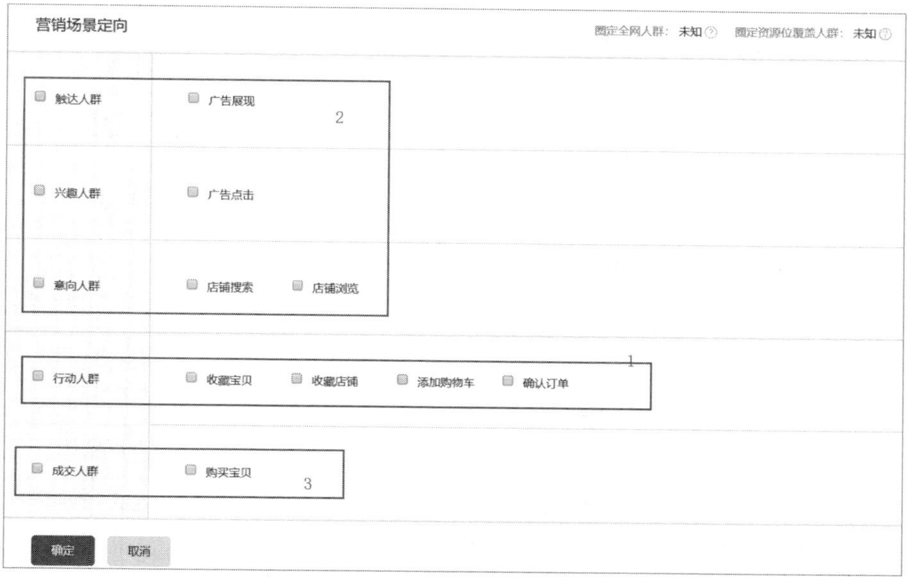

图 5-63　营销场景定向

- 第 1 种是“行动人群”，购买意愿和购买行为非常匹配的精准客户，是最先优选的人群。
- 第 2 种包括“触达人群”“兴趣人群”和“意向人群”3 类，这 3 类是对店铺广告比较感兴趣的人群，有点击、浏览和相关的搜索行为，但还没有进一步产生收藏和加购的行为，购买意愿比“行动人群”稍微偏弱一些，但也是较为精准的目标客户。
- 第 3 种是店铺的“成交人群”，选择这类人群要考虑店铺的产品定位，比如是耐用产品还是快消品？如果是复购率比较高的产品则可以选择这类人群，效果会更好；如果产品的复购周期比较长，如大型的家电或家具，则需要慎重考虑是否选择。

3. 智能定向

进入“智能定向”界面，可以看到店铺优质人群和宝贝优质人群两个功能，这里笔者也提供了两种优先选择的顺序，如图 5-64 所示。

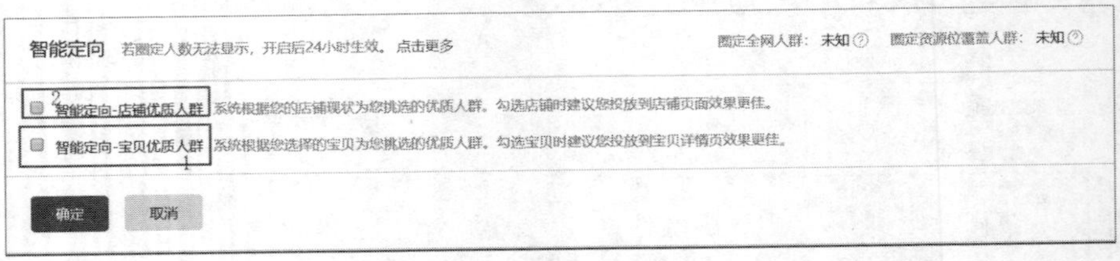

图 5-64　智能定向

- 第 1 种是“智能定向—宝贝优质人群”，即选择单品宝贝，大部分的店铺通常遵循“二八营销原则”，即通过小部分的宝贝带动全店的销售。如果店铺本身的基础人群比较大，则可以针对某个宝贝进行单独的定向推广，打造单品爆款。
- 第 2 种是“智能定向—店铺优质人群”，适合低客单价、多品类产品的店铺，这样牵涉的人群范围会更加广泛一些，虽然精准度会偏弱一些，但展现量和点击量会更多。

如果只选其中一个人群，发现圈选的人群基数比较少时，则可以考虑同时打开两个智能定向功能进行测试。

4. 相似宝贝定向

进入“相似宝贝定向”界面，同样有两个选项，这里将其设定为两种方案，如图 5-65 所示。

- 方案 1 为“喜欢我的宝贝的人群”，可以利用店铺中的爆款或主打产品，对这些产品的相关人群进行定向投放进而实现引流，促进转化和销售。
- 方案 2 为“喜欢相似宝贝的人群”。如果店铺想推广的爆款目前还处在初期阶段，或者类目比较小众，人群圈选的范围比较弱，需要在新品投放的初期增加曝光量或点击量，或者某款商品性价比非常高，最近正在做活动，则可以考虑该方案。

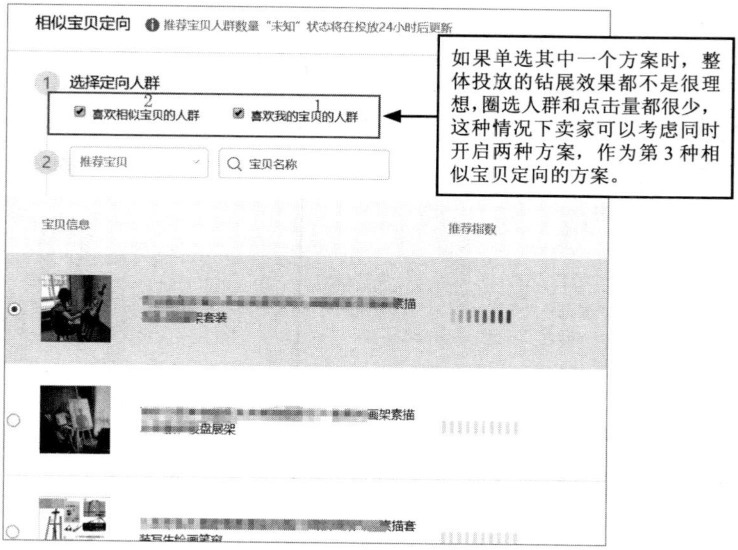

图 5-65 相似宝贝定向

5. 类目型定向—高级兴趣点

进入“类目型定向—高级兴趣点”界面，这里可以进行 3 步判断操作，如图 5-66 所示。

图 5-66 类目型定向—高级兴趣点

- 第一步：根据卖家投放的宝贝的核心关键词去进行搜索。如卖女装的商家，可能是主推某一款连衣裙。
- 第二步：搜索核心关键词后，系统会主动推荐相应的标签。
- 第三步：考虑围绕核心关键词展开的这些标签的人群数量，参考范围在 15 万左右。

专家提醒：建议不要选择太多的标签，通常选 5 ~ 8 个即可。如果卖家认为还有更多的“类目型定向—高级兴趣点”能够代表你的宝贝，则可以单独再新建一个单元来圈选其他的标签，或者分批次去进行测试和投放。

6. 行业店铺定向

进入“行业店铺定向”界面，卖家可以输入相应的类目或风格关键词来搜索行业店铺标签，并选择合适的定向标签，如图 5-67 所示。

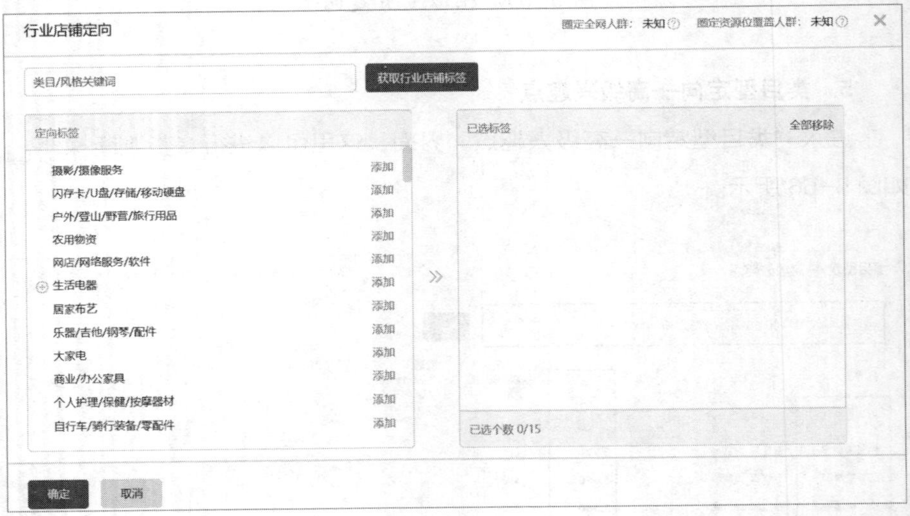

图 5-67　行业店铺定向

如果是小众类目，主动搜索人群可能较少，需要匹配有共同兴趣点的购买其他类目产品的人群，通过这种人群定向方式来扩大人群展现范围实现产品推广时，则可以考虑投放行业店铺定向。例如，你的产品属于 A 类目，受众和 B 类目、C 类目的人群有共同相似点，则可以对 B 类目、C 类目的人群进行定向，增加更多的曝光量。

行业店铺定向的不足之处在于，卖家选择的都是其他类目的人群，很有可能造成人群圈选不是很匹配，也就是说钱花出去了，但点击转化率不高。因此，对于中小卖家来说，初期可以不投放行业店铺定向。所以，行业店铺定向是做 CPM 投放的最后一种定向方式，卖家可以考虑是否选择这种定向投放功能。

第 6 章

数据分析：激活用户提高付费转化

钻展投放的数据分析相当重要，通过数据我们可以找原因，找到具体的问题与答案。比如，消化太低？CTR 不高？素材选择？CPC 过高？预算不够？出价不够高？销量不够？访客数不够？

本章从钻展的历史数据、实时数据和预测数据 3 个角度切入，介绍通过数据分析提升钻展投放效果、激活用户提高付费转化的方法和技巧。

本章主要内容包括：

- 历史数据：用历史数据提高钻展转化率
- 实时数据：揭开钻展背后的转化秘密
- 预测数据：利用数据看透钻展转化率

6.1 历史数据：用历史数据提高钻展转化率

如今，电商已经数据化了，无论是直通车还是钻展，甚至在整个淘宝运营中，数据分析都是非常重要的一环。本节主要介绍钻展转化率历史数据分析的方法，帮助卖家看清楚流量的去向，店铺没有成交的原因，以及复盘的一些建议。

6.1.1 你真的懂这些数据吗

历史数据的查看和分析是投放钻展的重要部分，卖家进入钻展后台的“报表”界面后，在左侧可以看到整个历史数据大概分成5块，包括账户整体报表、全店推广报表、单品推广报表、内容推广报表以及直播推广报表，如图6-1所示。

图6-1 “报表”界面

例如，选择“全店推广报表”进入其界面，数据的选择查看可以分成两大块，可以通过默认选项来进行数据的查看，也可以根据卖家的个人习惯来单独筛选数据指标进行查看。点击数据查看的设置按钮，在弹出的“选择数据字段”对话框中，可以看到后台数据设置的相关指标，如图 6-2 所示。

图 6-2　选择数据字段

这里包括了很多查看历史数据的指标，卖家可以根据自己的习惯去设置和参考。当设置完成后，在整个报表的最下方，可以看到一个相关的历史数据窗口，包括计划、单元、定向、资源位和创意这 5 个选项，如图 6-3 所示。

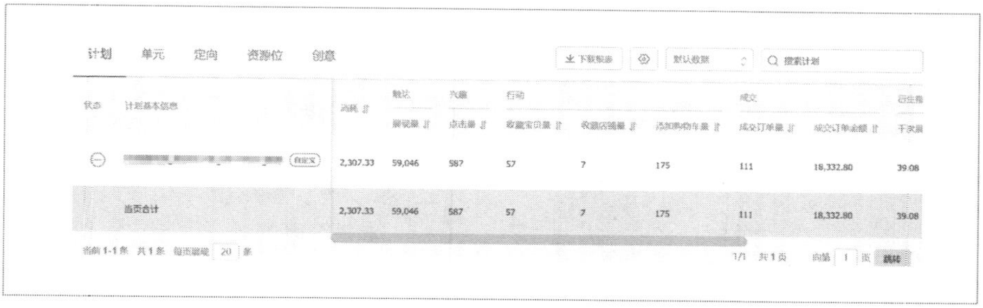

图 6-3　历史数据窗口

（1）计划：如果卖家在钻展后台投放了超过一个以上的计划，那么此处就会将每一个计划的详细数据分别罗列出来，供卖家进行对比和参考。

（2）单元：如果卖家在相同计划当中创建了不同的单元投放，也可以在此对比一下消耗、成交和衍生数据等。

（3）定向：可以分别针对每个定向本身的人群特点，着重考虑展现量、收藏宝贝量、添加构成量等指标，通过这些数据来分析判断不同的人群定向的出价调整和创意优化。

（4）资源位：建议一个单元针对一个资源位去测试或投放，这样得出的数据会更精确一些；如果要进行多资源位置的投放，可以考虑在同一个计划当中或不同计划当中选择建立多个不同的单元。

（5）创意：可以针对同一个计划同一个单元同一个宝贝当中的不同创意的投放数据进行分析，帮助卖家在最短的时间内找到消费者能够接受的图片，判断依据主要是点击率指标。在初期进行创意历史数据分析时，建议以天作为单位来分析点击率数据，如果在一周内都能保持好的数据，说明该创意是可行的。

6.1.2 你的流量都去哪了

下面主要介绍如何根据店铺钻展账户报表及生意参谋流量历史数据，找出投放钻展的流量问题，分析和优化引流效果。

在账户整体报表界面中，即可看到整体投放的展现量，钻展的展现量是决定引流能力的核心指标，可以快速判断钻展投放的效果。在“数据明细”区中，可以查看全店推广或单品推广各自的展现量，以及汇总的展现量数据，可据此预估店铺流量，如图 6-4 所示。

数据明细　　下载报表

广告类型	消耗	触达	兴趣	衍生指标		
		1 展现量	点击量	千次展现成本	点击率	点击单价
3 全店推广	2,307.33	59,046	587	39.08	0.99%	3.93
单品推广	213.00	13,474	99	15.81	0.73%	2.15
合计	2,520.33	72,520 2	686	34.75	0.95%	3.67

图 6-4　“数据明细”区中的展现量数据

根据整体展现量的明细数据，再进一步分析计划的展现量，并可以通过对比每个计划的展现量来优化展现量偏小的计划。当卖家找到流量偏小的计划后，可以对该计划的单元数据进行分析，同样以展现量作为判断依据，优先选择优化展现量偏小的单元，如图 6-5 所示。

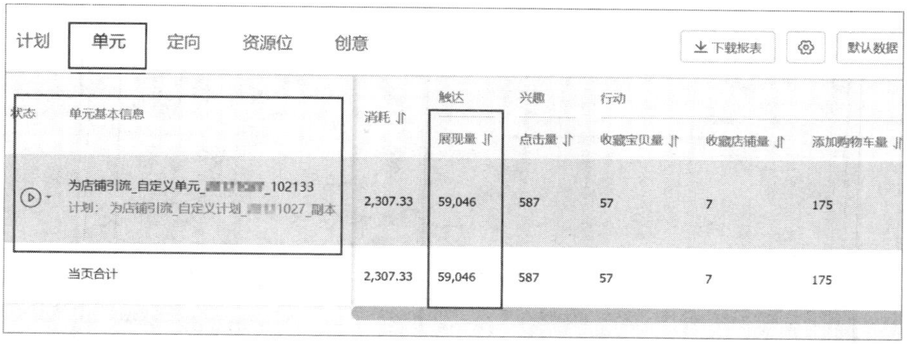

图 6-5　查看计划单元的展现量数据

接下来进入“定向”区，分析各个投放人群的展现量，找到哪一个人群的展现量是最小的，如图 6-6 所示。全店推广计划的引流效果主要是分析计划、单元的定向的历史展现量数据，而单品推广计划的流量判断主要是参考资源位，查看不同资源位的展现量数据大小，如图 6-7 所示。

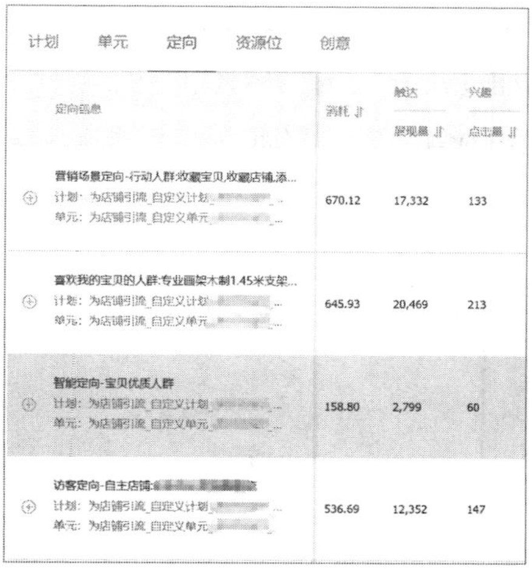

图 6-6　查看定向人群的展现量数据

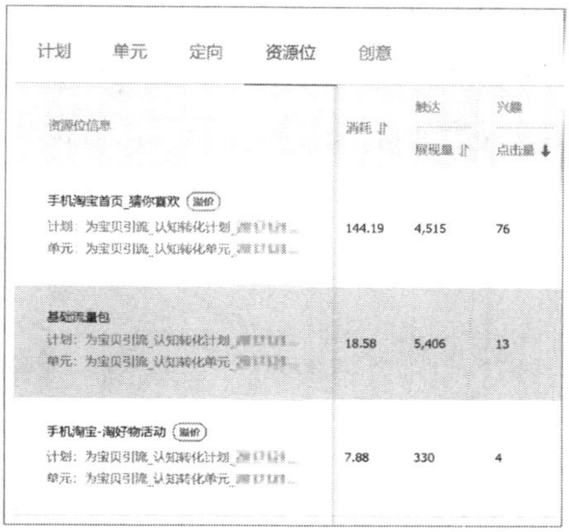

图 6-7　查看资源位的展现量数据

通过钻展的账户整体报表初步判断流量问题后，还需要通过生意参谋进一步分析店铺访问人群的特征，优化流量来源，在扩大流量的同时带来更多的转化。通过“流量分析—流量看板”功能，分别分析店铺的PC端和移动端的流量分布情况。例如，该卖家移动端一天的访客数接近2万，因此在做钻展时就需要更多地针对移动端资源位进行投放，如图6–8所示。

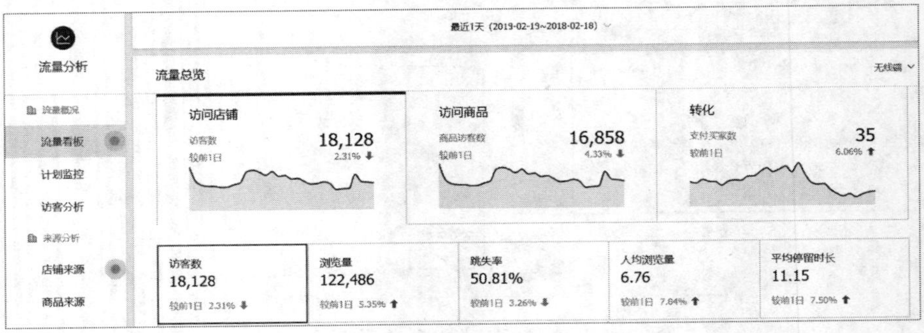

图6–8　查看计划单元的展现量数据

6.1.3　没有成交的两个教训

下面先通过一个案例来分析如何进行人群的精准匹配和创意优化。比如一个家居布艺类目的集市店，客单价相对较低，在同行中属于中低价位，因此卖家初期投放广告的预算比较保守，导致店铺访客增加缓慢，具体表现为：不知道如何吸引新客户和维护老客户。通过近一个月的针对性优化，对比前后的数据可以看到，在整体投放费用不变的情况下，店铺的收藏、加购和转化都有了明显的增长，如图6–9所示。

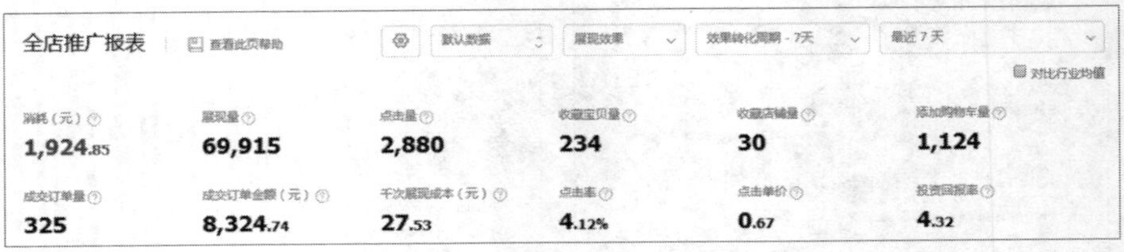

图6–9　店铺优化前后的数据对比

图 6-9　店铺优化前后的数据对比（续）

这家店铺是皇冠店铺，有一定的人群基数，产品的价格区间比较集中，和中低级消费人群匹配。从该案例可以看出，店铺之所以没有成交，主要原因在于流量和转化。针对这种情况，建议通过增加钻展的投放预算来加大引流，提升店铺的销售额和转化，进而达到全面提升引流能力的目的。

在钻展的人群定向中，优先选择访客定向，结合店铺的品类维度和该类目的全网人群特点分析定位，圈选高度匹配的精准人群。另外，由于该店铺是皇冠老店，产品竞争力比较强，因此“种子店铺”中可以添加自己的店铺或者其他有超高相似度的店铺，扩大定向的客户群体。其次是“类目型定向—高级兴趣点”定向方式，可以挑选一些大流量和高转化的标签，如图 6–10 所示。

图 6–10　“类目型定向—高级兴趣点”定向设置

在创意优化方面，主要体现为产品面料的卖点，如品质，同样是面料，你的优势在哪里？文案中还可以体现店铺近期的优惠或促销活动，如图 6–11 所示。

通过前面的钻展定向设置后，店铺可以积累一定的客户群体，接下来可以利用达摩盘的人群定向投放进一步优化客户群体的质量。达摩盘定向主要侧重于认知人群，如图 6–12 所示。

图 6–11　创意优化示例

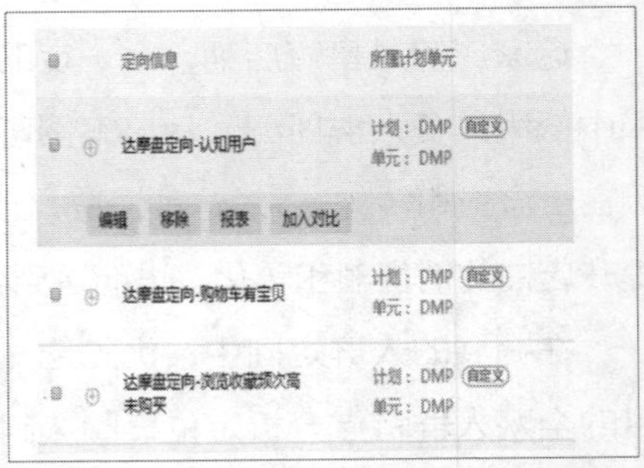

图 6–12　达摩盘定向设置

在激活和召回老客户的过程中，钻展的定向投放方式主要有两种思路，如表 6–1 所示。

表 6–1 老客户激活和召回的钻展定向思路

目标人群	投放方式	推荐理由
老客户激活	CPM/CPC + 访客定向（自己店铺）	刺激精准意向人群
老客户召回	CPM/CPC + 达摩盘	寻找老客中的新品人群

在资源位的选择方面，因为该店铺的移动端成交占比达到了 87%，是全店流量的最大端口，所以移动端首焦的占比可以是最大的，同时还可以适当投放 PC 端首焦的位置，以及根据店铺性质的不同来选择投放天猫精选、淘宝通栏和 banner 等位置。

6.1.4　费用复盘的 3 个建议

费用复盘指的是活动结束后，通过分析花了多少广告费、产生了多大的作用、投放过程中的问题和经验等来进行复盘。前面介绍了一个低客单价店铺的销量增长案例，这里将介绍高客单价店铺如何做到高 ROI 的方法，介绍费用复盘的一些方法和建议。

如图 6-13 所示，这是一家店铺等级为 4 钻的家居类目集市店，使用钻展时间为 5 个月，希望通过钻展来提升店铺的优质流量、拉新以及认知客户的转化。从该店的月投放数据报表可以看到，费用消耗为 27 034 元，收藏加购的成本平均约为 14 元，ROI 为 17.11，在一部分预算侧重给拉新人群的情况下，投入产出比不是很高，考虑到店铺需要不断补充精准流量，我们可以在此基础上做适当调整。

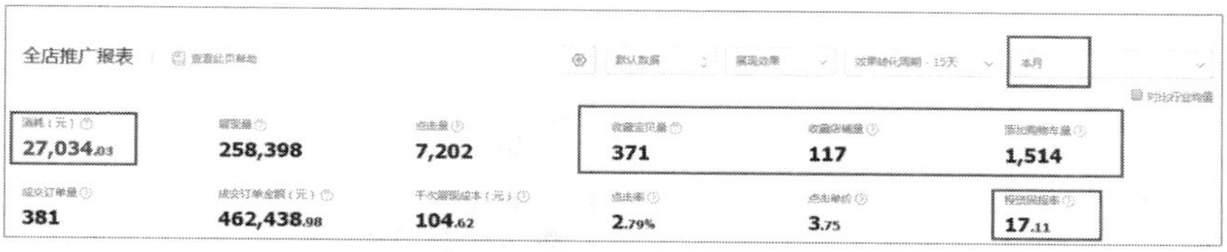

图 6-13　高客单价店铺数据报表分析

首先分析该店铺近半年的人群特征，可以通过生意参谋的“人群透视”功能来查看，分析用户职业、年龄、卖家会员等级以及淘宝消费能力等级等数据，如图 6-14 所示。

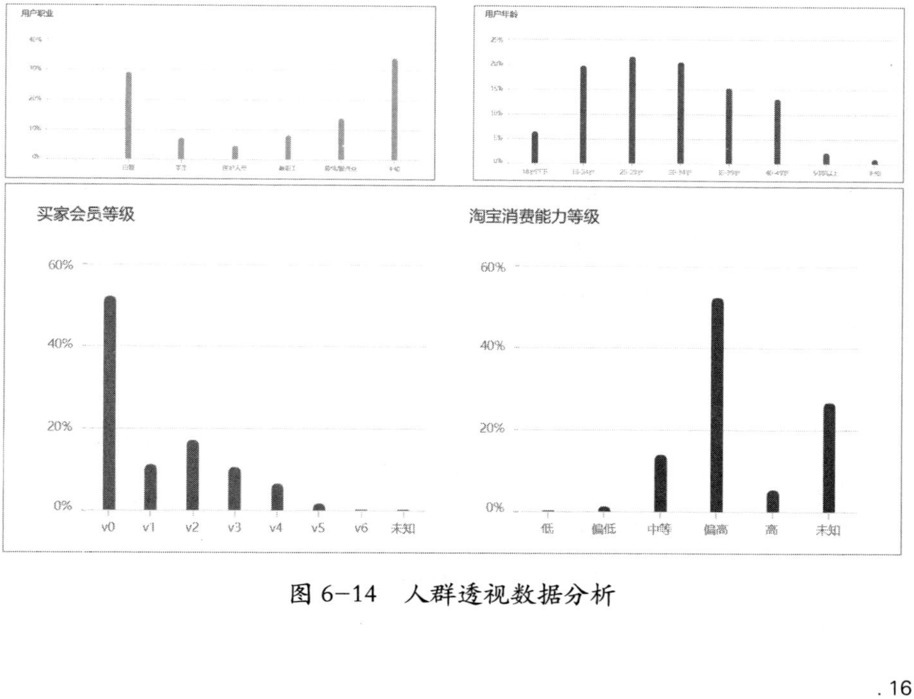

图 6-14　人群透视数据分析

该店铺主要做实木餐桌和实木床，主要客户群体是 25 ~ 45 岁的白领和蓝领，客单价在 1 400 元左右，结合这些店铺信息和钻展投放的历史数据，店铺的运营思路可以围绕钻展素材的优化、资源位的选择和投放方式这 3 个方面去进行复盘。

（1）钻展素材的优化：钻展素材可以体现价格优势，如果店铺有做促销，可以增加一些体现利益点的文案词汇，如图 6-15 所示；同时，还可以根据购买此类商品的人群需求来策划文案，如送货上门、包安装等，来达到提高点击率、降低竞店成本的目的。

图 6-15　钻展素材的优化示例

（2）资源位的选择。其中，手淘首焦是钻展投放的必争之地，还可以根据店铺的类目特点测试其他的投放位置。例如，PC 端的“网上购物淘宝首页通栏新”这个位置，可以搭配智能定向、营销场景定向以及访客定向等方式去投放。另外，还可以尝试投放“淘宝首页 3 屏通栏大 banner”这个位置，其引流成本相对较低，可以用来作为拉新使用，如图 6-16 所示。

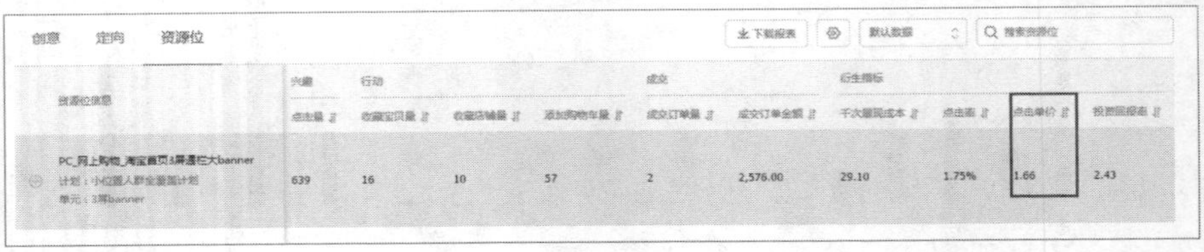

图 6-16　资源位的选择示例

（3）投放方式。在全店推广计划中，建议以 CPM 的投放方式为主，选择“均匀投放”；在单品推广计划中，可以考虑选择系统托管的方式，并提高出价来快速获取更多流量。同时，根据生意参谋中的时段分布数据，分时间节点在主要流量集中时段去分别建立计划，达到有效控制预算的目的。另外，卖家还可以单独建立对于认知客户的转化计划单元，这样可以获得不错的点击率和 ROI，如图 6-17 所示。

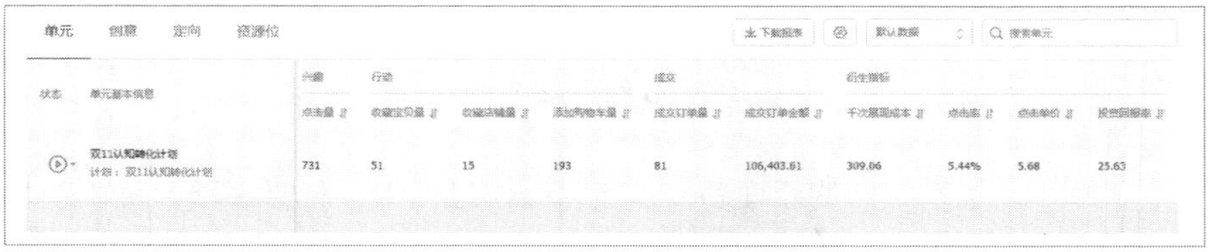

图 6-17　单独建立认知客户的转化计划单元

6.2　实时数据：揭开钻展背后的转化秘密

如今，淘宝的流量竞争非常激烈，如何拓展店铺和宝贝的流量是一件非常迫切的事情。本节通过对实时数据和类目特征的分析，揭开钻展转化的面纱，帮助卖家轻松制订全店引流计划，找到适合自己店铺的流量“蓝海”。

6.2.1　店铺引流计划设置

店铺引流计划的重点在于使用店铺型定向对店铺进行人群圈选投放。在钻展后台新建计划时，选择展示广告中的“全店推广”营销目标，设置完计划的基本参数和信息后，在设置单元界面选择“店铺型定向”选项。店铺型定向其实是整合简化了访客定向和营销场景定向的功能，定向的原理是根据买家的消费行为结合时间周期等因素，由系统自动匹配出偏好度相同的人群集合，如图 6-18 所示。

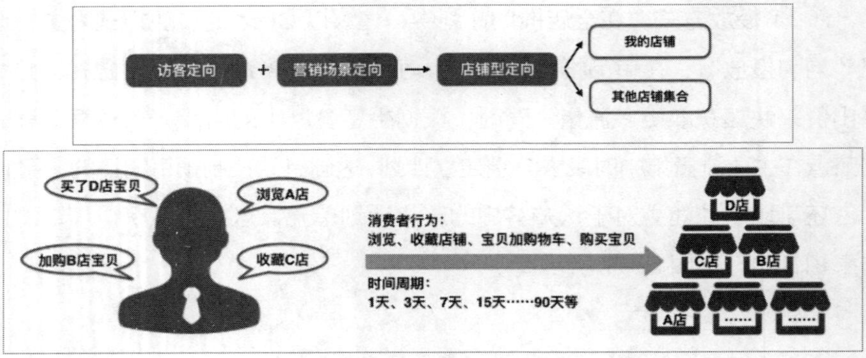

图 6-18　店铺型定向的原理

了解了店铺型定向的原理后，在实际操作过程中，需要注意下面 3 个关键点。

（1）产品。店铺的产品品类、价位区间的不同，会导致店铺型定向的投放思路不同。

（2）行为。消费者在浏览你的店铺或竞争对手的店铺时的浏览行为。

（3）时间点。消费者是什么时间进入店铺中的。

从人群引流角度来看，店铺型定向有以下两种思路。

（1）其他店铺集合：通过主营类目、成交促销、客单价发范围以及人群优先逻辑这 4 个设置来获取店铺集合，系统会推荐 4 个“人群包”，分别为宝贝同质店铺、买家人群同质店铺、浏览交叉店铺和购买流失店铺，卖家可以主动出击，从这些竞争对手和类似店铺中抢夺流量，如图 6-19 所示。

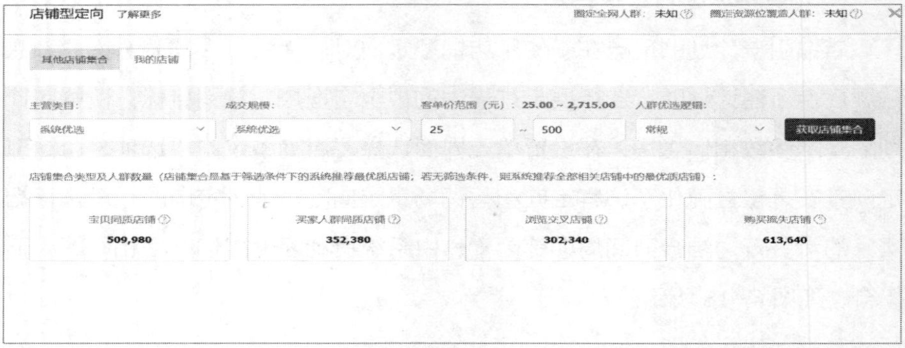

图 6-19　店铺型定向的设置界面

（2）我的店铺：包括店铺优质人群（由系统自动匹配，适合流量基数小的小卖家）和店铺细分人群两个选项，其中细分人群又可以分为 4 类，如图 6-20 所示。卖家可以针对自己店铺的老客户人群特点进行设置，来唤醒和激活老客户。

图 6-20　“我的店铺”设置界面

总结一下，在做店铺引流计划时，使用店铺型定向的引流目的主要是拉新客户和维护老客户，相关策略如表 6-2 所示。

表 6-2　店铺型定向的引流策略

拉新客户		维护老客户	
相同类目	同类目相似成交规模、客单价比较相近的人群	成长型店	默认优质人群投放
关联类目	筛选关联类目合理成交规模、客单价比较相近的人群	大流量店	通过时间和行为选择差异化的出价和创意

6.2.2　宝贝引流计划设置

下面介绍设置钻展的宝贝引流计划，来为店铺最大限度引流、增加店铺活跃度的方法。在钻展后台新建计划时，选择展示广告中的“单品推广”营销目标，首先设置基本的营销参数和信息，营销场景选择“拉新”，营销目标选择“促进进店”，生成方案优先选择“系统托管”，目标人群选择后面 3 类，如图 6-21 所示，第一个选项“广泛未触达用户”的覆盖人群面积比较大，精准度较弱，通常不建议圈选。

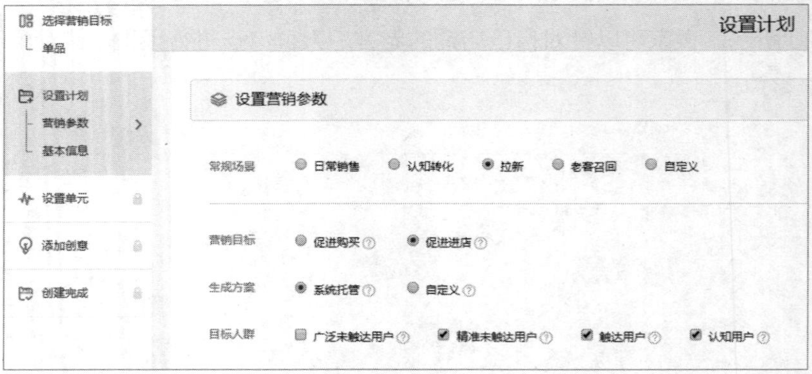

图 6-21　宝贝引流计划的基本设置

在基本信息设置中，采用自定义的地域和时段设置，投放周期可以设置为两周。接下来进入“设置单元”界面，添加要推广的宝贝，选择手动出价方式，价格可以设置为市场建议价格的 1.5 ~ 2 倍，如图 6-22 所示。

图 6-22　“设置单元”界面

最后一步是选择投放的宝贝引流创意，到此就完成了一个计划中设置一个宝贝进行推广引流的操作步骤。当然，卖家也可以在每个计划中创建 10 个单元，分别对 10 个宝贝进行测款或引流。

如果卖家是选择“自定义”的生成方案，基本信息设置与前面类似，但在设置宝贝推广时的区别比较大。通常情况下，自定义的单品宝贝引流计划建议采用 1 ： 1 ： 1 的低价引流方式，原理则是尽可能地通过单品推广引流计划设置最大化的展现点，投入更多的展现位置，简单来说就是“一个宝贝选择一种人群定向，然后投放一个资源位”，如图 6-23 所示。最后，选择创意时，同样只选择一个创意。

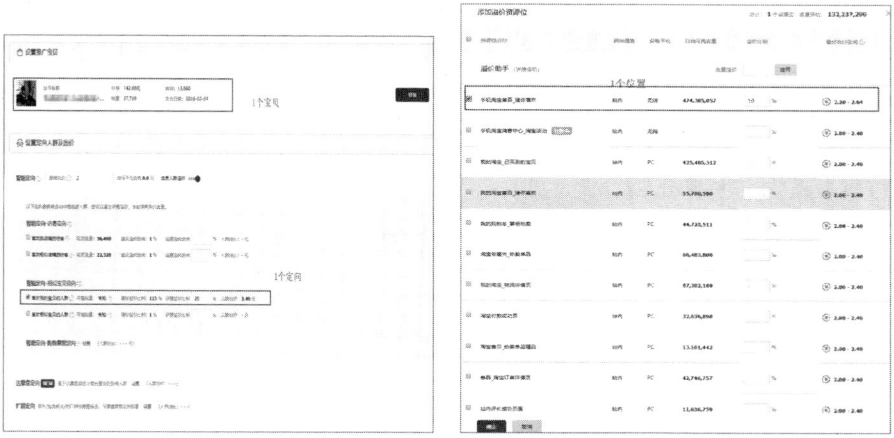

图 6-23　自定义的单品宝贝低价引流计划方案

也就是说，在设置宝贝引流计划时，只要有设置属性的变化，就重新建立一个单元，这样能够更好地把握钻展投放效果，以及自主控制出价。

6.3　预测数据：利用数据看透钻展转化率

经常听到商家抱怨钻展转化率不高，这种情况通常是因为卖家的方法不对。本节将介绍预测数据的分析方法，帮助卖家更好地设置出价和做预算，让钻展实现更好的推广效果。

6.3.1　正常投放出价方案

钻展的日常投放，初期大部分还是以引领为主，下面推荐两种简单易用的投放方案供卖家参考。

1. 日常方案（一）

日常方案（一）的相关要点和设置方法如下。

（1）目标客户：未触达客户、与店铺毫无关系的潜在客户，以及店铺的潜客。

（2）推广场景：店铺整体流量不够、希望日常引流，为店铺引入新客户。

（3）推广目标：店铺拉新，促进潜客转化，提升成交量。

（4）考核指标：点击量、点击成本、收藏量、加购量。

（5）营销参数：在创建钻展计划时，选择“日常销售”营销场景，目标人群设置为“广泛未触达用户”“精准未触达用户”和“触达用户”，生成方案设置为“系统托管”。

（6）出价方式：按展现付费 CPM 模式。

（7）日预算：最低 300 元。

（8）定向、资源位、出价：系统自动选择定向人群、资源位、出价，全程自动优化。

（9）创意：根据系统推荐资源位的要求制作相应尺寸的创意，并审核为一级；推广链接到首页或者自定义页面（淘积木、创意模板），代入使用场景，突出品牌、产品，如图 6-24 所示。

图 6-24 创意设置示例

（10）数据反馈：观察该计划的收藏、加购和点击率的变化，判断转化效果和投资回报率，如图 6-25 所示。由于该方案整体采用系统托管的方式，比较明显的特点就是点击单价相对较高，系统控制溢价的能力要更强一些。

图 6-25　方案（一）的数据反馈分析

2. 日常方案（二）

日常方案（二）的特点如下。

（1）营销参数：营销场景设置为“自定义”，目标人群选择“精准未触达用户”“触达用户”和“认知用户”，营销目标选择“促进进店”，生成方案设置为“自定义”。

（2）出价方式：按点击付费 CPC 模式。

（3）日预算：最低 30 元，建议 100 元以上，避免流量太少对店铺没有帮助。

（4）定向人群：访客定向（竞品店铺、自己店铺）、营销场景定向（核心、兴趣、触达）和智能定向。

（5）资源位：预算较少时优先选择站内资源位，预算充足时可以考虑选择站外资源位，下面推荐一些较好的资源位。

- 站内资源位：移动端—手淘 App 流量包—手淘焦点图（640×200，一级）；PC 端—流量包—网上购物—淘宝首页焦点图（520×280，一级）。
- 站外资源位：移动端—流量包—门户—App—今日头条—feeds 流；移动端—流量包—门户—App—火山小视频—信息流。

（6）出价：初始按系统推荐，上下浮动 20%。

（7）数据反馈：该方案的数据特点同样是有较好的收藏、加购和点击率，也能够带来一定的投资回报率，而且可以自己选择人群定向和投放位置，相对来说灵活度更大，点击单价也要更低一些。

6.3.2　怎样查看达摩盘数据

达摩盘（DMP）是阿里妈妈基于商业化场景打造的数据管理合作平台，拥有消费行为、兴趣偏好、地理位置等众多数据标签，可以实现各类人群的洞察与分析，挖掘潜力客户，解决个性化的营销需求。在达摩盘首页左侧可以看到投放效果的相关数据，右侧会显示场景营销人群的数据，如图 6-26 所示。

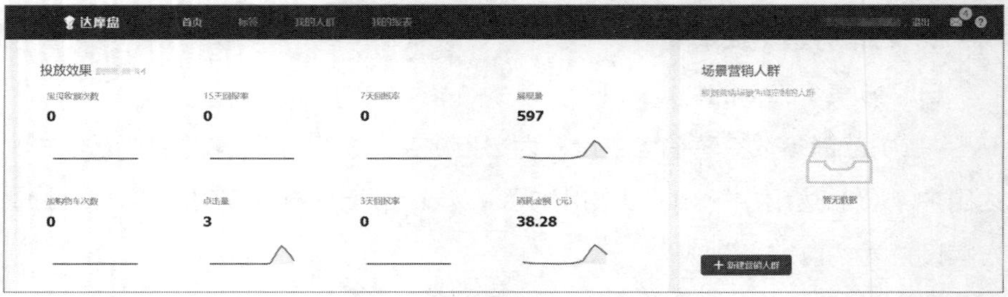

图 6-26　达摩盘首页

首页下方的“标签推荐”模块，主要分成可能感兴趣的标签、同行常用标签、最新标签 3 大类，这些标签主要用于筛选人群，如图 6-27 所示。点击☆图标，即可收藏相应的人群标签；点击 图标，即可忽略相应的人群标签。

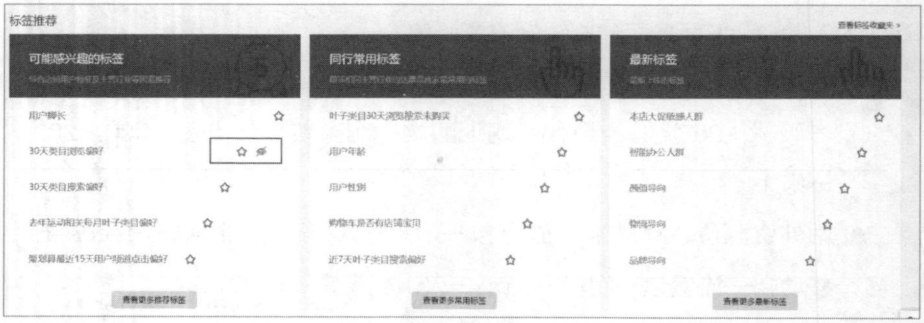

图 6-27　“标签推荐”模块

首页最下方是“标签专题”模块，系统会根据不同的时间节点来推荐相关的人群标签，同时还会显示“拉新排行榜”和“回报率排行榜”，供卖家参考和筛选。

进入“标签”界面，其分为全部标签、推荐标签和标签专题 3 大板块，如图 6-28 所示。同时，卖家可以进入标签收藏夹，查看自己收藏过的人群标签。在“全部标签”板块中，卖家可以搜索相应的标签关键词，其下包含了各行各业的类目人群细分标签，如上网行为、消费行为、优化轨迹、行业偏好以及站外人群等，卖家可以根据店铺的实际情况进行筛选，建议一次选择 5 个左右即可。

图 6-28　“标签”界面

在“推荐标签”模块，系统会根据店铺本身的访问人群特征来推荐一些人群标签，从左至右，人群匹配度逐渐降低，但人群范围逐渐扩大，如图 6-29 所示。点击这些系统推荐标签后，可以在打开的窗口查看和选择更多的细分标签，例如点击“30 天类目浏览偏好”标签后即可选择相应的经营类目，同时下方会显示该标签能够圈选的人群数量（广告覆盖人数），通过组合多个标签来定位精准人群。

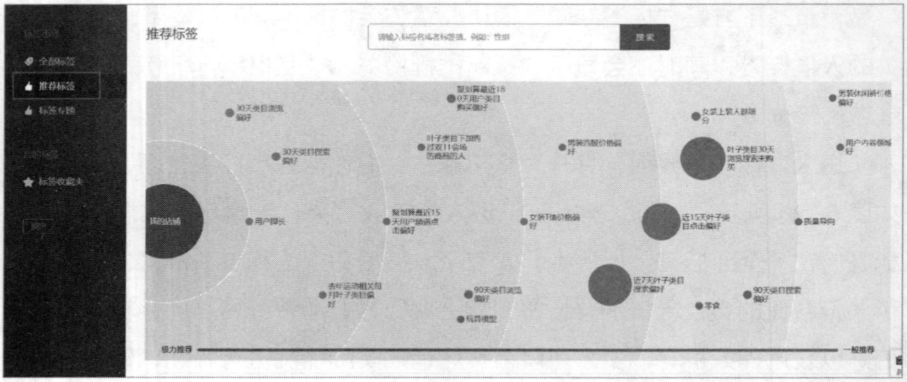

图 6-29　“推荐标签”模块

点击“标签详情”按钮进入相应界面，可以查看该标签的“覆盖度分”和“使用热度”等级，以及该标签的人群特征，卖家可结合店铺的产品选择相应标签，如图 6-30 所示。同时，系统还在页面右侧推荐了一些可以组合的相近标签。

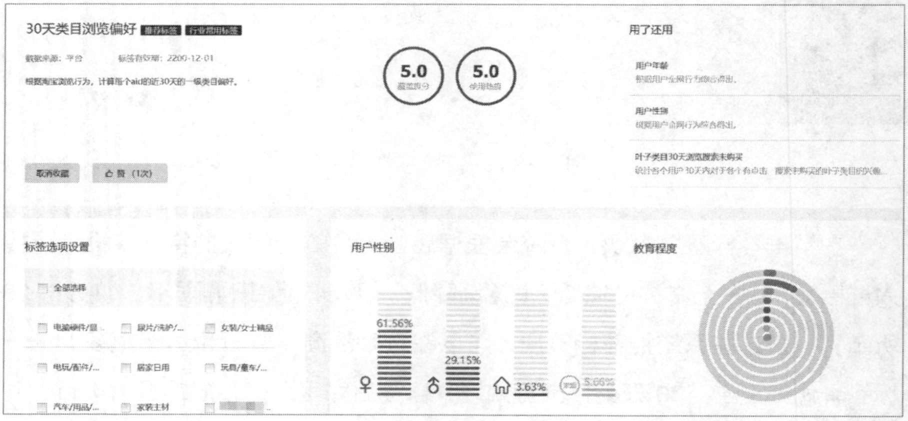

图 6-30　标签详情

专家提醒：在明确营销目标、清楚细分营销需求（比如，要维系老客还是拉新？处于活动的预热期还是爆发期？）的基础上，筛选合适的达摩盘标签，并进入标签详情页查看标签特征是否与目的一致。

“标签专题”板块和首页的标签专题功能类似，卖家可以选择相应的标签专题进入查看详情，如图 6-31 所示。例如，选择“未购买的老客召回”场景，可以看到相关人群的基本特征介绍和标签提炼，如果卖家认为这些人群特征符合自己的产品，则可以将其添加到暂存架上保存起来。

图 6-31　标签专题

在“我的报表”界面中，可以非常直观地查看达摩盘的投放数据，包括投放的金额、转化效果以及数据趋势等，如图 6-32 所示。

图 6-32　“我的报表”界面

在钻展后台新建达摩盘人群进入“新建营销人群”界面，如图 6-33 所示。

图 6-33 “新建营销人群”界面

在“暂存架”中可以选择过往收藏的人群标签，添加到“标签逻辑”列表框中，系统会计算覆盖人群，然后设置人群名称、人群有效期和人群分组，点击“保存为营销人群”按钮即可，在钻展计划中可以直接选择该人群标签进行定向投放。

达摩盘的本质就是让卖家的广告投放更加精准，在活动期间使用达摩盘的基本思路也是如此，如图 6-34 所示。

图 6-34 达摩盘的本质——让投放人群更精准

活动推广可以拆分为蓄势期、爆发期和余热期 3 个部分，如表 6-3 所示。

表 6-3　活动推广的 3 个部分

进程	蓄势期	爆发期	余热期
时间	提前 20 天	前 1 天 + 当天	活动结束后 3 天内
目标	拓宽流量、收藏加购	重定向、点击率、回报率	流量持续
人群	行业偏好、人群特点	全量放开、重定向	未购买人群

在活动蓄势期，可以从类目相关人群去选择，通过达摩盘的推荐标签或者在搜索框搜索标签的方式来查找标签。笔者建议卖家在蓄势期可以重点关注“近 15 天叶子类目点击偏好”（最底层的类目）这个人群标签，卖家可以在其中圈选自己的类目，并查看详细的人群特征是否与自己的店铺相匹配，如图 6-35 所示。

在蓄势期经过人群标签的选择和投放后，接下来进入爆发期，此阶段人群标签的选择反而会更加简单，只需要尽可能地吸引更多流量，并对之前圈选的人群进行反复定向投放即可。例如，在用户轨迹中，曾经对宝贝浏览、收藏和加购的用户，以及在微淘平台上看过推广内容的用户，这部分用户是爆发期需要重点关注的人群，如图 6-36 所示。

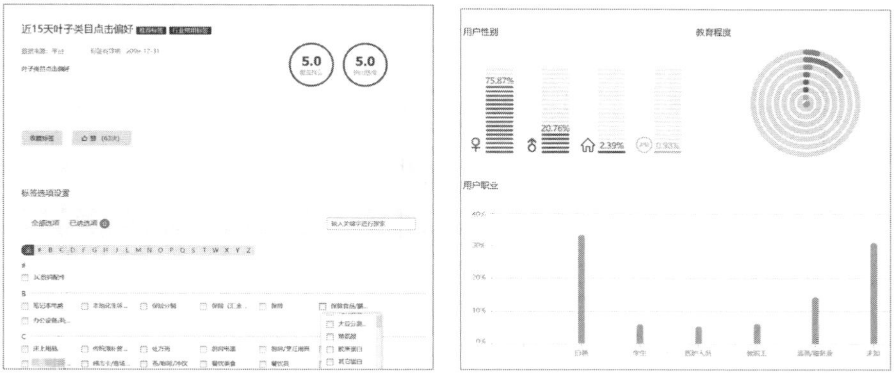

图 6-35　“近 15 天叶子类目点击偏好”人群标签分析

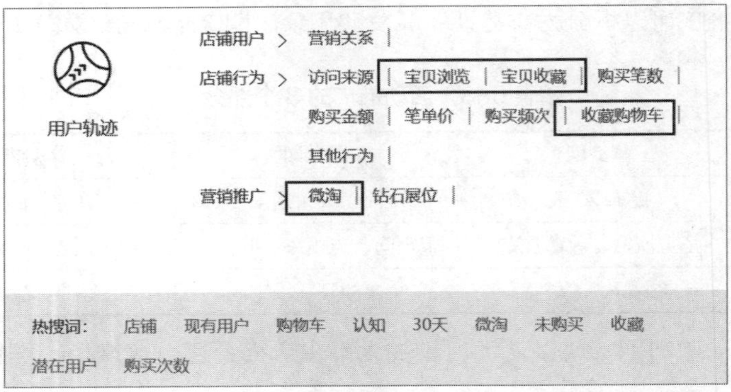

图 6-36　用户轨迹中的重点人群标签分析

在活动的余热期，主要针对还没有购买但购买意向比较强烈的人群来进行分析。卖家可以在用户轨迹的热搜词中选择“未购买”标签进入详情界面，可以优先选择“叶子类目 30 天浏览搜索未购买”的人群标签来投放，同时还可以根据情况选择“浏览收藏频次低未购买”（适合高客单价、低复购率的产品）、“浏览收藏频次高未购买”（适合低客单价、高复购率的产品）以及“浏览收藏频次中未购买”（适合客单价和复购率比较适中的产品）等人群标签（图 6-37）。

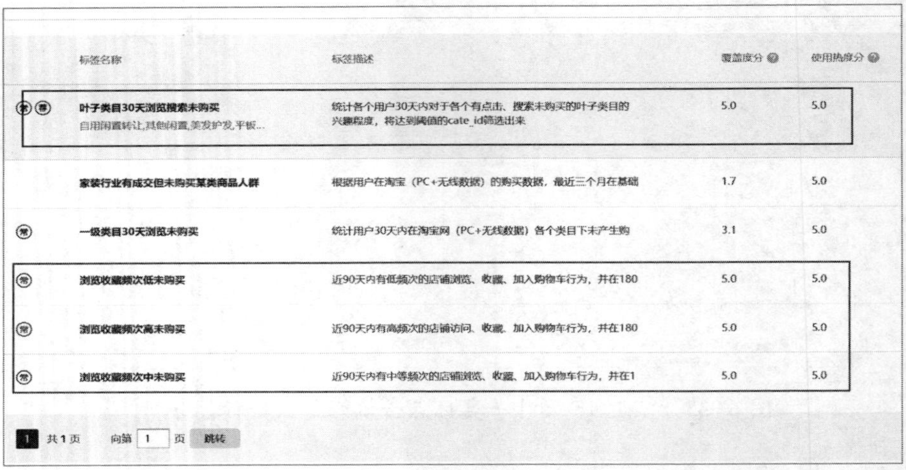

标签名称	标签描述	覆盖度分	使用热度分
叶子类目30天浏览搜索未购买 自用闲置转让,其他闲置,美发护发,平板...	统计各个用户30天内对于各个有点击、搜索未购买的叶子类目的兴趣程度，将达到阈值的cate_id筛选出来	5.0	5.0
家装行业有成交但未购买某类商品人群	根据用户在淘宝（PC+无线数据）的购买数据，最近三个月在基础	1.7	5.0
一级类目30天浏览未购买	统计用户30天内在淘宝网（PC+无线数据）各个类目下未产生购	3.1	5.0
浏览收藏频次低未购买	近90天内有低频次的店铺浏览、收藏、加入购物车行为，并在180	5.0	5.0
浏览收藏频次高未购买	近90天内有高频次的店铺访问、收藏、加入购物车行为，并在180	5.0	5.0
浏览收藏频次中未购买	近90天内有中等频次的店铺浏览、收藏、加入购物车行为，并在1	5.0	5.0

1 共 1 页 向第 1 页 跳转

图 6-37　用户轨迹中的“未购买”标签分析

第 7 章

营销场景：轻松转化各类意向客户

卖家要善于把消费者变成店铺资产，在钻展投放环节中，广告不同，时间节点不同。不同的营销诉求和不同的营销场景下，消费者和店铺的关系应该如何匹配、轻松转化各类意向客户，从而达到营销目标，变得尤其重要。

本章主要介绍不同营销场景的定制化钻展营销方案，包括淡季营销、店铺清仓、活动推广以及直播引流等。

本章主要内容包括：

- 营销场景 1：淡季营销提升转化率方案
- 营销场景 2：店铺清仓提升转化率方案
- 营销场景 3：活动推广提升转化率方案
- 营销场景 4：直播引流提升转化率方案

7.1 营销场景 1：淡季营销提升转化率方案

不同的产品，淡季和旺季的时间段也是不一样的，但其基本特征都是获取流量的难度非常大。本节主要介绍点击营销提升转化率方案，包括淡季的数据曲线是怎么走的，淡季营销应该怎么做等，帮助卖家将淡季变成反超的季节，提前为旺季备战。

7.1.1 淡季钻石展位需求分析

先通过一个案例来了解淡季的市场情况，市场从 2018 年 3 月中下旬开始，整体趋势短期走低，如图 7–1 所示。在这种情况下，部分商家会选择降低付费推广或者暂停付费推广，但这样会直接影响店铺的流量和销量，而流量和销量的降低又会影响到店铺的展现权重，这样在 6 月份的年中大促会给店铺带来不小的影响。所以，付费流量的推广是必须的，而钻展定向人群的方式更为多样化，展现效果更佳，加上目前千人千面的精准营销，可以帮助店铺在淡季打好基础，为下半年开一个好头。

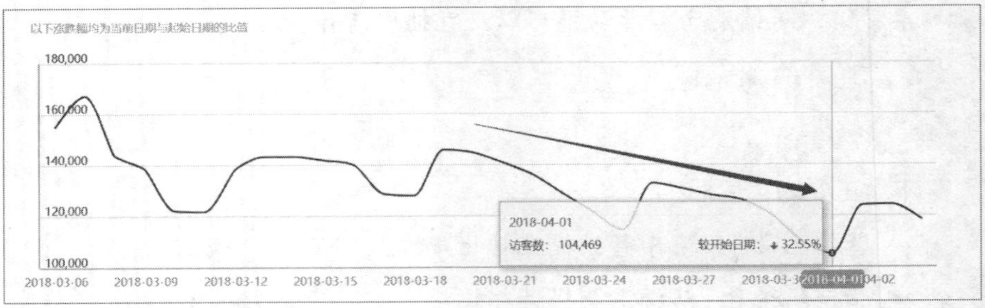

图 7–1　店铺进入淡季的案例

7.1.2 建立淡季营销钻展计划

对于新客来说，淡季的购买欲望不是很强烈，在这种情况下，如果卖家的推广预算有限，则可以优先考虑从老客户的角度去投放。老客计划主要关注老客的转化，旨在降低流失，提升复购率。

在设置钻展计划的营销参数时，选择“老客召回”营销场景，营销目标则选择“促进进店”，生成计划的方案可以选择“系统托管”的方式，如图 7–2 所示。“系统托管”会按照系统的提示来设定合适的投放时间和地域，这种方案比较适合一些产品优质的中小卖家。

另外，钻展投放经验比较丰富的卖家可以选择“自定义”营销场景，细分选择更精准的老客群体，如触达用户、认知用户和成交用户等。需要注意的是，使用“自定义”营销场景时，圈选的人群至少在 2 万以上，最好能超过 5 万。

图 7–2 设置淡季营销钻展计划的营销参数

7.1.3 定向方式 1：访客定向和营销场景定向

接下来需要设置定向投放的人群，给人群打标签，进一步缩小人群的范围。针对淡季营销，笔者建议使用 CPM 的投放方式，或者使用 CPM 与 CPC 相结合的投放方式。在 CPM 的投放中，必须选择访客定向和营销场景定向这两个人群定向功能。

（1）访客定向：在淡季营销时，访客定向主要针对自己的店铺去投放，可以选中“自主添加店铺”复选框，如图 7–3 所示。

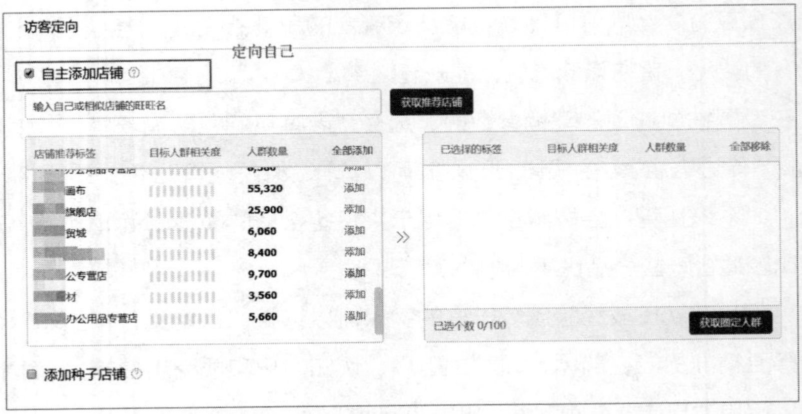

图 7-3　淡季营销钻展计划的访客定向设置

（2）营销场景定向：主要针对过去有过收藏和加购的人群进行投放，因此可以选择意向人群、行动人群和成交人群这 3 类，如图 7-4 所示。优先选择行动人群，甚至可以针对这类人群单独创建一个定向来投放。如果店铺属于客单价相对较低、复购率较高的类目，则可以选择买过我们宝贝的成交人群来进行定向投放；反之，如果是高客单价、低复购率的类目，则可以考虑不选择成交人群。意向人群是店铺在淡季补充流量的主要来源，在行动人群比较少和成交人群基数比较小的情况下，卖家可以考虑选择意向人群来进行补充。

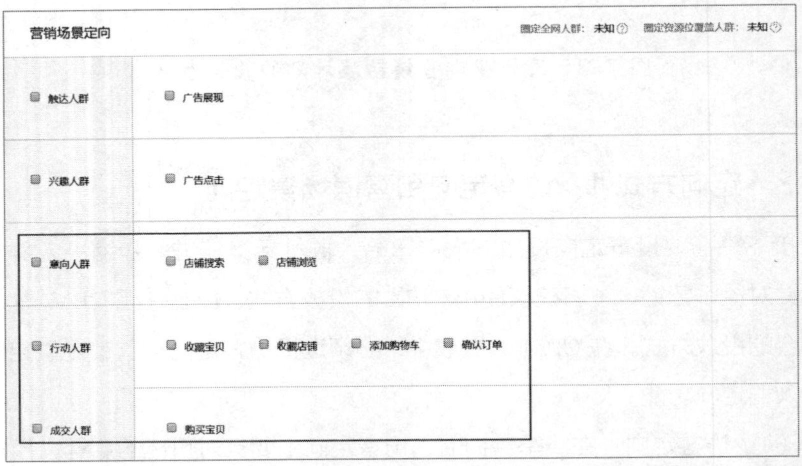

图 7-4　营销场景定向设置

7.1.4 定向方式 2：店铺型定向

钻展中还有一种店铺型定向方式，也是比较适合淡季营销场景的，如图 7-5 所示。如果卖家选择店铺型定向，可以单独创建一个单元来投放。选择进入“店铺型定向”界面后，优先考虑选择自己的店铺来投放，选中“店铺细分人群”单选按钮，并根据店铺的特点来选择合适的时间周期，如图 7-6 所示。

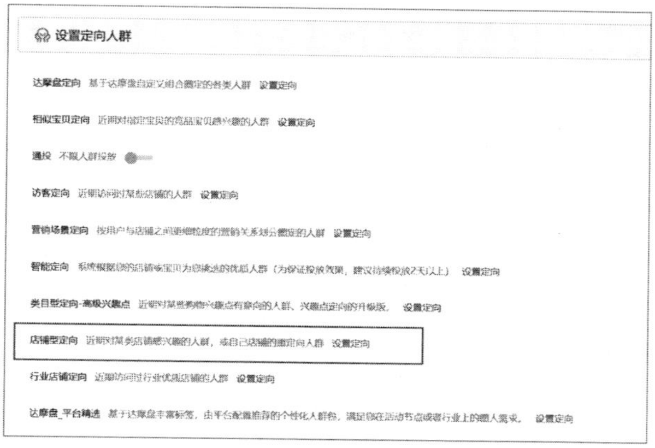

图 7-5　选择店铺型定向方式

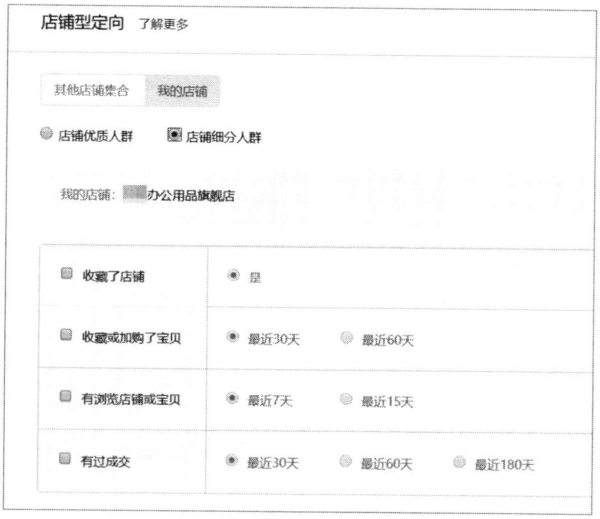

图 7-6　店铺型定向设置

7.1.5 定向方式 3：达摩盘定向

卖家还可以使用达摩盘定向功能，单独创建一个计划来进行投放，如图 7-7 所示。因为达摩盘的标签是非常细化的，如果和前面这些定向方式放在一起的话，就会导致人群的圈选过于精准，数量非常少。因此，如果店铺的人群基数不是特别大，建议达摩盘可以单独创建一个人群定向计划。

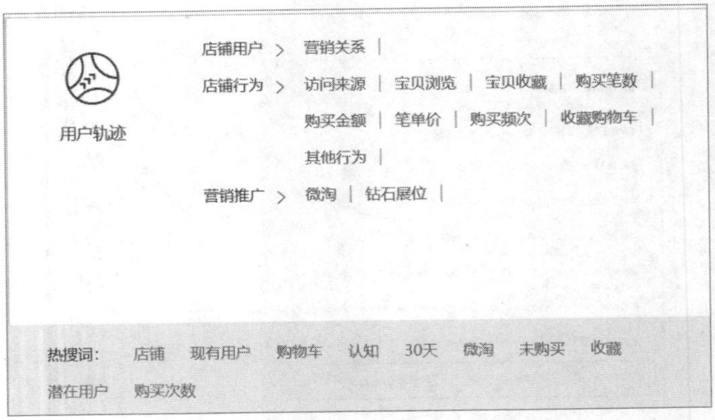

图 7-7 达摩盘定向设置

就淡季营销而言，达摩盘定向主要还是针对曾经有过收藏或加购的认知用户、行动人群或意向人群来进行投放，如图 7-8 所示。卖家也可以根据自己店铺的实际情况来选择合适的人群标签，人群标签选择得比较多时，建议不要放在一个单元中，可以将其拆分为两三个单元来分开定向投放。

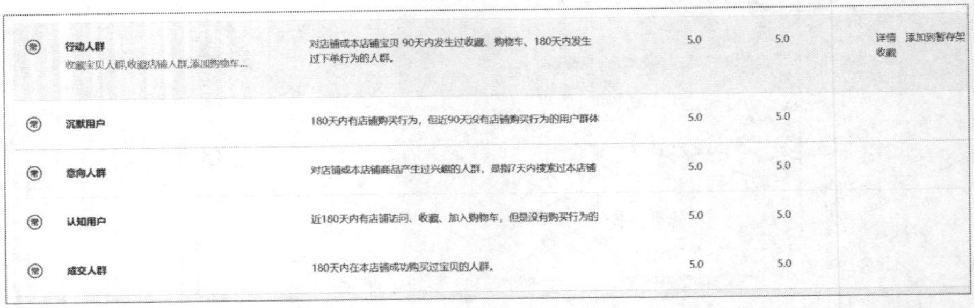

图 7-8 达摩盘定向的人群标签

7.1.6 淡季营销的资源位设置

卖家在淡季营销选择资源位时，应注意这些原则：流量大、点击率高。下面推荐了一些淡季营销的钻展资源位和相关推荐理由，如图 7-9 所示。卖家应该根据自己的实际情况，分开创建不同的计划，投放不同的资源位，不要将所有资源位放在一个计划当中。

广告位名称	尺寸	推荐理由
无线_网上购物_手淘app流量包_手淘焦点图	640x200 72K	高流量，黄金位置
PC_流量包_网上购物_淘宝首页焦点图	520x280 81K	
无线_网上购物_app_新天猫首页焦点图2	640x200 72K	高性价比
无线_流量包_网上购物_触摸版_淘宝首页焦点图	640x200 72K	
无线_流量包_网上购物_触摸版_爱淘宝焦点图	640x200 72K	
PC_网上购物_淘宝首页焦点图右侧banner二_新	160x200 25K	
PC_网上购物_淘宝首页2屏右侧大图	300x250 ⍰ 38K	
PC_网上购物_淘宝首页3屏通栏大banner	375x130 ⍰ 34K	

图 7-9 淡季钻展营销的推荐资源位

7.2 营销场景 2：店铺清仓提升转化率方案

在店铺的清仓阶段或者说商品更替时期，如果仓库中的产品有所积压，就需要将其尽快清理卖掉，这个过程中其实是需要很多流量的，此时非常适合用钻展来引流。

7.2.1 创建自定义营销场景

创建钻展计划的第一步，是设置营销参数，店铺清仓可以考虑选择“自定义”营销场景，如图 7-10 所示。在选择目标人群时，除了“广泛未触达用户”外，其他人群都可以勾选，其中成交用户和认知用户还可以单独拉出来创建计划。

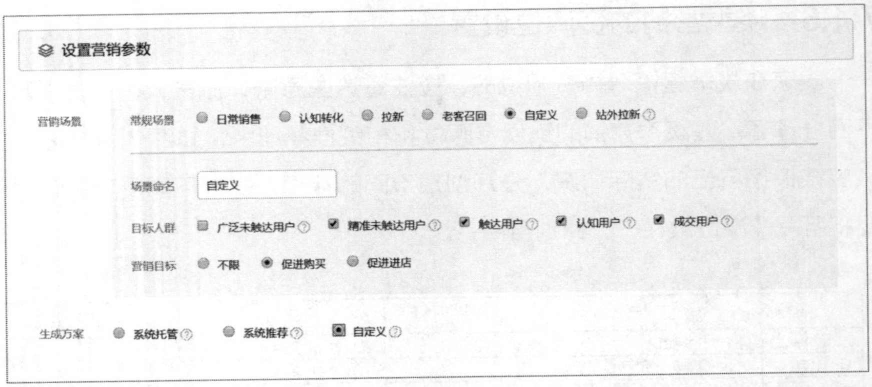

图 7-10　创建自定义营销场景

产品需要清仓，说明在旺季时产品没能销售出去，其中的原因有很多，如产品本身不被市场接受，或者在旺季卖家没有及时进行营销推广等。当旺季过去之后再去做清仓，需要给产品设置一个比较大的折扣力度。综合考虑这些因素，使用钻展引流时选择“自定义”营销场景更为合理。

接下来是设置基本信息，店铺清仓需要大量的、快速的引流，因此付费方式建议设置为 CPM 或 CPM + CPC，地域设置可以根据生意参谋的后台数据找到产品的热销区域或应季的区域，投放方式推荐使用“均匀投放”，出价方式建议设置为“手动出价”，如图 7-11 所示。如果卖家的广告预算比较充足，并且产品的优惠力度非常大，也可以考虑使用“尽快投放”的投放方式。

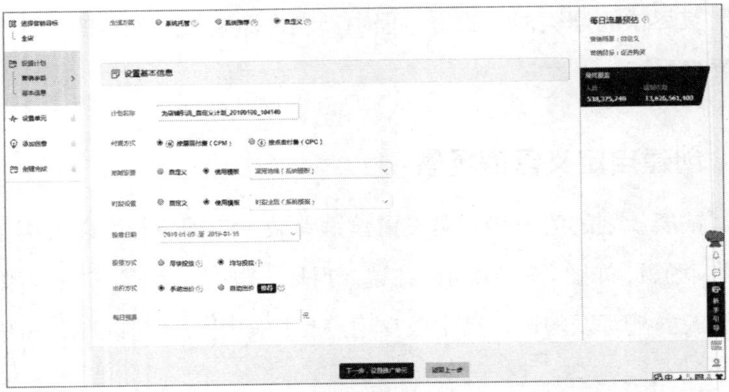

图 7-11　设置基本信息

最后是设置人群定向，如图 7-12 所示。例如，在访客定向中，可以创建两个计划，一个定向自己的店铺，另一个定向竞争对手的店铺；在店铺型定向中，清仓阶段可以选择类似的店铺去定向投放；在达摩盘定向中，可以选择覆盖浏览、加购或者类目型的人群。

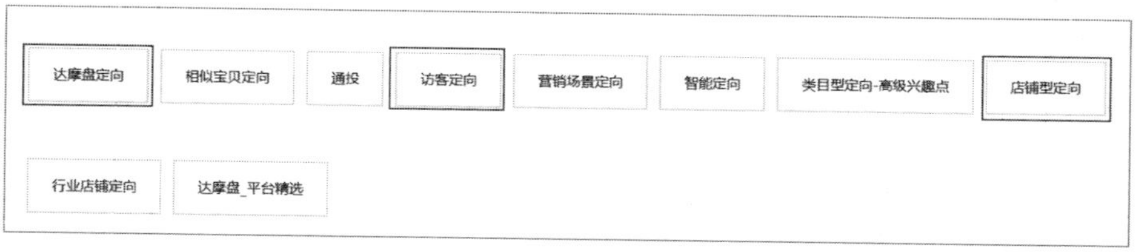

图 7-12　设置人群定向

7.2.2　用淘积木设计落地页

清仓阶段的钻展图片创意设计重点是强调利益点，要充分将促销的力度展示出来，同时将活动设为限时，刺激消费者尽快下单，如图 7-13 所示。

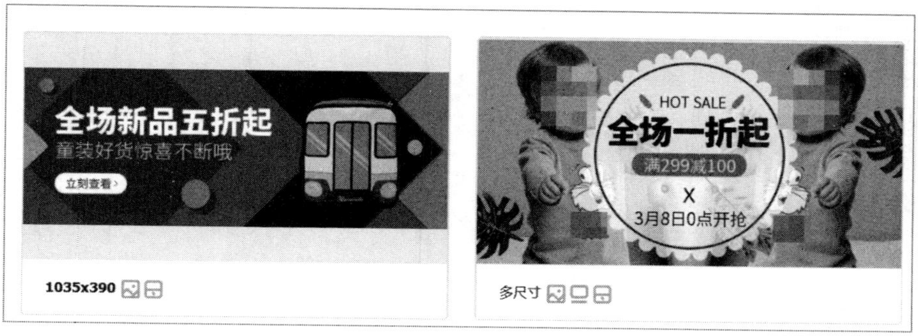

图 7-13　清仓阶段的钻展图片创意设计示例

在清仓阶段制作钻展的落地页面上，推荐卖家可以采用“淘积木”来设计。进入钻展后台的“淘积木”界面，点击“创建新页面”按钮，如图 7-14 所示。

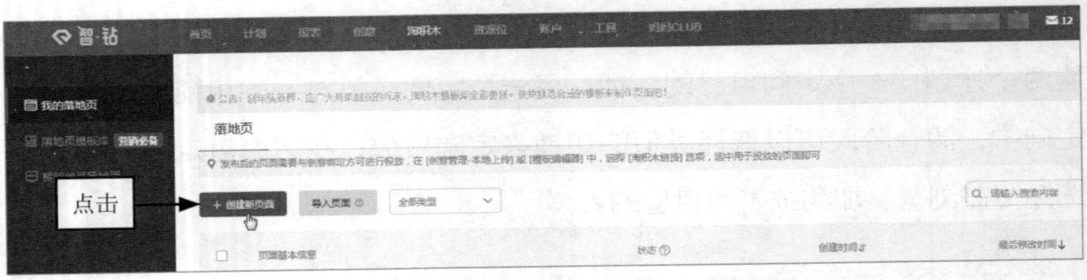

图 7-14　点击“创建新页面”按钮

选择合适的模板后进入编辑页面，可以看到有图片、热区、文本、视频、宝贝以及互动等内容设计元素，其下分别又有不同的对应功能，卖家可以根据自己的需求来选择添加和修改，如图 7-15 所示。

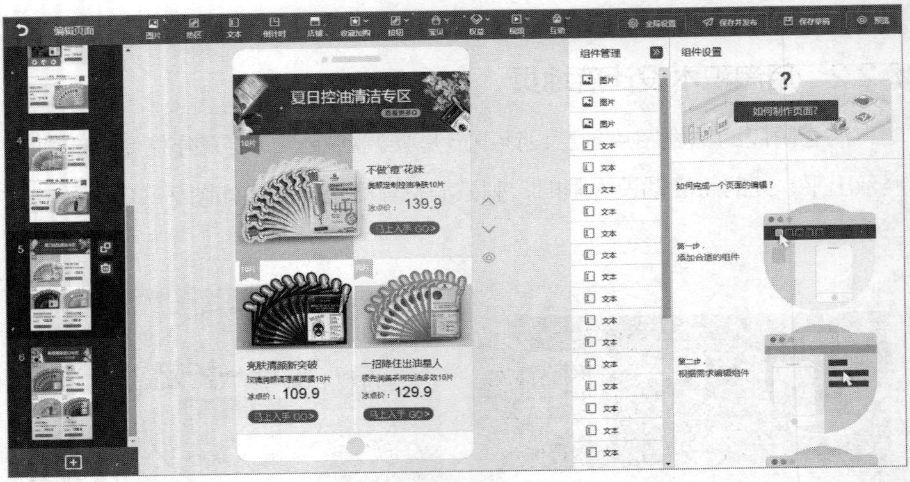

图 7-15　淘积木编辑页面

淘积木的展现页面非常适合在清仓阶段使用，不仅形式丰富（可以同时放入视频、图片和优惠券等），而且能同时展现多个商品，清仓时还可以带动新款销售，或者将多款清仓产品组合成一个独立页面来推广。

7.3 营销场景 3：活动推广提升转化率方案

活动推广与日常推广营销场景的区别在于，日常推广主要用于维护新老顾客、维持流量的推广，而活动推广则重点用于店庆活动、聚划算、大促（如年中大促、“双 11”等官方大型活动）等场景。活动推广的目的无论是引流还是绑店铺完成更多的销售额，卖家都可以借助钻展来辅助目标的完成。

7.3.1 钻石展位活动推广的 3 大思路

钻石展位活动推广的 3 大思路包括蓄势上新、潜力培养和顺势爆发。

1. 蓄势上新

蓄势上新阶段主要用到的工具是直通车 + 钻展，实现精准导流、测款和积累销量的营销目的。

（1）直通车：主要是通过找到精准关键词，采用低出价、高溢价的方式，分时段、分地域和属性标签来区分测试投放。

（2）钻展：提前 7 ~ 15 天进行广泛拉新引流，根据不同的地区制作不同的广告页面。钻展计划的定向人群可以选择店铺型定向的方式，重点定向竞争对手的店铺，如图 7–16 所示。

图 7–16　蓄势上新阶段的钻展定向设置

2. 潜力培养

在潜力培养阶段，用到的工具同样是直通车 + 钻展，主要营销目的是从测款中找到潜力宝贝。

（1）直通车：通过多计划、多关键词测试、手淘定向和“下坡法”（缓慢降低出价）等方法，找到潜力宝贝。

（2）钻展：广告素材以利益点为主，选择可以刺激用户点击的素材，如图 7–17 所示。先用 CPM 模式测图，再投放 CPC 计划，定向方式为相似宝贝定向。

图 7–17　广告素材示例

3. 顺势爆发

在顺势爆发阶段，主要利用钻展的 CPM + CPC 相结合的投放方式，人群定向主要用到访客定向、达摩盘定向、营销场景定向和系统智能推荐等，并制定不同的预算比例，如图 7–18 所示。

定向方式	定向	人群特征	预算占比
CPM	访客定向	自定义自己	20%
		自定义竞店	10%
	达摩盘定向		30%
CPC	系统智能推荐		10%
	营销场景定向	核心人群	30%

图 7–18　顺势爆发阶段的钻展投放方案

根据这些方案来制订不同的全店推广计划和投放位置，如图 7–19 所示。

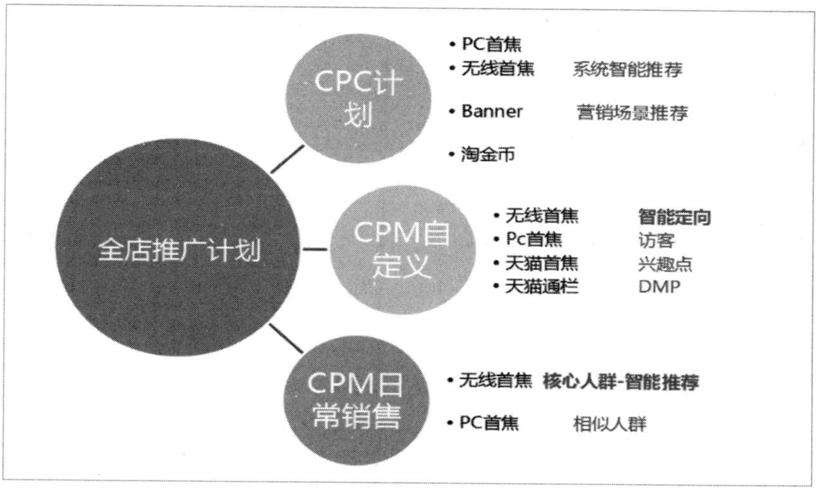

图 7–19　顺势爆发阶段的计划方案

7.3.2　活动期间的钻石展位营销思路

大促活动是非常好的营销时机，简单分析其原因：“双 11”“双 12”等电商专属节日的聚焦效应越来越明显，消费者的抢购习惯已经养成；从众心理引发消费者的购物行为，购物群体互相影响；“不止是五折”的优惠口号进一步刺激消费心理，“机不可失”心理引发冲动消费；网络消费体验提升（运费险、全球购、个人定制等），满足不同层次的消费需求。

因此，绝大部分店铺都希望借助大促契机，扩大品牌（店铺）影响力，扩大消费群体，提升店铺销量。不管是“双 11”、年中大促之类的大型官方活动，还是店铺自己筹划的活动，都是一个激发用户购买力的过程：在活动前做蓄势和预热，积累成交机会；在爆发期激发店铺成交；根据库存、流量情况在余热期捡漏，提升市场占有率。下面以“双 11”为例，介绍活动期间钻石展位的营销思路。

1. 活动前——蓄势，预热

“双 11”活动通常都会集中在 11 月 11 日这一天，而在此之前大部分买家都是一种“逛 + 收藏 + 加购物车”的行为。此时，卖家的店铺和商品的点击、收藏和加购数据都比上一个月要好，但直接转化率和投资回报率相对来说就会更低一些。

（1）推广目标

- 蓄势期：以测试为主，包括商品款式、创意图片和消费人群等都需要进行测试，同时还需要给商品带来一些基础销量。
- 预热期：提高店铺、宝贝收藏，提升人气；从竞争对手处争抢用户，吸引他们关注自己的店铺或商品，暂时无需考虑投资回报率。

（2）定向策略

- 蓄势期：例如，常规类目的产品（服饰、快消品等）在定向时以“购买用户”和“沉默用户”为主，通过测款、测图增加推广计划的吸引力，同时针对预热期重点投放的人群，测试潜在客户；而对于复购率比较低的类目产品（家具、大家电等），则在定向时尽量不要以“购买用户”和“沉默用户”为主，而是需要将“拉新人群”作为重点推广对象，吸引认知用户。
- 预热期：扩大“拉新人群”的覆盖面，提高“兴趣人群”（点击你的广告的人）和“意向人群”（浏览或者搜索你的店铺的人）的推广预算，重点培养收藏量，让这些潜在用户最大化地转化为认知用户。

（3）展位策略

- 蓄势期：选择无线端的站内热门资源位，进行测试。
- 预热期：增加站内外的投放资源位，覆盖全网流量，提升店铺访问量。

注意：越接近“双 11”当天，推广的成本也会越高，因此卖家可以提前布局蓄势期，达到降低成本的目的。

2. 活动中——爆发

“爆发期”是指从 11 月 10 日晚上和 11 日全天，这个时间段买家最为活跃，他们跃跃欲试，开始大量下单。此时，转化率极高，进店流量和成交额几乎成正比。

（1）推广目标。毫无疑问，爆发期的推广目标就是成交。

（2）定向策略。认知用户的优先级排序为：行动人群 > 意向人群 > 兴

趣人群 > 触达人群 > 潜在用户。

（3）展位策略。活动期间，各个购物平台成为了人群聚集地，因此投放位置尽量选择站内渠道。在预算有余的情况下，也可以适当投放一些大流量站外渠道。

3. 活动后——余热

即使在大促活动结束后，也会有大部分人的购物需求没有得到满足，此时仍有很大的成交空间。另外，这个时间段大部分卖家都在忙着调整商品和发货，可能会无暇顾及推广，因此此时推广成本和竞争力度都比较低，投资回报率自然就会更高。

（1）推广目标

- 清仓：如果店铺库存足够，或店内有出售预定商品，可迅速开展清仓活动。
- 拉新：抓住低成本契机做店铺拉新，提升店铺收藏。

（2）定向策略

- 清仓：行动人群、意向人群、沉默用户（曾经成交，近期未购买）。
- 拉新：潜在用户，认知用户中的触达人群（广告展现）。

（3）展位策略

- 清仓：以站内资源位为主。
- 拉新：根据目标人群的特征来选择。

7.3.3 大促活动期间的高效管理计划

在大型促销活动期间，高效的钻展管理计划需要做好以下几方面的准备工作。

1. 创意

卖家需要提前 3 天上传所有创意图片，并确保审核通过。同时，创意的命名必须清晰，建议包含创意主题（主打折扣、优惠券、抽奖等）、链接地址（店铺首页、单品、自定义页面）以及使用时段等。

钻石展位计划界面提供定向、资源位、创意的快捷修改入口，不需要再逐个点击计划、单元进去修改。但前提是计划、单元、创意的命名都足够清晰，能够快速锁定。所以，命名一定要规范。

2. 账户资金

卖家需要提前1天充值到账，账户余额建议是大促当日预算的1.2倍以上，避免当日充值失败，或因当日流量过大导致计划超预算投放（超投金额会在次日凌晨返还，但当时预算会被占用），从而导致计划下线。

3. 计划管理

大促活动期间的钻展计划管理的准备工作如下。

（1）定向人群准备：提前准备好定向类型、标签。

（2）计划和预算布局：将计划按照设备平台、资源位（流量来源）、投放时段进行预算拆分。

（3）单元和定向人群布局：在每个计划下，按不同定向人群分别设置单元。

（4）计划设置注意事项。

4. 注意事项

大促活动期间的钻展计划管理的注意事项如下。

（1）大促期间的计划全部采用“尽快投放”，优先保证流量。

（2）计划、单元全部提前创建好，随时开启。

（3）大促不同时段的关注重点不一样。

（4）熟悉后台入口，提高操作效率。

7.4 营销场景4：直播引流提升转化率方案

如今，卖家可以直接通过钻展平台来做直播投放，可以支持按展现或点击计费来推广直播内容，用钻展配合直播以获取更多的流量。

7.4.1 直播玩法的多样性

卖家不仅可以自己策划开通直播，也可以跟淘宝达人或平台合作，具体玩法如图 7-20 所示。

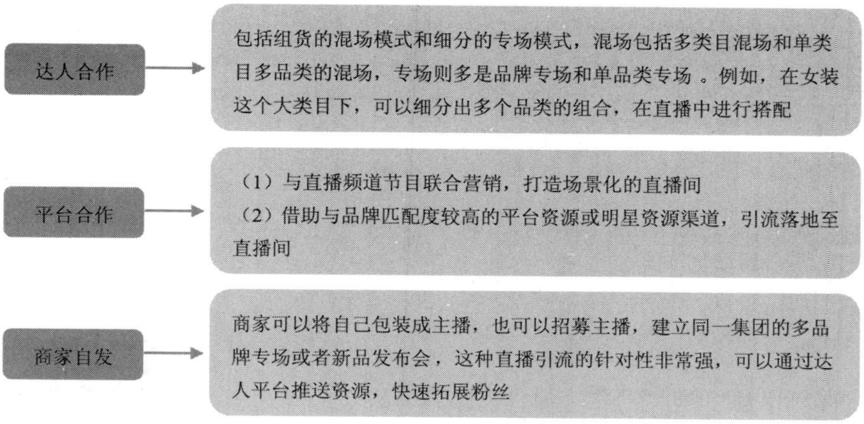

图 7-20　直播玩法的多样性

7.4.2 建立直播投放计划

在钻展计划的选择推广场景界面中，选择内容推广中的“直播推广”方式进入设置计划界面，这里没有营销参数的设置，而是直接跳转到基本信息设置，而且出价方式只能使用手动出价，如图 7-21 所示。

图 7-21　直播推广计划的基本信息设置

接下来进入“设置单元”界面，设置计划定向、资源位和出价。直播推广的定向选择要结合店铺直播目标来进行布局，如图 7-22 所示。例如，访客定向主要定向竞争对手，抢夺竞店流量；“类目型定向—高级兴趣点”主要根据店铺兴趣点标签来圈选人群。

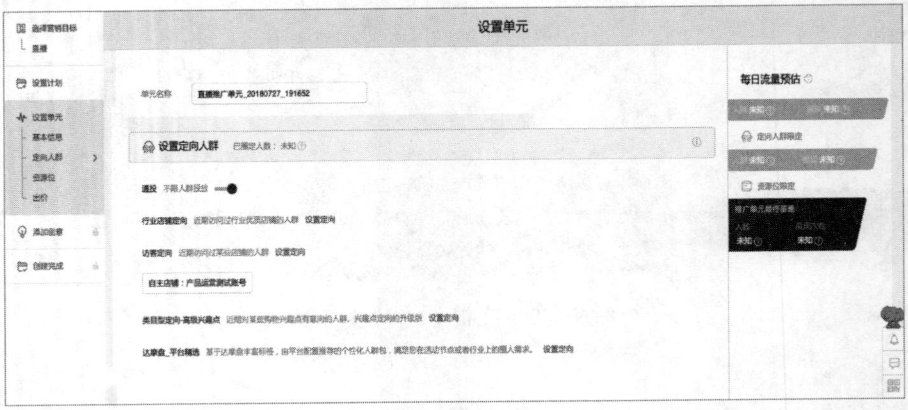

图 7-22　直播推广的定向人群设置

直播推广的资源位主要包括淘宝手淘首焦资源位、淘宝直播精选 feeds 资源位、微淘 feeds 资源位（包含“微淘 feeds 流热门推荐”和“微淘 feeds 流头条置顶”两个资源位）。在选择投放位置时，卖家可以选择日均流量和点击率都高的资源位优先投放，如图 7-23 所示。如果卖家投放的资源位是淘宝直播精选 feeds 资源位（只支持粉丝推广），且粉丝人群较少，可以将定向调整为通投来扩展人群。

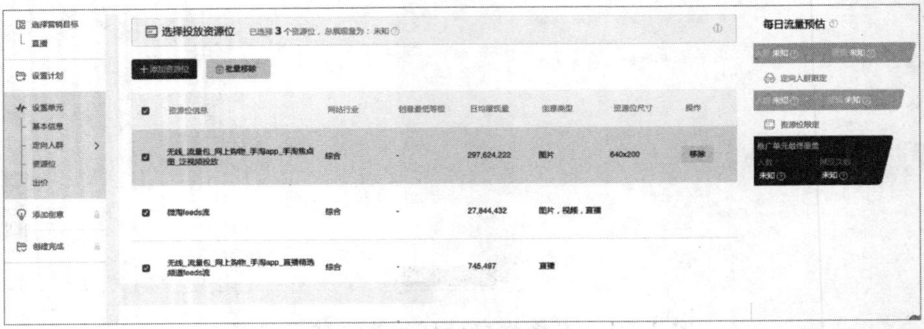

图 7-23　选择投放资源位

在设置出价界面，卖家可以参考市场平均价格，建议采用该价格的 80% 作为初始出价，并根据实际的引流效果来调整出价，如图 7-24 所示。在大促活动期间可以适当增加出价来抢夺流量。

图 7-24 设置出价

最后一步是添加直播推广的创意，有从创意库选择、本地上传和从直播广场添加 3 种方式，如图 7-25 所示。添加创意后即可完成整个直通推广计划的建立。需要注意的是，由于直播投放的时效性非常高，为避免审核导致错失最佳的投放时间，建议卖家提前申请直播间，申请后再去添加创意。

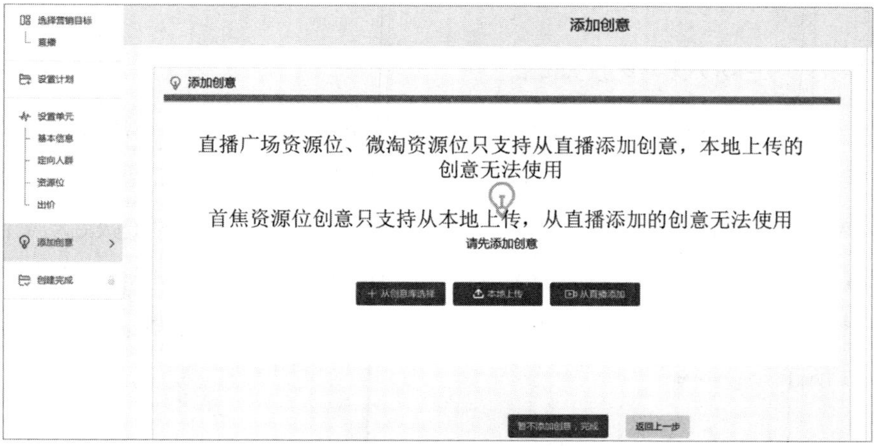

图 7-25 添加创意

专家提醒：选择从直播广场添加创意时，一个直播内容可以同时投放到直播广场和微淘两个媒体资源位，如图 7-26 所示。如果商家或达人没有淘宝直播广场浮现权，则无法投放至直播广场，只能投放至微淘媒体资源位。

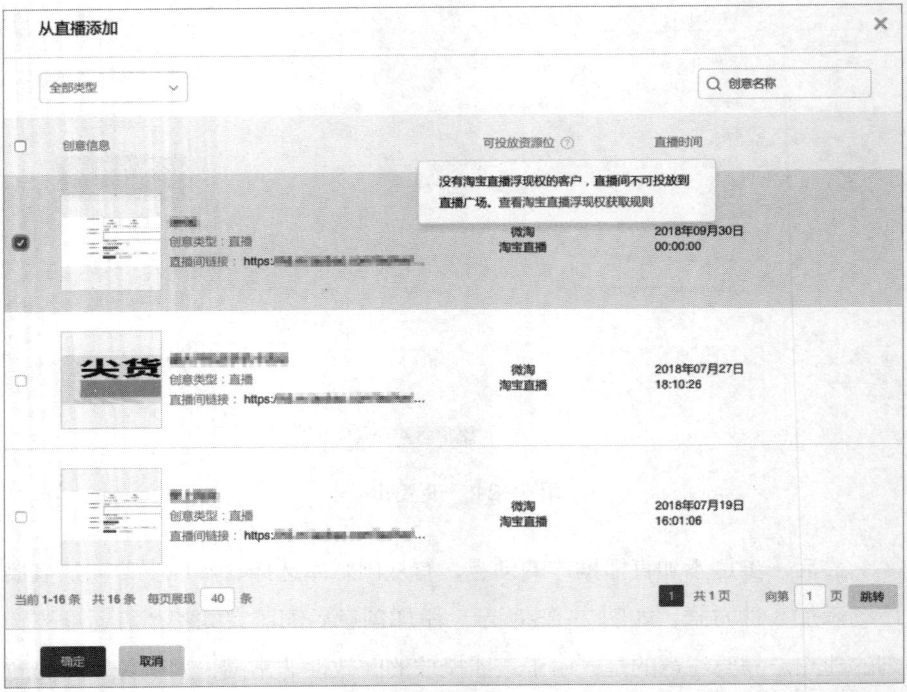

图 7-26　从直播广场添加创意

7.4.3　定向人群投放策略

根据不同的直通推广目的，投放人群的策略也有所不同。常见的直通推广目的包括日常推广和活动促销两类。日常推广主要是针对新品推广和日常销售，因此定向时主要圈定精准人群；活动促销则更多地是为了做活动宣传争取好的活动坑位，因此更加关注收藏和加购等数据，在定向人群上以圈选新客为主，来抢占更多的市场流量。直播推广具体的定向人群投放策略如表 7-1 所示。

表 7-1 直播推广定向人群投放策略

推广目的	日常引流	活动促销
营销场景	推广新品、日常销售	大促活动、店铺活动
投放时间	提前 1 ~ 2 天预热 直播当天持续引流	提前预热拉新，提前 1 ~ 2 天召回潜客 直播当天加大力度召回潜客
投放人群	潜客、老客	拉新
定向方式	定向竞品（直播间宝贝）、DMP 组合（潜客 + 老客）	直播人群、访客定向、店铺型定向、DMP 类目标签定向、类目型定向—高级兴趣点、行业定向
建议出价	在市场均价上降低 20%	在市场均价上增加 20%
素材选择	强调新品和会员日	强调优惠力度和活动机制
落地页维度	店铺内预告 + 直播间	PC 端和移动端店铺首页同步预告 + 直播间

第 8 章

直钻结合：让流量达到最高转化率

“直通车＋钻展”双剑合璧，威力倍增。卖家可以利用直通车低价引流拉新，进行不断的“种草，养草”，并且配合钻展高效地进行“收草”动作。“种草”是当下很流行的一个网络用语，是指“宣传某种商品的优异品质以诱人购买”的行为。

本章将介绍“直钻结合”的推广技巧，帮助卖家实现低价拉新引流和提升老客复购率，让流量达到最高转化率的目标。

本章主要内容包括：

- 精准新客标签：吸引更多的新用户
- 复购老客营销：提高回头客再次购买率
- 智钻工作规范：搞好钻展落地页让转化率暴涨

8.1 精准新客标签：吸引更多的新用户

直通车定向和钻展定向相结合，可以快速圈定精准人群，吸引更多新用户，从而提升投入产出比。“直钻结合”获得精准新客标签的基本思路包括创意优化、人群溢价和定向选择 3 个方面，本节将介绍具体的操作方法。

8.1.1 直钻创意优化

“直钻结合”的创意思路主要是通过直通车精准引流，并配合钻展进行拉新引流。前期首先进行直通车测图，找到点击率最高的创意图，具体思路如下。

（1）交叉测试。包括对相同创意文字标题、不同图片进行交叉测试，对相同图片、不同创意文字标题进行交叉测试。注意，PC 端和移动端要分开进行测试。

（2）定向投放的开、关测试。在新品创意测试的初期阶段，因为直通车后台的“定向推广—智能投放”系统圈选的人群标签还不够明确，虽然展现大但可能人群不够精准，会导致点击率偏低，因而建议在拉新阶段关闭该功能，如图 8-1 所示。

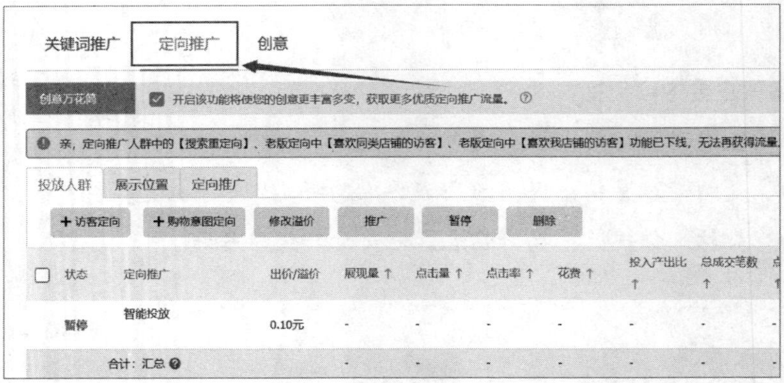

图 8-1　关闭定向推广的智能投放功能

（3）关键词删减测试。通过测试标题和图片，找到点击率比较高的创意，然后进一步测试关键词。在拉新引流阶段可以尽可能地围绕宝贝的相关度去选择关键词，并优先将相关词的点击率作为主要考虑依据。

（4）精选人群溢价测试。针对不同的群体进行人群的溢价设置，从而提炼出比较符合宝贝的人群标签。如图 8-2 所示，该计划圈选了 5 个人群标签，其中“浏览未购买过店内商品的访客”的展现量、点击量和点击率是最高的，说明该宝贝可以针对这类群体进行拉新引流。

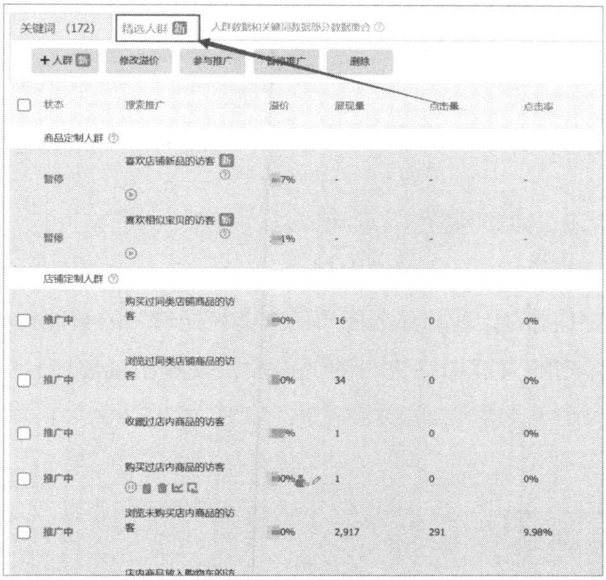

图 8-2　精选人群溢价测试

（5）投放时间、地域测试。投放时段尽量选择每天的高峰时段；在拉新引流初期阶段，需要比较大的展现量，因此投放区域不要过小、过于精准，可以逐步测试哪些地区可以保留。

（6）批量推广计划测试。通过批量推广计划可以同时测试多个宝贝，在出价相同的情况下可以选择点击量和点击率最高的宝贝，如图 8-3 所示。例如，图 8-4 中的 4 款宝贝的出价设置相同，其中有两款宝贝有展现量和偏高的点击率，而其他两款则没有点击率和展现量，因此在初期就可以将其删除，不需要花时间和精力在后期对其做创意的优化。

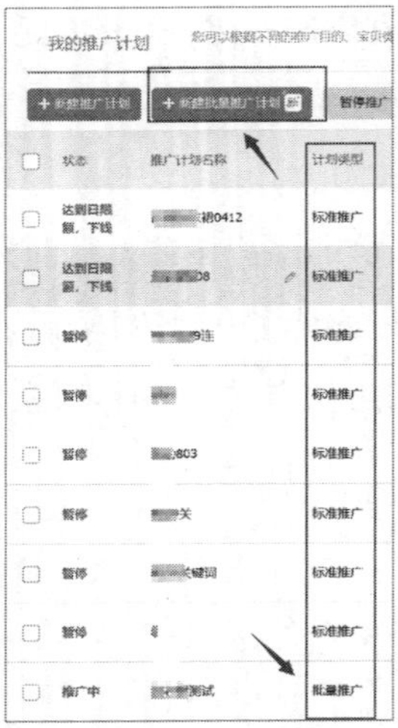

图 8-3　批量推广计划

图 8-4　批量推广计划筛选宝贝

在拉新阶段，钻展的创意优化可以从以下几个方面来进行。

（1）相同投放方式、人群定向测试。例如，卖家可以选择全店推广模式，新建多个拉新引流的计划，并选择“日常销售托管”的智能化模式，系统会根据直通车得到的人群标签进行圈选投放，来测出钻展图片的点击率，如图 8-5 所示。

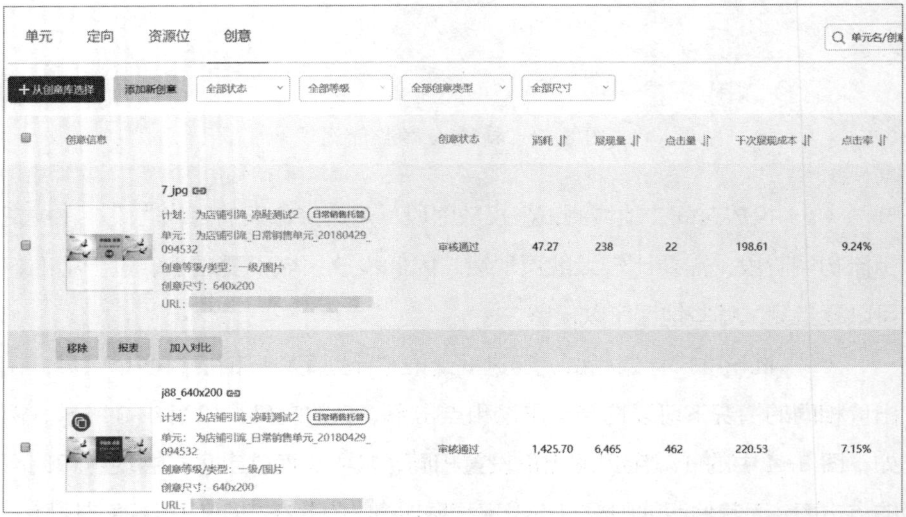

图 8-5　相同投放方式、人群定向测试

（2）图片的点击率数据有累积效应。在钻展创意的测试过程中，要注意图片的点击率是有累积效应的。如图 8-6 所示，在同一个宝贝、同一个单元的测试当中，这两张图片是完全一样的，而且投放的人群和位置都相同，但展现量、点击量和点击率等数据却有明显的区别，这是因为上面那张图投放时间比较长，有历史累积的数据。

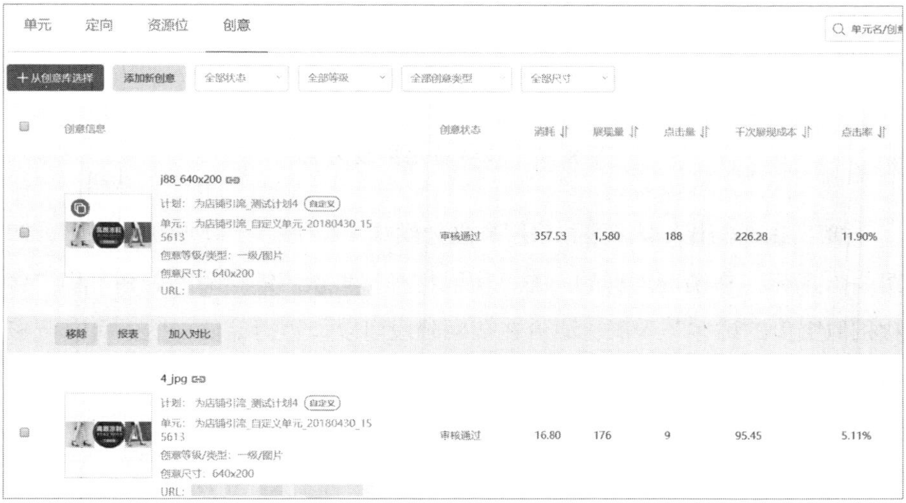

图 8-6　图片点击率数据的累积效应

（3）投放位置和投放方式的测试。通过投放不同的创意展示位置，或者采取店铺推广、单品推广等不同的方式去进行测试，来优化拉新引流阶段的钻展创意。

8.1.2　直钻人群溢价

在拉新引流的初期，设置“直钻人群溢价”的基本思路是通过直通车精准溢价，通过钻展精准定向，下面介绍具体方法。

1. 用直通车对宝贝进行拉新引流溢价

直通车拉新引流的初期可以圈选比较多的关键词，包括类目大词和类目长尾词，注意要关闭智能匹配功能，同时计算机出价要调整到最低，因为主要是针对移动端来投放，移动端的出价也要尽可能偏低，如图 8-7 所示。

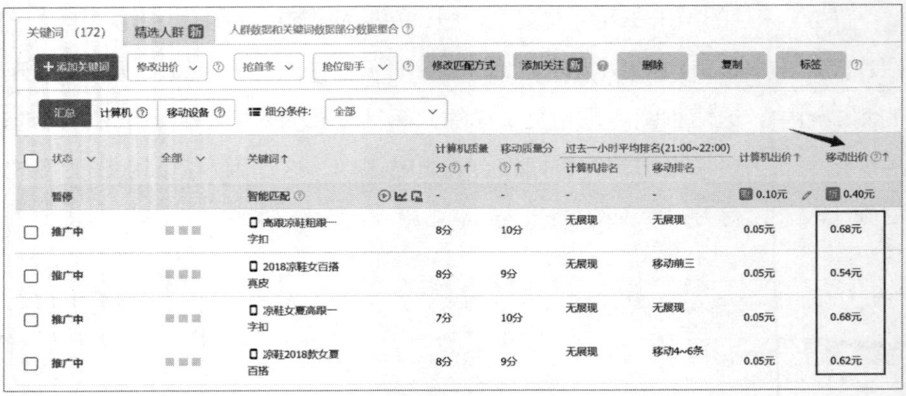

图 8-7　以移动端投放为主

接下来圈选出人群标签，采用高溢价模式（150% ~ 300%）来测试，如图 8-8 所示。在精选人群的上方，可以打开“喜欢店铺新品的访客”和“喜欢相似宝贝的访客”人群，溢价在初期阶段可以设置得偏低一些，可以调整为 10%，如图 8-9 所示。

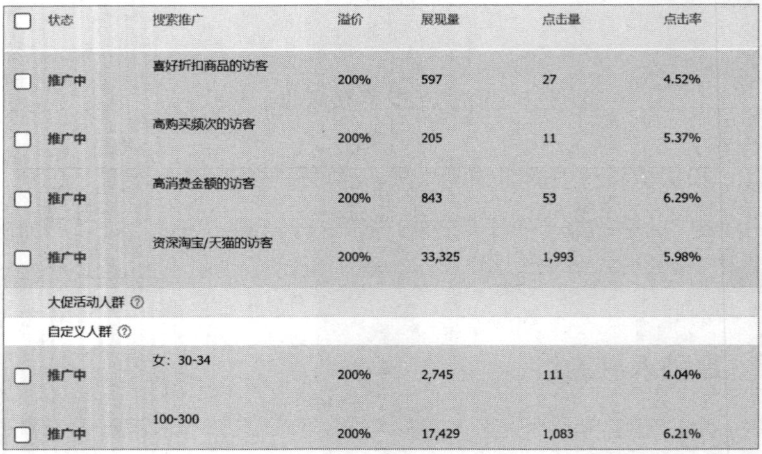

图 8-8　测试人群标签

通过上面初步的关键词人群溢价引流，如果能够获得比较好的点击率和转化率，接下来则可以考虑打开定向推广功能，主要针对“手机淘宝首页—猜你喜欢”展示位置进行低溢价的投放，如图 8-10 所示。

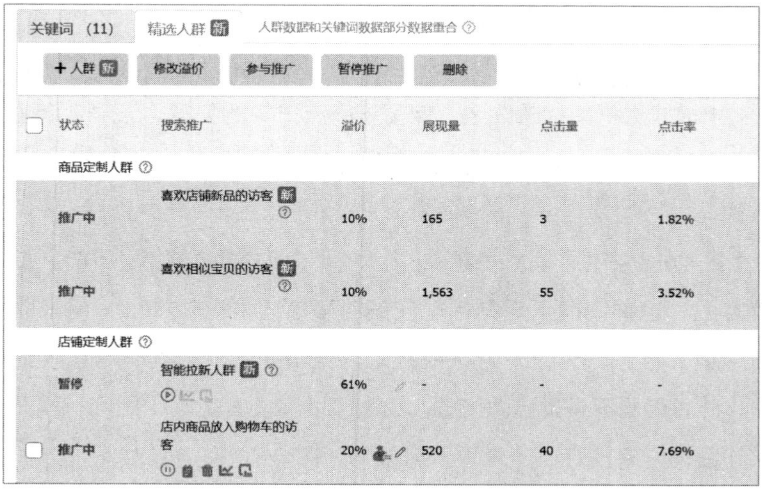

图 8-9　精选人群的其他设置

图 8-10　定向推广功能的设置

2. 用钻展对宝贝进行拉新定向

在钻展平台中，针对拉新引流，初期主要还是通过店铺推广计划，优先采取 CPM 模式进行图片的筛选，保留下高点击率的创意。人群定向主要分为两部分，首先在访客定向部分，拉新引流时可以单独创建一个单元来定向自己的店铺。

当然，如果你的店铺本身是一个比较小众的店铺或者是新店，没有太大的人群基数，这种情况下定向自己店铺时虽然人群比较精准，但难以获得很多的点击量。因此，另一个方法就是定向竞争对手的店铺，这也是钻展的优势所在，直通车是不具备该功能的。卖家可以在访客定向中定向一些同类型、同档次的店铺，来抢夺竞争对手的流量，如图 8-11 所示。

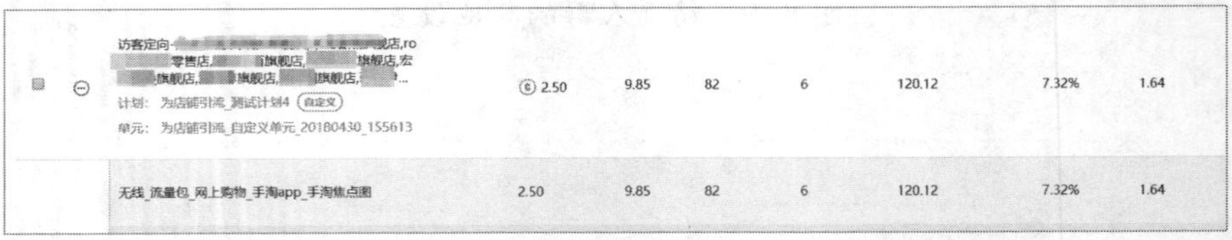

图 8-11　定向竞争对手的店铺

同时，在钻展的投放过程中，除了用 CPM 模式外，还可以采用 CPC 的单店投放模式，并选择“认知转化”的营销场景来配合实现拉新引流。

8.1.3　直钻定向选择

下面介绍用“直钻”为店铺做定向拉新引流的 3 种方法。

1. 直通车移动端定向推广

直通车的定向拉新主要有两个作用：更快地给店铺人群形成精准的标签；获得更为精准的流量。在此基础上，卖家可以单独建立一个定向推广计划，初步加入一些高点击率的关键词，如图 8-12 所示。选择的这些词主要针对移动端来出价，PC 端可以设置为最小出价，主要争取移动端的流量。

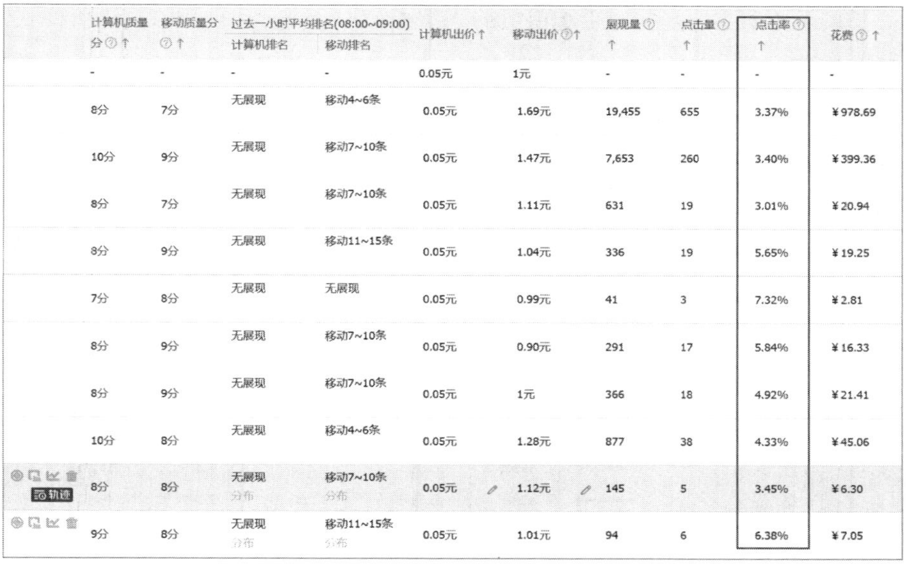

	计算机质量分 ↑	移动质量分 ↑	过去一小时平均排名(08:00~09:00) 计算机排名	移动排名	计算机出价 ↑	移动出价 ↑	展现量 ↑	点击量 ↑	点击率 ↑	花费 ↑
	-	-	-	-	0.05元	1元	-	-	-	-
	8分	7分	无展现	移动4~6条	0.05元	1.69元	19,455	655	3.37%	¥978.69
	10分	9分	无展现	移动7~10条	0.05元	1.47元	7,653	260	3.40%	¥399.36
	8分	7分	无展现	移动7~10条	0.05元	1.11元	631	19	3.01%	¥20.94
	8分	9分	无展现	移动11~15条	0.05元	1.04元	336	19	5.65%	¥19.25
	7分	8分	无展现	无展现	0.05元	0.99元	41	3	7.32%	¥2.81
	8分	9分	无展现	移动7~10条	0.05元	0.90元	291	17	5.84%	¥16.33
	8分	9分	无展现	移动7~10条	0.05元	1元	366	18	4.92%	¥21.41
	10分	8分	无展现	移动4~6条	0.05元	1.28元	877	38	4.33%	¥45.06
轨迹	8分	8分	无展现 分布	移动7~10条 分布	0.05元	1.12元	145	5	3.45%	¥6.30
	9分	8分	无展现 分布	移动11~15条 分布	0.05元	1.01元	94	6	6.38%	¥7.05

图 8-12　加入高点击率关键词

创建计划并持续投放一段时间（建议为 7 ～ 10 天）后，即可让店铺产生一定的流量，此时再进入定向推广的设置界面来进行后续的操作，包括两个步骤，如图 8-13 所示。

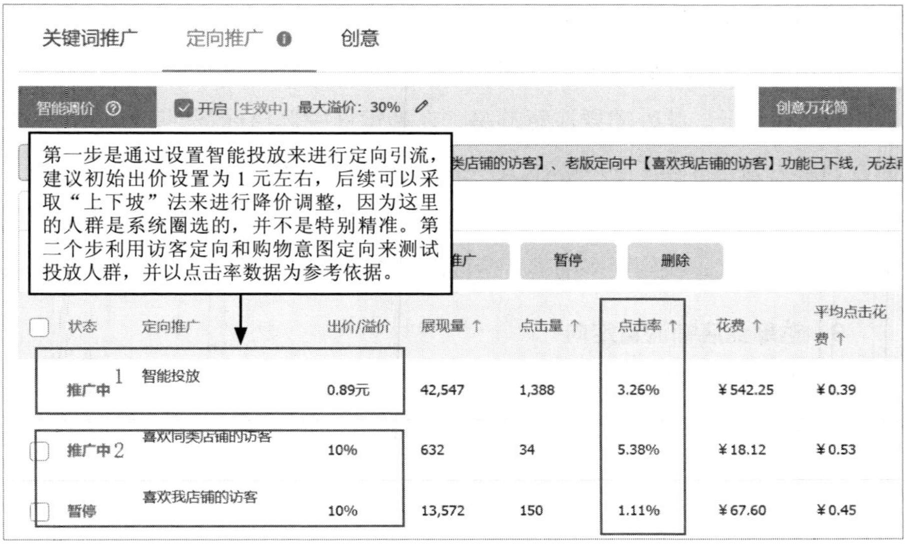

图 8-13　定向推广的其他设置

展示位置主要是针对手淘首页的“猜你喜欢”频道，可以采取高溢价模式，建议初期可以设置 300% 的上限溢价，其他的 PC 端位置不建议投放。如果此时还得不到较高的展现，则可以针对这个计划添加更多的关键词，选择关键词时主要参考展现指数和点击率这两个指标，如图 8-14 所示。

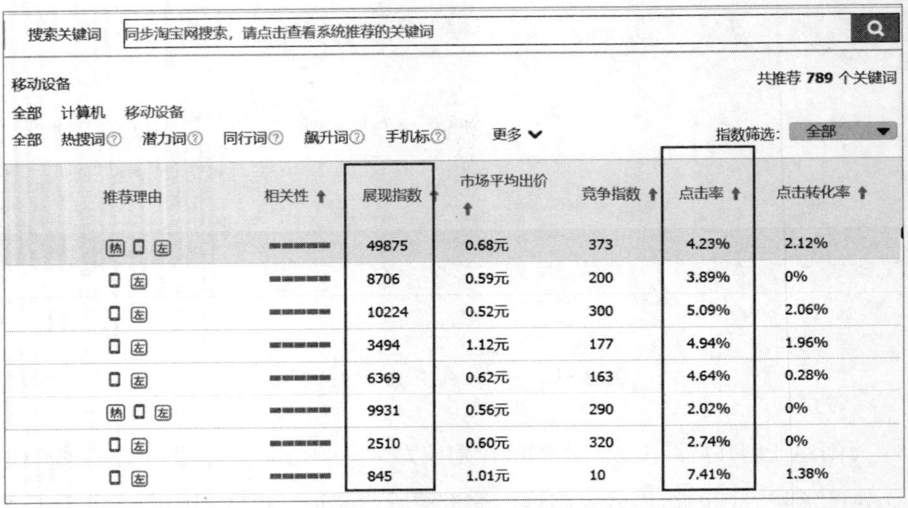
搜索关键词 同步淘宝网搜索，请点击查看系统推荐的关键词
移动设备 共推荐 789 个关键词
全部 计算机 移动设备
全部 热搜词 潜力词 同行词 飙升词 手机标 更多 指数筛选: 全部

推荐理由	相关性	展现指数	市场平均出价	竞争指数	点击率	点击转化率
热 左		49875	0.68元	373	4.23%	2.12%
左		8706	0.59元	200	3.89%	0%
左		10224	0.52元	300	5.09%	2.06%
左		3494	1.12元	177	4.94%	1.96%
左		6369	0.62元	163	4.64%	0.28%
热 左		9931	0.56元	290	2.02%	0%
左		2510	0.60元	320	2.74%	0%
左		845	1.01元	10	7.41%	1.38%

图 8-14　选择关键词的参考指标

2. 钻展高级兴趣点定向

接下来可以选择钻展的“类目型定向—高级兴趣点”定向来配合直通车，如图 8-15 所示。此处需要注意的是，在搜索框中选择标签时，可以将这些标签理解为直通车推广的精准长尾关键词。经过初步的兴趣点标签筛选后，建议要圈选 1 万 ~ 20 万的人群。卖家可以尽可能地根据产品属性或者标题关键词来组合搜索，找到更多精准、全面的关键词标签。

3. 达摩盘店铺流量定向

利用钻展后台的达摩盘工具，可以考虑圈选“最近 15 天店铺流量来源”这个标签，来配合前面的直通车和钻展高级兴趣点定向来投放，如图 8-16 所示。通常情况下，如果一个客户浏览店铺后，15 天内还没有下单购买，则该客户可能就不会买我们的产品了。“最近 15 天店铺流量来源”这个标签的主要作用是，针对最近 15 天内浏览过店铺的访客群体进行重复展现，来唤醒他们的消费意识，争取让他们购买。

图 8-15　钻展高级兴趣点定向

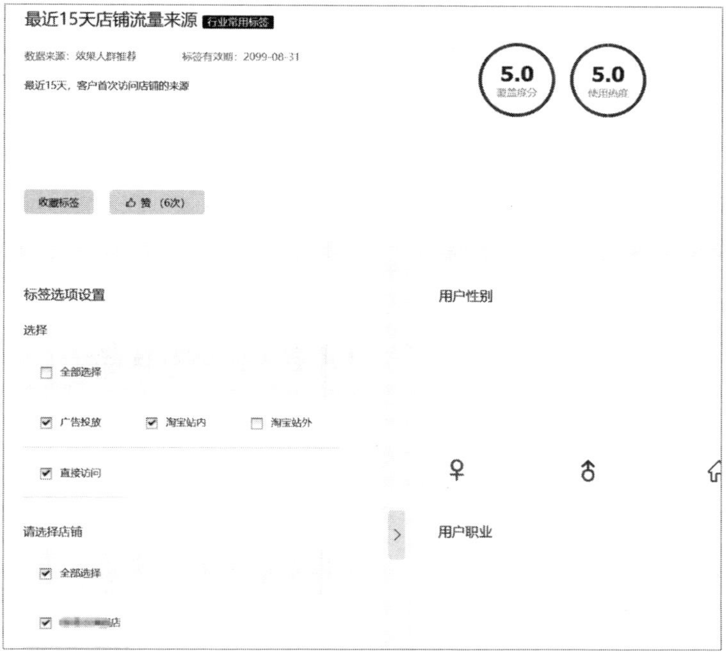

图 8-16　达摩盘店铺流量定向设置

店铺流量比较少的卖家可以全选广告投放、淘宝站内、淘宝站外以及直接访问等流量来源渠道；店铺流量比较大的卖家则可以选择单独的渠道进行细分投放，如只选择广告投放中的直通车、钻展或淘宝客等来投放，如图 8-17 所示。

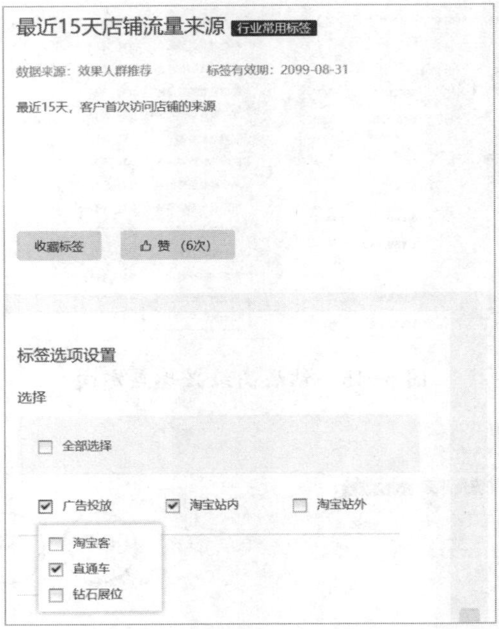

图 8-17　选择细分投放渠道

8.2　复购老客营销：提高回头客再次购买率

除了进行拉新引流外，“直钻结合”还可以做老客营销，让老客户的黏性翻倍，快速提升店铺的老客复购率。

8.2.1　老客出价策略

在做老客复购营销时，主要是从店铺的粉丝数着手，可以进入生意参谋后台的“内容分析—渠道分析”界面中查看，如图 8-18 所示，目前比较火的渠道主要是微淘，其浏览人数和引导进店的人数都非常大，是老客营销和维护的首选渠道。

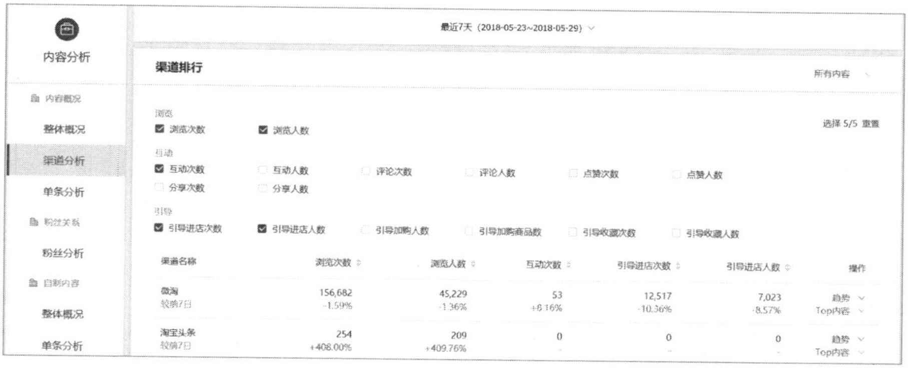

图 8-18　生意参谋后台的“内容分析—渠道分析”功能

在钻展后台的“创意管理”界面中选择“内容推广创意”选项，可以从微淘内容中选择要推广落地的帖子链接，如图 8-19 所示。

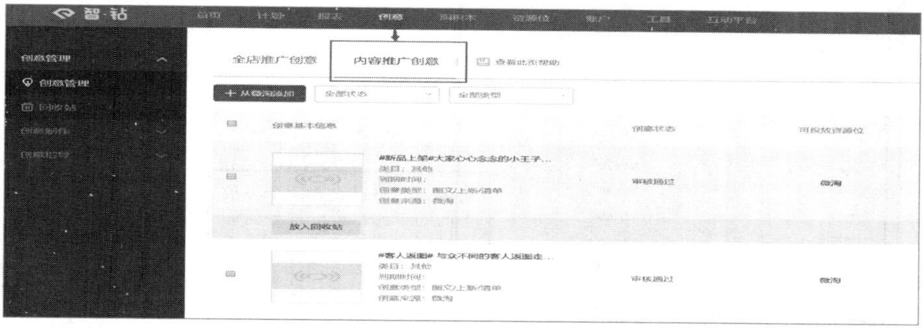

图 8-19　“内容推广创意”界面

点击“从微淘添加”按钮进入其界面，由于微淘中的帖子是没有标题的，因此很难在此处找到要发布的帖子，此时卖家可以在“创意名称”搜索框中搜索相应帖子中的文字内容，即可快速找到要投放的微淘内容，如图 8-20 所示。因为我们投放的内容主要是针对老客户，因此建议选择一些新品的内容，同时文字描述可以介绍一些新品特点和使用场景，或者选择一些买家秀作为内容。

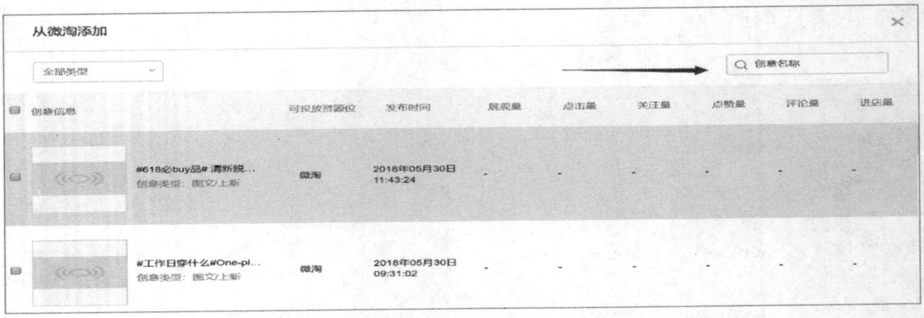

图 8-20　搜索并添加微淘内容

当选择好微淘创意和落地页面后，再进入 “设置营销参数” 界面，将营销场景设置为“维护老粉丝”，付费方式初期可以设置为“按点击付费(CPC)”，投放方式选择 “均匀投放” 。接下来是设置定向人群，建议初期测试过程中可以只选择访客定向模式，如图 8-21 所示。

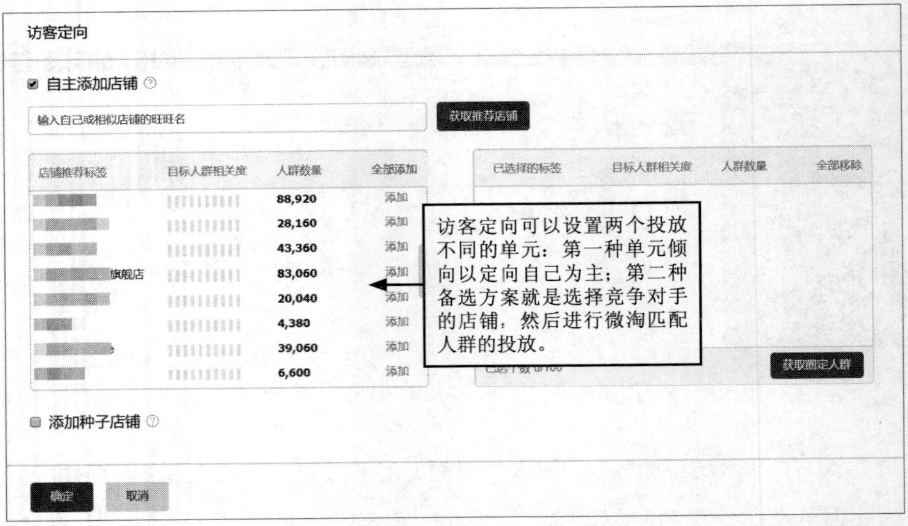

图 8-21　访客定向设置

圈选人群后，需要选择投放资源位，通常维护老客户的位置是默认的，无法进行修改，如图 8-22 所示。

图 8-22　选择投放资源位

然后是设置出价，考虑到费用成本的问题，建议卖家可以参考市场平均出价中的偏低部分，如在 70% 至 80% 之间进行初步的测试，如图 8-23 所示。

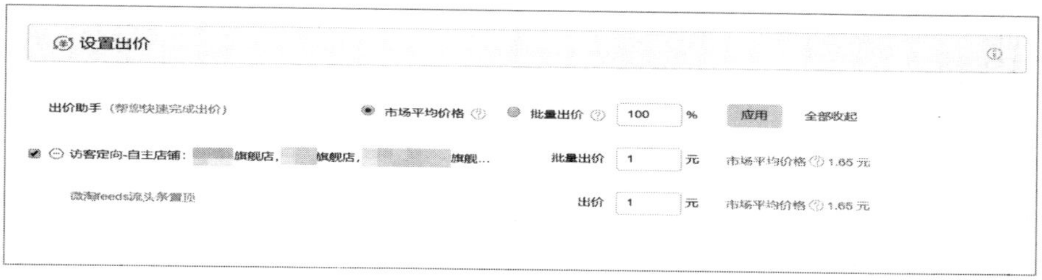

图 8-23　设置出价

经过前面一系列测试后，接下来可以选择从微淘落地页添加合适的创意，如图 8-24 所示。初期的测试时间通常为半天左右，费用控制在 100 元以内。

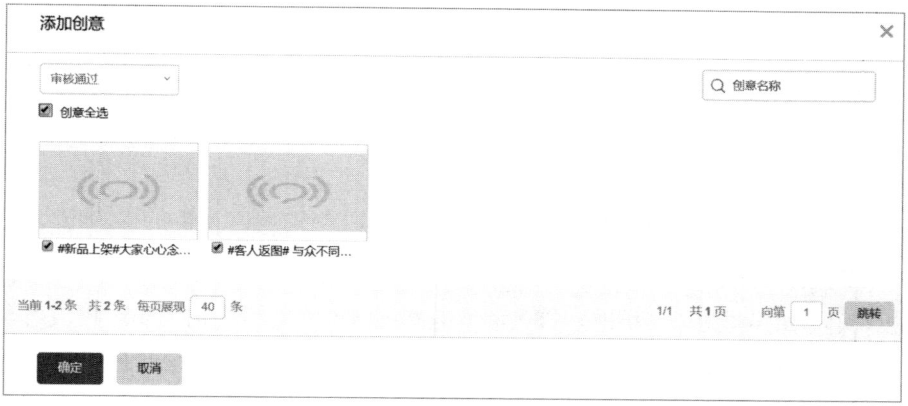

图 8-24　添加微淘创意

在用钻展投放后，还可以用直通车进行配合投放。

（1）利用定向推广中的访客定向功能，针对过去浏览、收藏、加购以及购买过的老客户，进行新品的拉新维护投放，如图 8-25 所示。

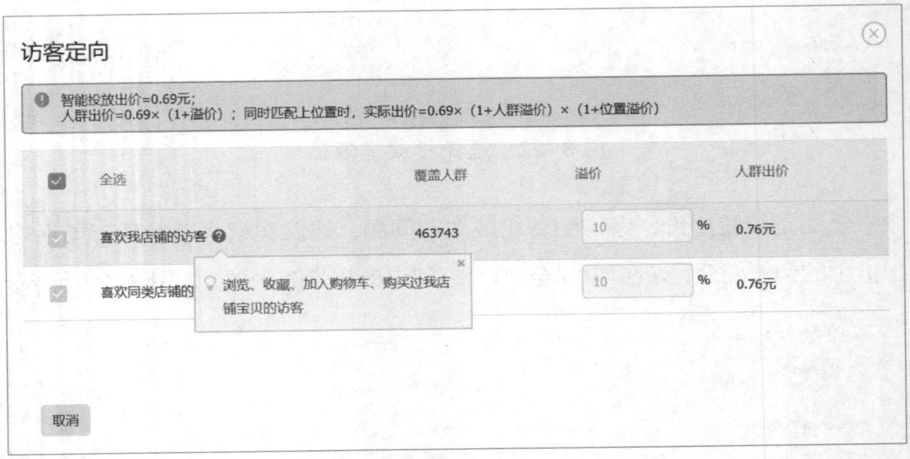

图 8-25　直通车老客定向投放

（2）在直通车的关键词推广的精选人群中，可以选择“店铺定制人群”中的老客户群体进行定向推广，将店铺的新品投送给他们。

8.2.2　定向人群溢价

在做老客人群溢价前，首先需要对自己店铺的老客人群特征做一个基础分析，最常用的工具就是生意参谋中的“流量分析—访客分析—访客对比”功能，据此可以对比分析新老访客的消费层级、性别、年龄、地域、营销偏好以及关键词等特征，分析时可以将时间周期拉长一些，如 30 天，如图 8-26 所示。

了解了老客人群的特征后，可以在直通车中针对老客人群的需求特点来添加精准的访客人群。在“淘宝首页潜力人群”中，可以看到系统推荐的投放人群，如果与之前分析的老客人群特征不是特别匹配，则可以选择不投放。

在“店铺定制人群”中，可以针对“购买过店内商品的访客”人群进行投放，设置溢价时可以参考高质量得分关键词的移动出价；另外，还可以通过“流量解析”工具查看并参考该关键词的市场均价，如图 8-27 所示。在“自定义人群”中，要针对老客特征来组合标签，尽可能让覆盖人群超过 1 万，溢价起步可以设置为 10% 左右，然后逐步增加。

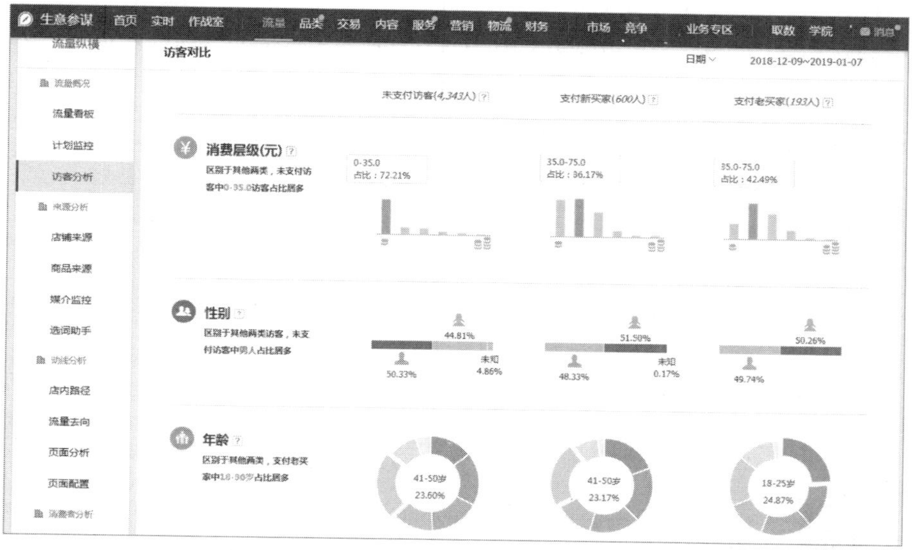

图 8-26　分析新老访客的人群特征

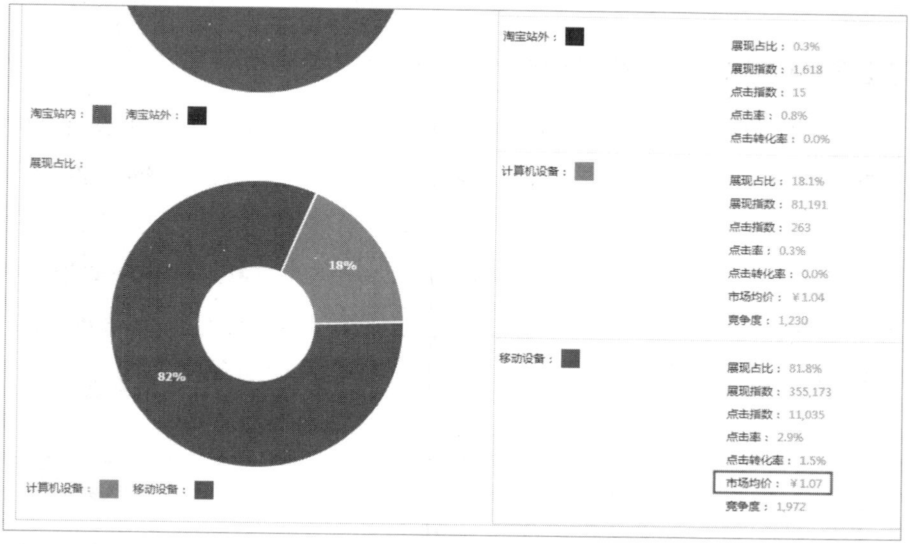

图 8-27　参考关键词的市场均价

除了直通车外，还可以用钻展配合老客的定向人群溢价，对于预算有限的中小卖家来说，可以采用 CPM 的访客定向模式，优先定向为自己的店铺，种子店铺暂时不添加。很多时候，老客回购时可能不会再选择同样的产品，此时可以在钻展后台增加一个“相似宝贝定向”，投放一些与老客买过的产品有关联性的产品，选择定向人群时优先选择“喜欢我的宝贝的人群”，如图 8-28 所示。设置“相似宝贝定向”的出价时，可以参考市场平均价格的 50% 左右进行初始测试，然后根据点击和展现情况来增加。

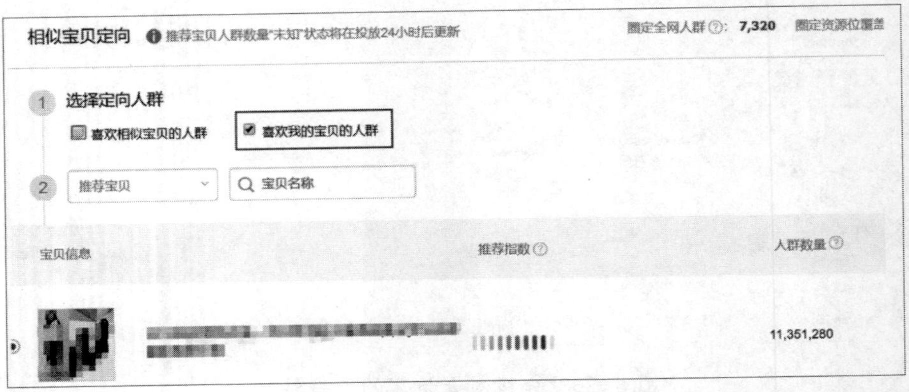

图 8-28　相似宝贝定向设置

8.2.3　访客定向维护老顾客

访客定向是钻石展位 CPM 出价方式中最常用的定向方式，不仅可以维护老顾客，还能有效拓展新顾客。访客定向功能可以帮助卖家找到精准的目标人群，这些人群更多符合店铺的商品定位、价格和风格，卖家可自由选择自主添加店铺或种子店铺，如图 8-29 所示。但需要注意，圈定人数需要得到一定的量级，而且要选择大店铺标签，否则测试结果会不准确，导致后期不能得到足够的流量。

专家提醒： 选中“添加种子店铺”复选框后，卖家可以输入一些店铺标签（1 ~ 5 家），同时系统会自动筛选出同类型的店铺（150 家），并圈定与这些家店铺有关系的人群，由卖家自主选择添加。建议此处只输入 1 家即可，可以直接输入自己的店铺名称，从而找到与店铺最相关的人群。

在进行访客定向测试时，一个计划单元下只选择一个店铺，竞品店铺的数量可以选择 50 家左右，推广预算为 300 ~ 500 元，投放时间设置为 9 ~ 23 点，同时多圈选一些推广地域，选择均匀投放的推广策略。

然后查看推广效果，当计划单元的流量超过 5 000 后，就可以对点击率和 CPC 等推广效果进行对比。如果 PV（Page View，即页面浏览量）只有几百，点击率具有更高的随机性，则参考意义不大。根据 CTR、CPC 表现对店铺进行分类，如相关度高、相关度中、相关品类店铺等，将相似店铺都集中到同一个计划单元中进行投放。

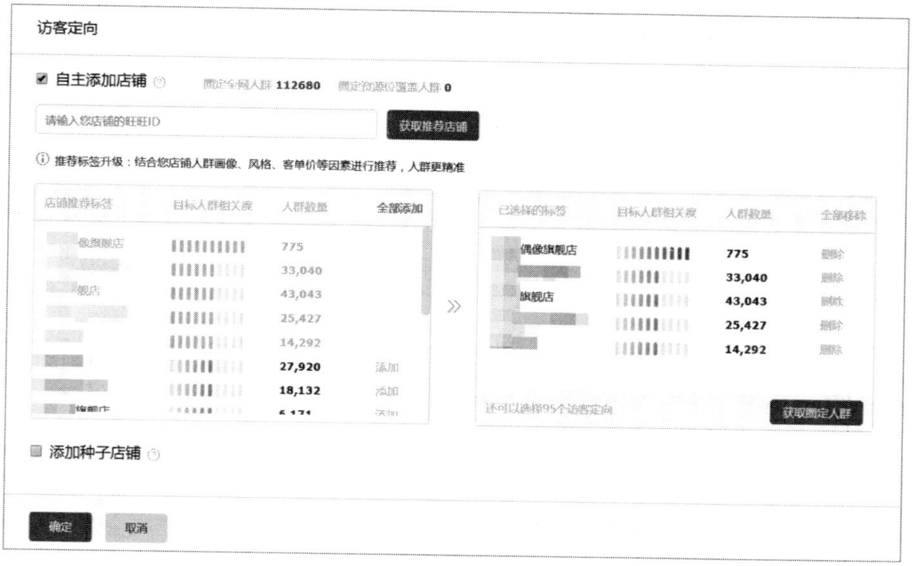

图 8-29　访客定向设置

接下来即可创建两个正式的推广计划，分别用于拉新和老客召回，并根据新老客户的不同需求来分配推广预算。

（1）拉新计划：通过对比“均匀投放”模式和“尽快投放”模式的点击率数据，找到点击率更高的投放模式。同时，资源位选择流量大的渠道，控制好推广成本，实现新客户的转化，当新客户转化为老客户后，在使用老客召回计划继续推广。

（2）老客召回计划：选择“尽快投放”模式，同时选择多个投放资源位来覆盖更多人群，并通过较高的出价获得更多老客户关注。设置推广预算时，可以根据计划圈定的人数来进行倒推。

在运营店铺时，由于产品的购买周期较长，或者客户自然流失等原因，店铺的流量难以稳定，因此卖家要持续拉新，这样才能确保老客户的数量始终保持维度。

8.3 智钻工作规范：搞好钻展落地页让转化率暴涨

本节主要介绍智能钻石展位的工作规范，包括日常工作流程和工作考核指标等内容，了解这些知识，能够让钻展更好地为你服务，提升转化率。

8.3.1 日常工作流程

钻展推广的基本工作流程如下。

（1）账户充值、预算分配：卖家可以根据钻展投放的目的来进行考量。钻石展位的账户资金分为现金余额、赠款和红包 3 类，现金余额是通过支付宝充值进入账户的资金，赠款和红包是钻石展位官方发放、用于消耗抵扣的资金，如图 8-30 所示。

图 8-30　钻展账户明细页面

（2）创建计划：包括计划投放（活动推广规划、日常推广规划）、实时调整、填写报表、分析数据、开拓思路、推广规划。

（3）对接设计：在分析数据时，优先考虑通过素材的筛选来优化点击率，这就需要设计人员从产品本身卖点出发去优化图片。

（4）DMP 人群创建：在优化点击率时，还需要考虑针对的是新客还是老客，他们喜欢的产品卖点是什么，据此进行定向投放的人群圈选，并根据不同的人群来选择相应的广告位置。

（5）对接运营需求：如增加访客基数或者提高店铺转化等，根据店铺的整体规划需求来调整钻展计划。

8.3.2 工作考核指标

钻展的主要工作考核指标包括展现量、点击量、点击率、千次展现成本和点击单价，卖家可以进入钻展后台的数据报表中查看这些指标的表现情况，进而分析钻展的投放效果。

如果钻展投放的点击成本 [点击成本 = 千次展现成本 ÷（点击率 × 1 000）] 不够理想，可尝试优化千次展现成本（测试出价，避免出价过高）和点击率（提升定向精准度、创意质量）。

第 9 章

淘宝客：如何把陌生人转化为粉丝

淘宝客是一种按成交计费的推广工具，用于帮助卖家推广商品，买家通过推广链接进入商品页面完成交易后，卖家支付一定比率的佣金给对应的淘宝客，提升店铺的成交机会。

在新零售时代，随着社交电商、社群经济等模式的兴起，淘宝客再次爆发，成为了宝贝推广引流的好途径。

本章主要内容包括：

- 基础知识：淘宝客推广介绍
- 商品策略：淘宝客提高 3 倍以上转化率
- 佣金技巧：高佣金高转化，成交就有奖励
- 计划设置：做淘宝客如何提高转化率

9.1 基础知识：淘宝客推广介绍

淘宝客可以从淘宝客推广专区获取商品代码，任何买家经过他们的推广（链接、个人网站、博客或者社区发的帖子）渠道进入淘宝卖家店铺完成购买后，淘宝客就可得到由卖家支付的佣金。

9.1.1 什么是淘宝客

简单说来，淘宝客就是指帮助卖家推广商品并获取佣金的人，这个购买必须是有效购物，即确认收货。淘宝客通常可以分为两类：个人，包括博客主、论坛会员、聊天工具使用者以及个人站长；网站，包括博客、门户、资讯、购物比价以及购物搜索等网站。

下面介绍注册淘宝客的操作方法。

（1）进入阿里妈妈主页，在顶部导航栏中选择“产品”|“淘宝客”选项，如图 9-1 所示。

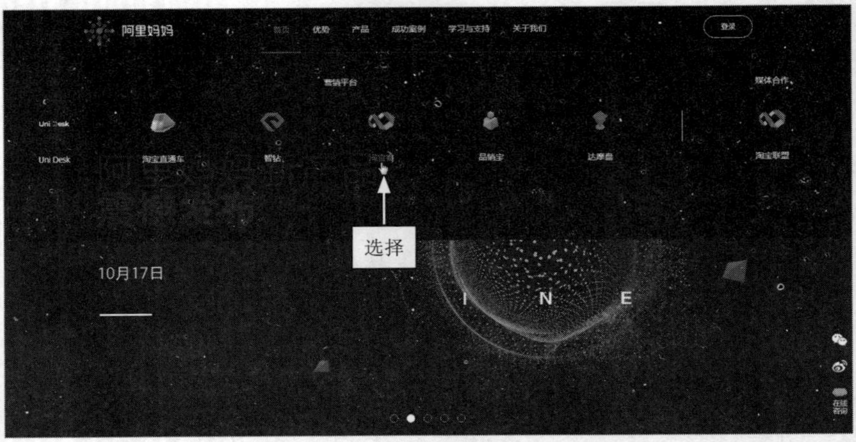

图 9-1 选择“淘宝客”选项

（2）进入商家联盟中心页面，在登录区输入相应账号和密码，点击“登录”按钮，如图 9-2 所示。当然，用户也可以直接用手机淘宝进行扫码登录，这样更加安全便捷。

图 9-2　账号登录

（3）如果账号没有达到开通淘宝客的条件，则会出现相关提示，如图 9-3 所示。用户还可以直接用手机淘宝进行扫码登录，这样更加安全便捷。

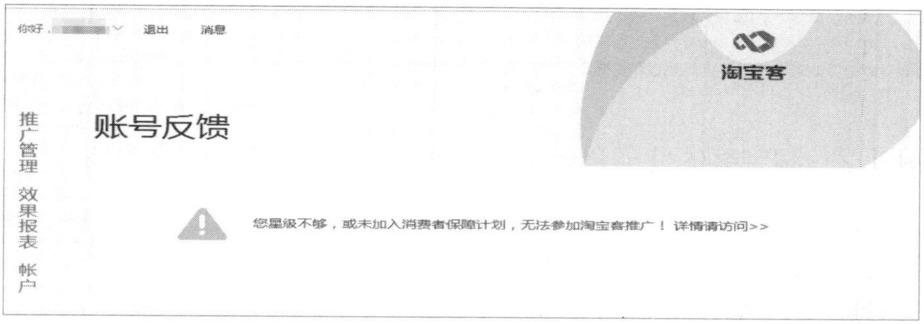

图 9-3　无法参加淘宝客推广的提示

（4）如果账号符合开通淘宝客的条件，则会进入“淘宝客”主页，在此可以创建、查看和管理推广计划，如图 9-4 所示。

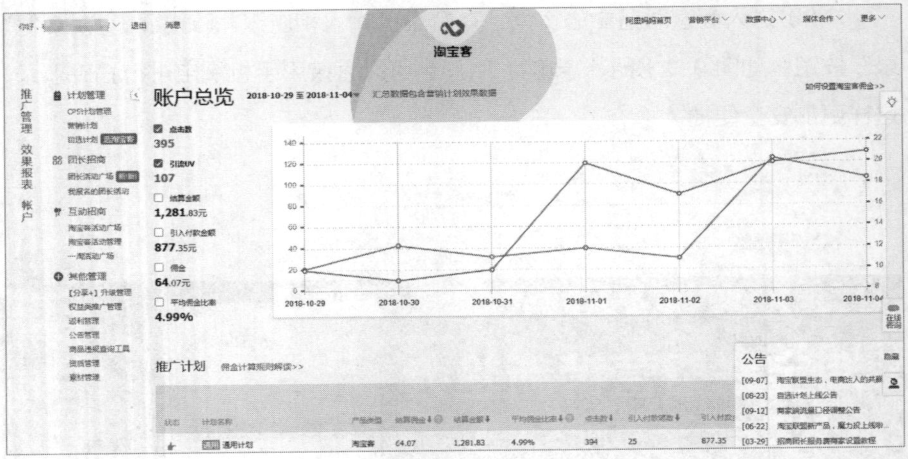

图 9-4 “淘宝客”主页

卖家使用淘宝客推广后，最多可以选择店铺中的 20 件商品添加到淘宝客推广专区，淘宝客选择相应商品后，即可在他们的推广页面上进行展示，这些商品即称为主推商品。

专家提醒：使用淘宝客推广软件产品服务的通用准入条件（各类型用户均须符合）如下：

（1）卖家店铺动态评分各项分值均不低于 4.5。

（2）店铺状态正常且出售中的商品数大于或等于 10 件（同一商品库存有多件的，仅计为 1 件商品）。

（3）签署支付宝代扣款协议。

（4）未在使用阿里妈妈或其关联公司其他营销产品（包括但不限于钻石展位、淘宝直通车、天猫直通车等）服务时因违规被中止或终止服务。

9.1.2 淘宝客的业务逻辑

淘宝客平台的上游包括 3 个不同的角色：卖家、淘宝联盟和淘宝客，其业务逻辑如图 9-5 所示。

淘宝联盟是一个广告交易平台，重新启用了“阿里妈妈”这个品牌，以服务淘宝系商家为主转向面向全网所有广告主开放，淘宝客可以通过淘宝联盟接取卖家发布的商品信息帮助卖家推广。

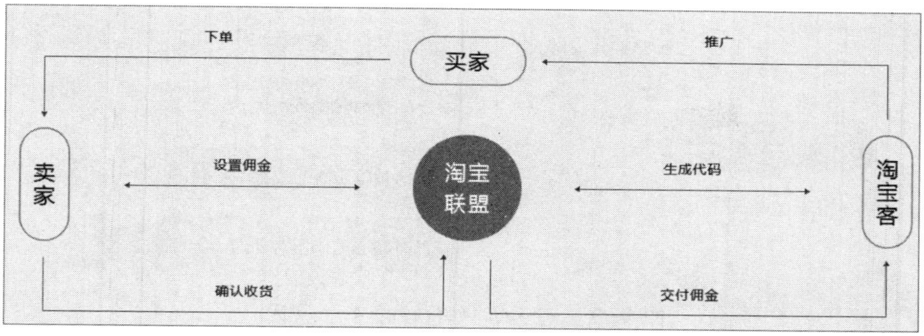

图 9-5　淘宝客的业务逻辑

9.1.3　淘宝客的推广优势

淘宝客和实体店中的导购员功能比较类似，主要工作就是帮卖家推销商品，然后赚取卖家的返利（佣金）。对于卖家来说，使用淘宝客推广不仅能够快速打造爆款，还有很多优势，如图 9-6 所示。

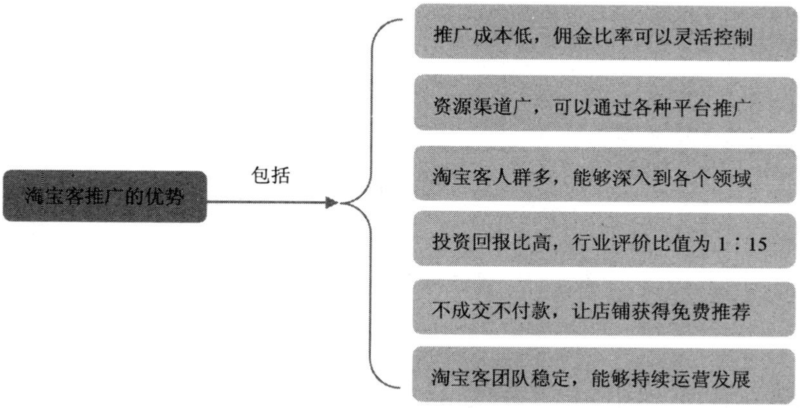

图 9-6　淘宝客推广的优势

9.2　商品策略：淘宝客提高 3 倍以上转化率

淘宝客做不好、转化率低的主要原因有以下几点，如图 9-7 所示。

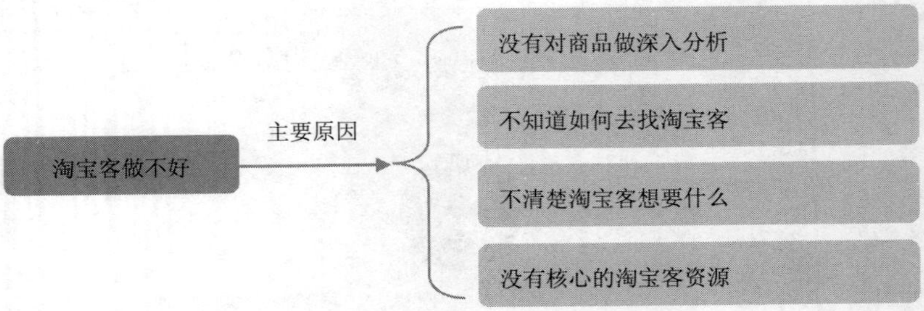

图 9-7　淘宝客做不好的 4 个原因

其中，商品是主要原因，因此商家首先要制定一个商品策略，选择适合进行淘宝客推广的商品。

9.2.1　前提：商品分析很重要

想要做好淘宝客，先做好自己的商品和店铺是关键。对于淘宝客推广来说，商品分析非常重要，切记。所有商品都交给淘宝客来推广，选择适合推广商品的主要原则如图 9-8 所示。

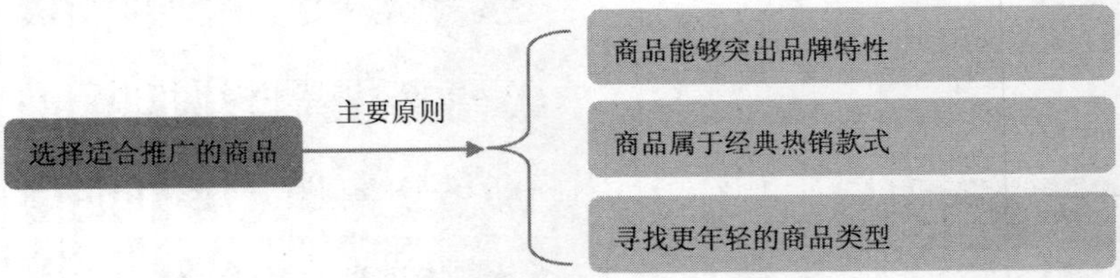

图 9-8　选择适合推广商品的原则

9.2.2　不同计划选择不同商品

在选择推广商品时，不同的计划要选择不同商品来进行推广。例如，在淘宝客主页选择“营销计划”后，进入“联盟商家中心”界面，点击“添加主推商品”按钮，如图 9-9 所示。

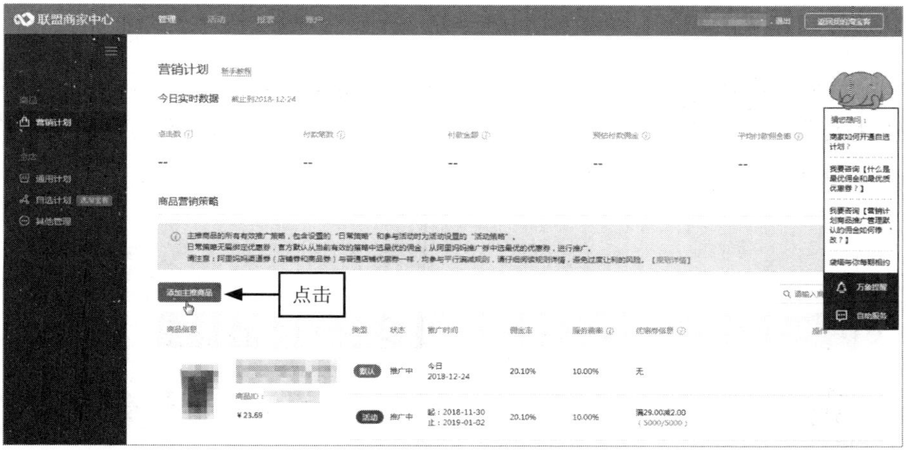

图 9-9 “联盟商家中心”界面

> **专家提醒：** 商家还需要制定不同阶段的商品策略，如起步阶段的主要目标是销售库存商品，并搭配少量的线下新品；发展阶段需要增加新品的推广数量，并开发线上特供款式；稳定阶段需要筛选适合线上销售的应季商品，并定期做好补货计划；突破阶段则需要开发系列性特供款。

执行操作后，在弹出的“添加主推商品”对话框中选择一个主推商品，商家也可以通过商品名称或 ID 来搜索，如图 9-10 所示。注意：最多可为 1 万款商品设置推广策略。选择合适商品后，点击“确定”按钮即可。

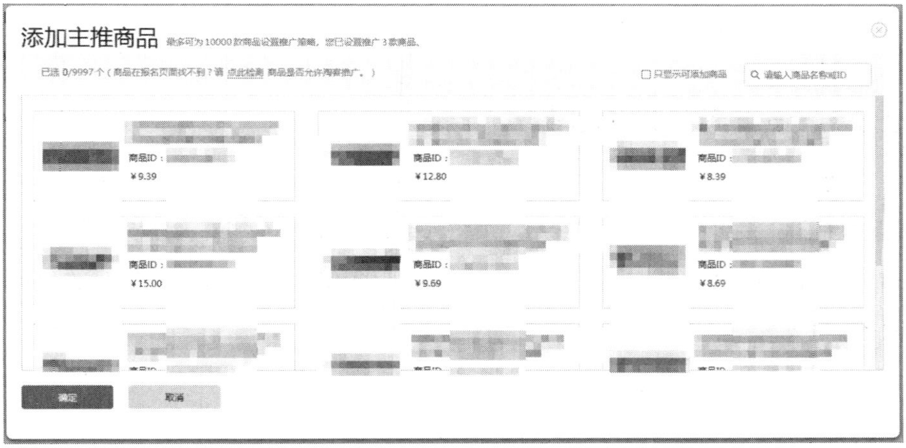

图 9-10 添加主推商品

9.2.3 用明星商品来吸引淘客

在制定淘宝客商品策略时，每个品类都需要有“明星商品”，这样才能快速吸引到淘宝客。“明星商品”拥有“磁石效应”，最能吸引和打动淘宝客，让他们主动找到你。打造“明星商品”的主要方法如图 9–11 所示。

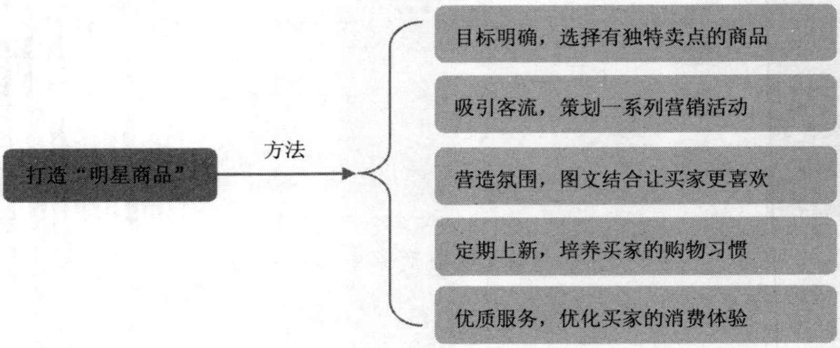

图 9–11　打造“明星商品”的主要方法

9.3 佣金技巧：高佣金高转化，成交就有奖励

商家需要在自己能接受的范围内设置一个合适的佣金比率，高佣金高转化，将更多的佣金回馈给淘宝客，这样才能带来更多的成交。

9.3.1 设置淘客佣金比率

佣金比率是指卖家为推广商品，给淘客付出的酬劳与商品单价的比例，即“佣金 = 商品单价 × 佣金比率”，其计算规则如图 9–12 所示。当淘客成功推广商品并成交后，除去给平台的服务费，得到的就是自己的最终收入。

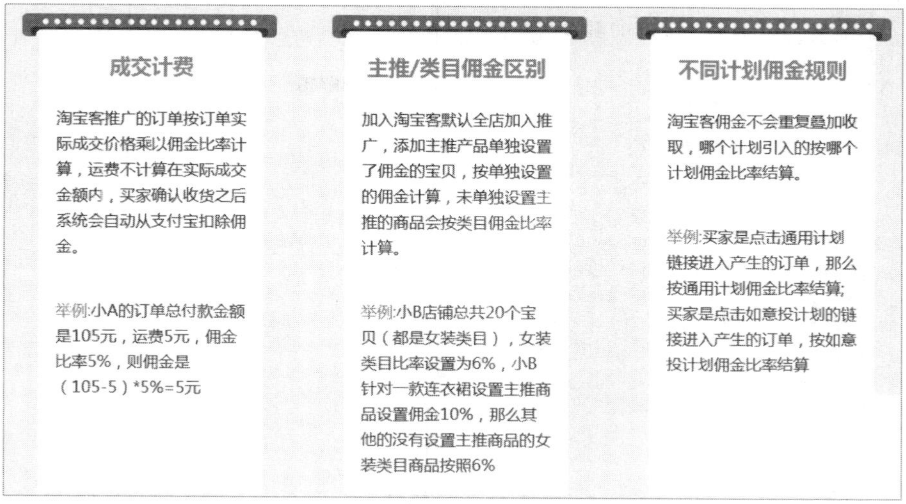

图 9–12　佣金计算规则

在淘宝客平台添加推广商品时，即可设置相应的佣金比率（2%~90%），如图 9–13 所示，今日修改次日生效。

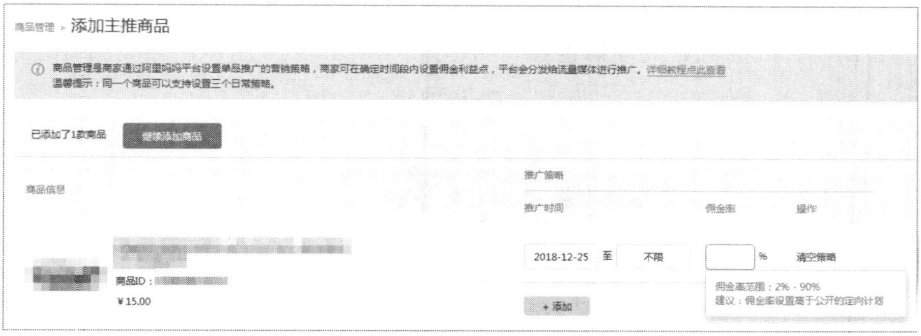

图 9–13　设置佣金比率

另外，商家也可以选择相应的推广计划，在详情页面的“佣金管理”选项区中点击“编辑佣金比”链接来修改佣金比率，如图 9–14 所示。

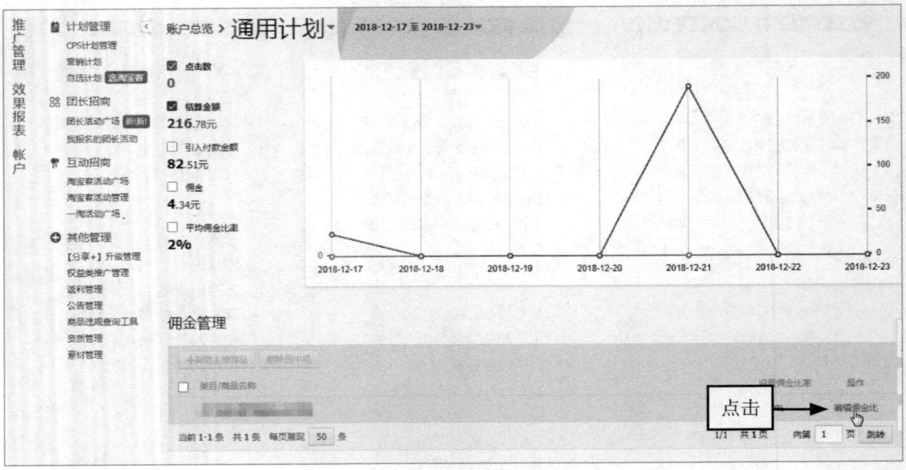

图 9-14　点击“编辑佣金比”链接

淘宝客推广还会计算买家一段时间内的消费次数，并支付给淘客佣金，其跟踪逻辑为：买家点击淘宝客的推广链接后，系统会跟踪 15 天的时间，15 天之内买家去店铺购买，卖家都需要支付淘宝客相应的佣金。

很多买家在支付时，除了现金外，还选择了其他的支付形式，如优惠券、淘金币等，此时佣金的计算也会有所不同，如图 9-15 所示。当淘宝客订单出现退款时，根据买家是否收货，佣金的计算规则也有所不同。

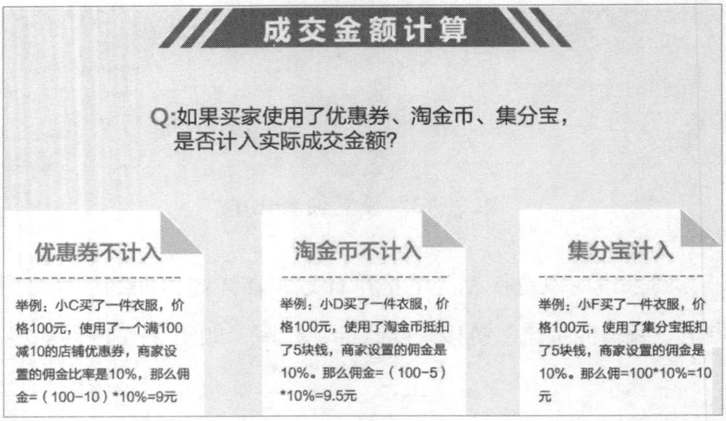

图 9-15　成交金额计算方法

9.3.2 中小商家的佣金设置

对于中小商家来说，根据淘宝客推广计划的不同，其佣金比率的设置范围也有所区别，主要方法如图 9-16 所示。

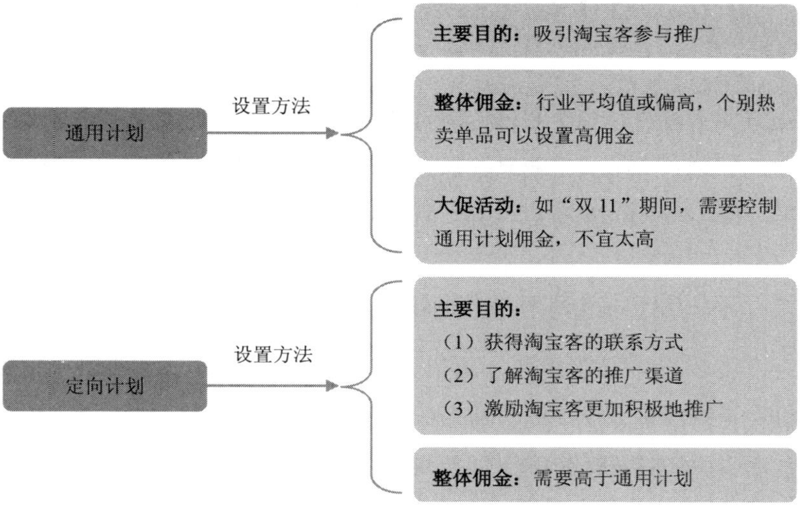

图 9-16　中小商家的佣金设置技巧

9.3.3 大商家的佣金设置

大商家的佣金设置主要包括 3 个方面，如图 9-17 所示。

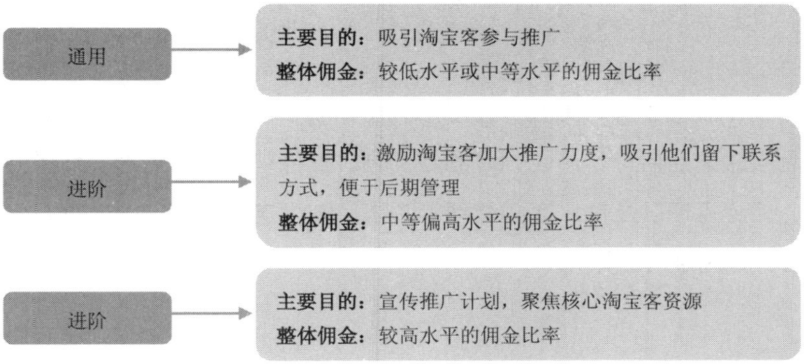

图 9-17　大商家的佣金设置技巧

高佣金是吸引淘宝客的主要手段，如果商家希望获得更多的优秀淘宝客帮助自己推广商品，则还可以在佣金之外，对淘宝客设置推广激励计划。

9.4 计划设置：做淘宝客如何提高转化率

淘宝客的推广计划主要包括通用计划、营销计划、活动计划、如意投计划和定向计划 5 种类型，商家需要充分利用这些佣金计划和推广资源，建立基于淘宝客的线上销售团队，提高转化率。

9.4.1 不同计划的淘客结构不同

在淘宝客的“推广管理”页面下方，可以查看各推广计划的产品类型、结算佣金、结算金额、平均佣金比率、点击数、引入付款笔数、引入付款金额以及点击转化率等数据，如图 9-18 所示。

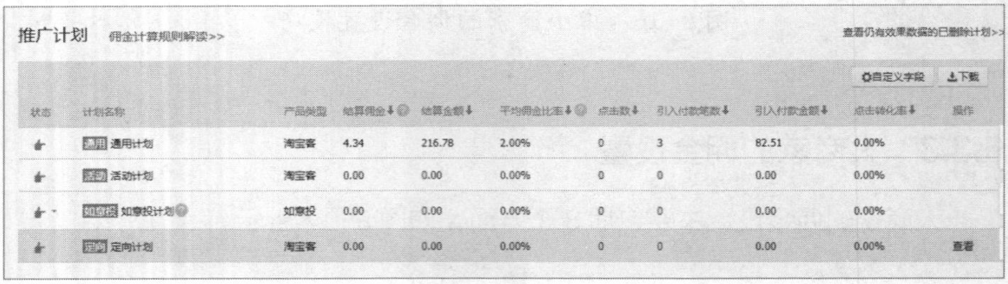

图 9-18 查看推广计划的相关数据

另外，淘宝还针对淘宝客推出了联盟商家中心的营销计划，这是一个商家在淘宝联盟后台进行单品推广的新计划，支持单品推广管理、优惠券设置管理、佣金管理以及推广时限管理等功能，并可支持查看实时数据及各项数据报表，如图 9-19 所示。

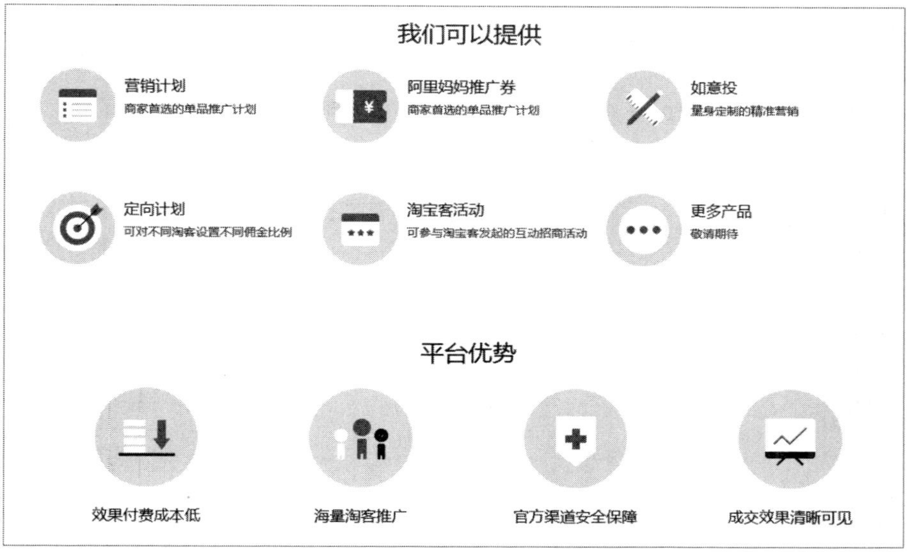

图 9–19　营销计划的产品介绍

需要注意的是，不同计划的淘宝客结构也有所不同，下面重点介绍通用计划、如意投计划和定向计划的淘宝客结构的区别。

（1）通用计划：淘宝客主要以大媒体、返利网、API（application programming interface，应用程序编程接口）网站和买家为主，这些淘宝客通常都不可维护，而且会受到爆款商品、佣金比率和品牌元素的影响。

（2）定向计划：主要以与店铺长期合作的淘宝客为主，具有可维护、可持续的特点。

（3）如意投计划：将在淘宝联盟的 5 个主要频道展示，吸引这些渠道的淘宝客资源，具有可优化的特点，而且效果直接与销量和佣金相关。

9.4.2　通用计划：增加淘宝客主推商品

通用计划主要用于店铺推广场景，渠道广泛，成本可控，卖家可以设置一个合理的佣金比率，让淘宝联盟的推广者自行推广，成交才计算佣金，如图 9–20 所示。通用计划适用人群不区分专业和业余，所有淘宝客都可以参加，佣金比例普遍在 0.5% ~ 50%。

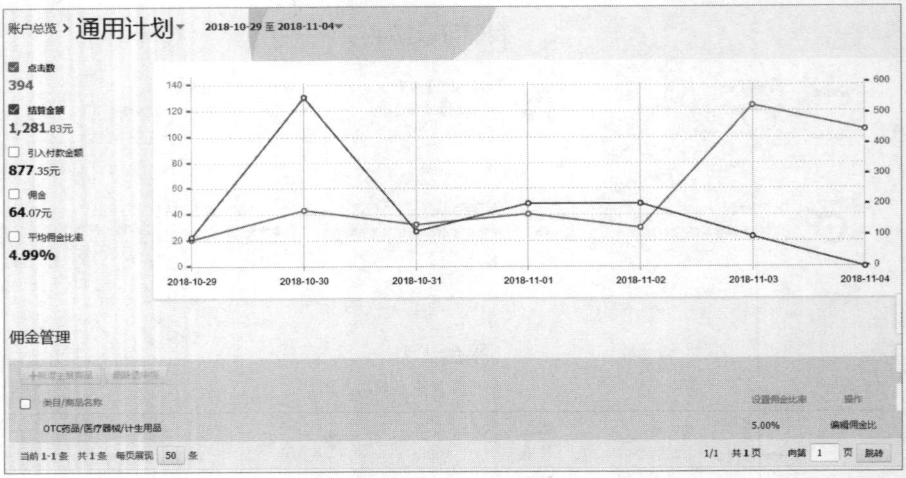

图 9-20　通用计划

专家提醒：目前，通用计划只能设置类目佣金比率，如果商家想要添加主推宝贝单独针对个别商品设置佣金比率，可以在营销计划里面设置。

创建通用计划后，淘宝联盟会将商品转换成推广链接，发布到淘宝网以外的渠道进行推广，包括淘宝客个人的网站，或者站外的社交平台，如微信朋友圈、博客、QQ空间以及微博（如图9-21所示）等，没有固定的展示位置，完全取决于淘宝客自己的推广资源。总的来说，通用计划的推广渠道非常广泛，而且没有对淘宝客做太多的条件限制，通常获得的流量也非常多。

图 9-21　通过微博发布推广链接

9.4.3 营销计划：简化推广操作的成本

营销计划是淘宝客推广的主要阵地，如图 9-22 所示。在营销计划中，卖家可以设置单品推广时间和佣金比率，以及选择使用阿里妈妈推广券。

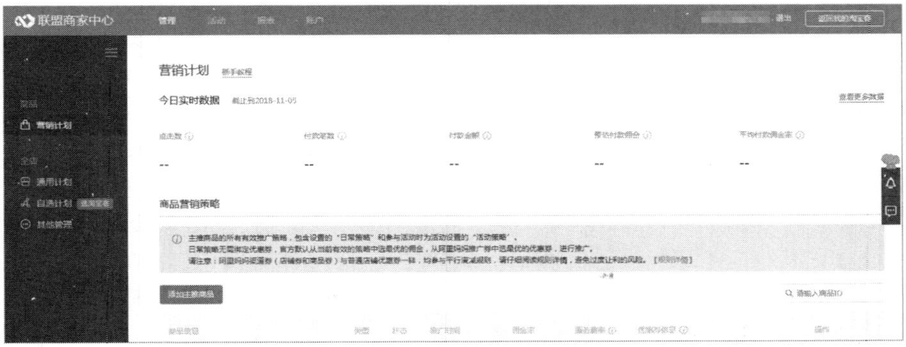

图 9-22 营销计划

营销计划的基本操作流程如图 9-23 所示。目前，营销计划正在升级为商品管理推广计划，后期将会逐步收口所有推广计划的单品推广部分，简化卖家的操作成本，让卖家参与推广更可控，推广更安全，流量更确定。

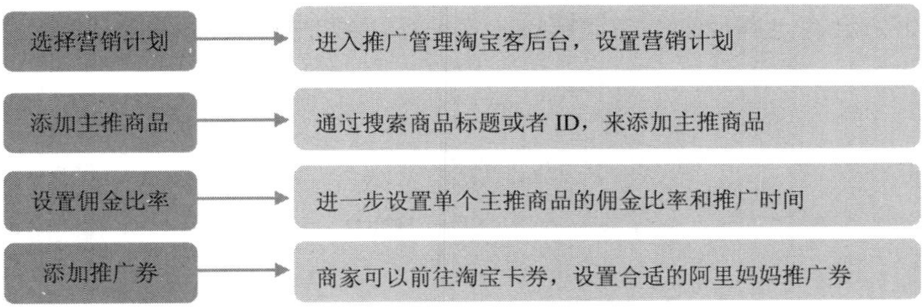

图 9-23 营销计划的基本操作流程

9.4.4 定向计划：手动设置的 DIY 计划

定向计划是一种商家手动设置的淘宝客推广计划，目前只能创建不公开的定向计划。在淘宝客页面下方找到并进入“定向计划”页面，在“推广计划”下点击“新建定向计划”按钮，在弹出的“新建定向计划”对话框中，即可设置定向计划的名称、简介、持续时间以及佣金等，如图 9-24 所示。商家可以针对主推商品设置佣金比例，也可以设置类目佣金。

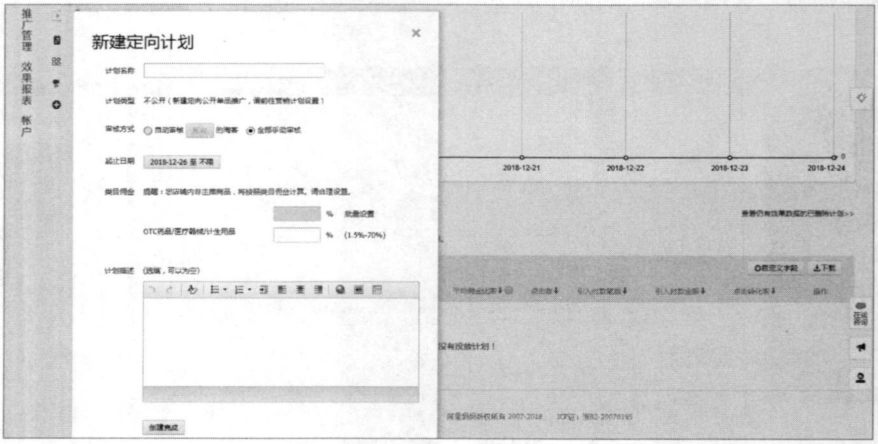

图 9-24　新建定向计划

定向计划可以生成邀请链接，商家可以将邀请链接发送给淘宝客。进入淘宝客后台的定向计划页面，点击对应计划页面右侧的“查看”链接，弹出“编辑计划”对话框，在右上角可以看到计划类型默认设置为“不公开”状态。同时，页面下方会有定向计划的邀请链接，卖家可以复制之后发给淘客，如图 9-25 所示。

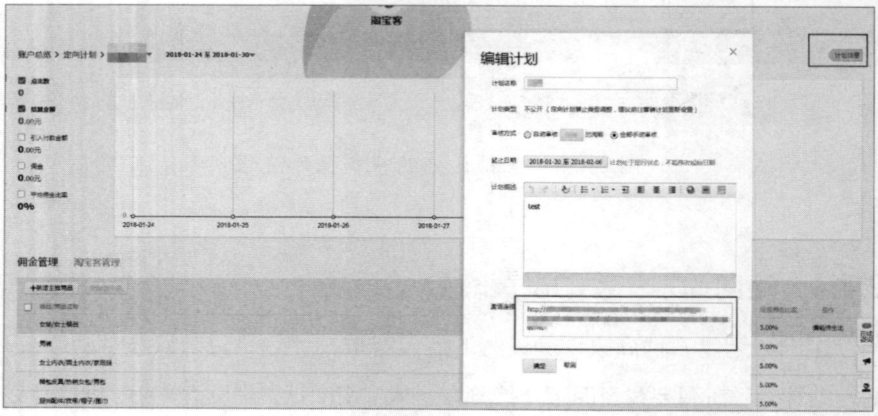

图 9-25　编辑计划

定向计划虽然吸引的流量不多，但基本都是精准流量，而且转化率比其他推广计划更高。因此，建议卖家可以通过高佣金招募一些长期合作的淘宝客做定向计划的推广，后期可以逐步降低佣金比率，为店铺带来源源不断的流量。

9.4.5 活动计划：多种活动主题的计划

活动计划包含了很多不同主题的活动类型，卖家可以进入联盟商家中心的“活动”页面，查看并参与各种活动计划，如图 9-26 所示。

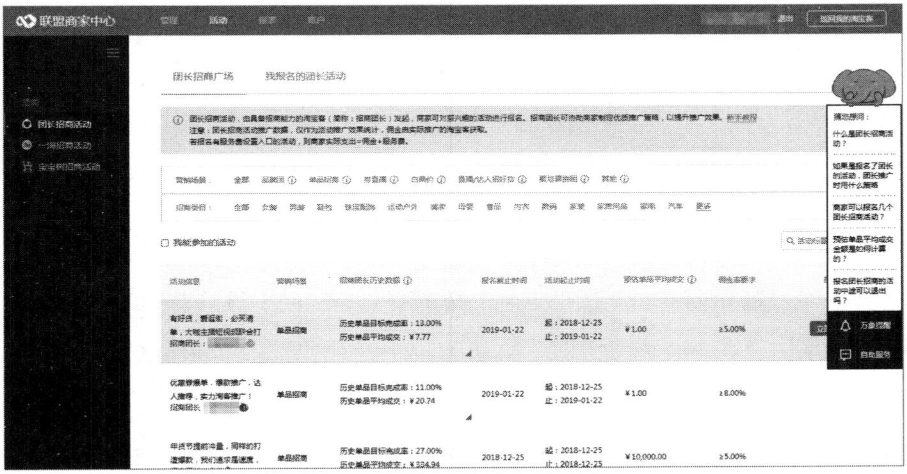

图 9-26 “活动”页面

选择相应活动后，可以查看基本信息和店铺要求，符合报名规则的卖家可以点击“立即报名”按钮进行申请，如图 9-27 所示。申请成功后，就会有淘宝客来帮卖家推广产品。

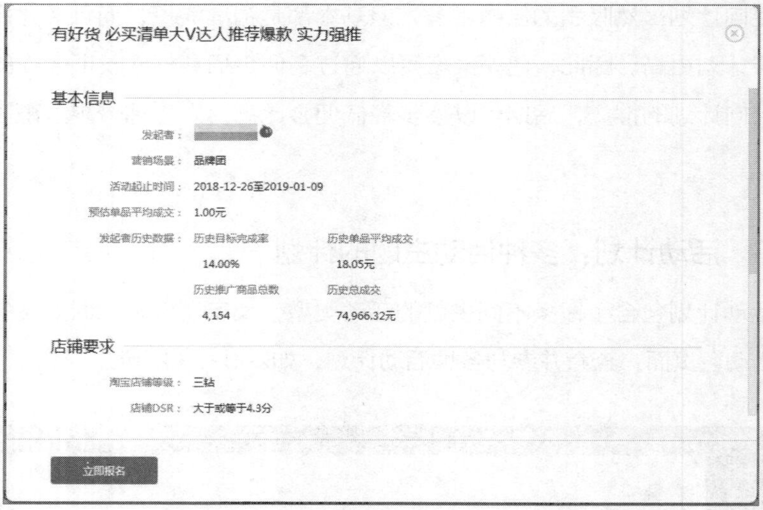

图 9-27　查看活动计划

9.4.6　如意投计划：个性化的展示渠道

如意投是为淘宝卖家量身定制的按成交付费的精准推广营销服务，可以帮助卖家快速提升流量，如图 9-28 所示。如意投主要将商品展现给站外买家，如爱淘宝平台的搜索结果页和一些中小媒体橱窗推广位。对比传统淘宝客来说，如意投有以下几个特点：系统智能、简单易用、精准推广、流量可控。

图 9-28　如意投主页

创建如意投计划后，会推广店铺中的所有商品，卖家也可以设置主推商品和类目，如图 9-29 所示。如意投计划可以设置 100 个主推商品。

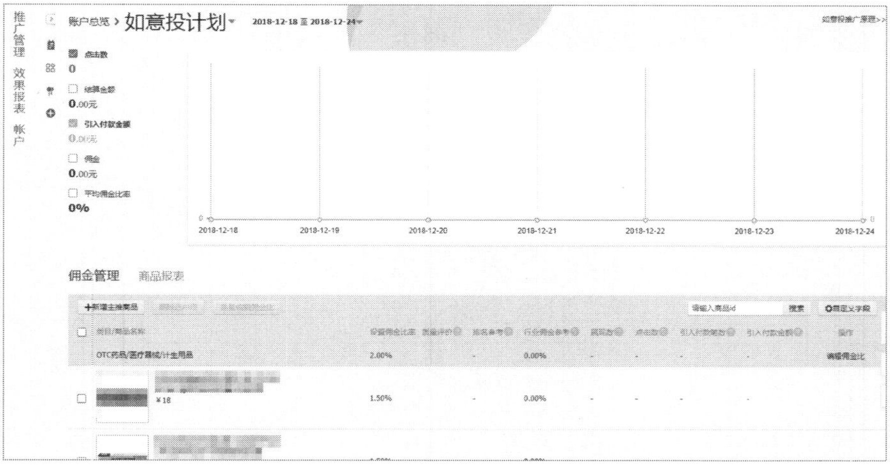

图 9-29　如意投计划

卖家的商品参与如意投计划后，系统会对商品进行打分，然后根据商品获得的综合得分来进行排名展示。淘宝客对如意投的推广形式也是多种多样的，包括热卖搜索推广、热卖宝贝区推广以及活动推广等，如图 9-30 所示。

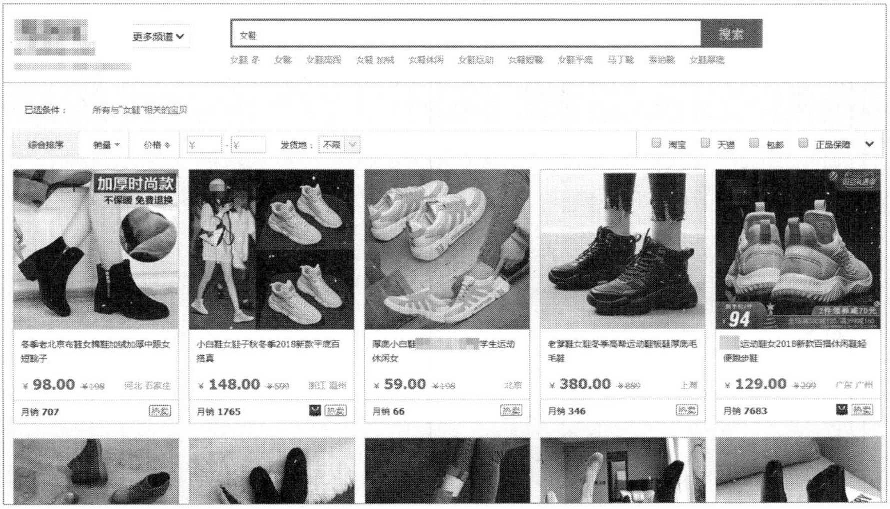

图 9-30　热卖搜索推广

专家提醒：如意投的投放规则：系统根据商品的综合情况和佣金比例进行选择投放，商品的综合情况会结合买家搜索浏览相关性、宝贝展现量、点击数、引入付款笔数以及点击转化率等指标得出。

第 10 章

淘客优化：提升转化实现收益增倍

如今，淘宝联盟不再是单一的淘宝客模式，而是将更多内容生产转化成商业机会，带领起淘宝达人、淘宝直播以及自媒体人等多元角色。这些群体成为了“新零售”生态中的新兴力量，为广大卖家建立了庞大的社会化分销体系，让社交、分享更具有价值，开启了引流新方法，实现收益增倍。

本章主要内容包括：

- 管理淘客：淘客这样玩转化率必定提升 30%
- 全新推广渠道：淘客要这样做新用户转化
- 3 步让转化率翻倍，揭秘淘客的赚钱技巧

10.1　管理淘客：淘客这样玩转化率提升 30%

淘宝客的推广领域很大，但推广方法并不是越多越好，而是需要找到最适合自己商品的淘宝客和推广方式，然后把这种方式运用到极致，那么流量就自然而来了。因此，卖家需要管理好属于自己的淘宝客，包括招募、运用与维护淘宝客。

10.1.1　淘宝客频道资源分析

淘宝客所有频道提供的资源都是免费的，包括综合频道、P4P 外投频道、淘宝客商城频道等，并且可以带来大量的优质流量。淘宝客的主要资源渠道包括返利平台、导购平台、分享平台和手机 APP，如图 10-1 所示。

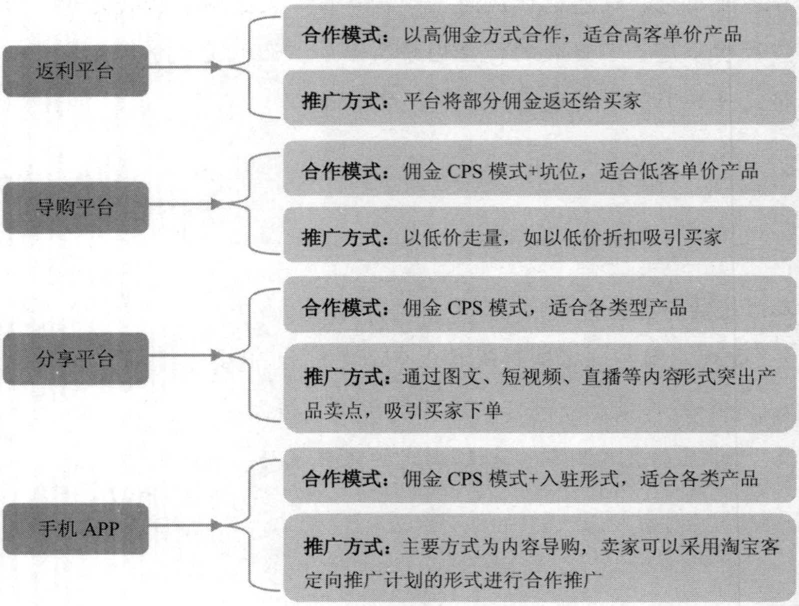

图 10-1　淘宝客的主要资源渠道

> **专家提醒：** CPS（cot per sales）是指以实际销售产品数量来换算广告刊登金额，是一种按照销量来支付佣金的计费方式。

10.1.2　淘宝客的主要招募途径

如果卖家选择淘宝客进行推广，那么推广成本基本上就只有佣金部分，而且在支付成本的同时会获得相应的收益。因此，淘宝客可以说是一种风险小、投入产出比高的推广方式，对于淘宝 / 天猫卖家来说非常重要。但是，很多卖家不知道该去哪里找淘客。下面介绍 3 种在站外平台招募淘客的方法。

1．QQ 群

QQ 群聚集了大量有共同兴趣爱好的人，为大家提供了一个公共聊天的场所。通过 QQ 群来寻找淘客不仅简单高效，而且卖家还能够查看他们的聊天记录，来了解这些淘客的能力。卖家可以在 QQ 中搜索“淘客”关键词，通过“找群”的方式查找到大量的淘客交流群，卖家可以选择合适的群申请加入，如图 10-2 所示。当卖家进入这些淘客 QQ 群后，可以通过深入交流，跟他们建立良好的关系，了解他们的需求和喜爱，从而找到符合自己店铺经营类目的淘客来进行合作。

图 10-2　搜索淘客 QQ 群

2. 微博

在新媒体火热发展的当下，微博不仅是一种流行的社交工具，对企业或商家来说，也是一种重要的营销平台。微博上有很多“大 V”淘客，他们的粉丝甚至有几百上千万，能给卖家的商品带来极大的曝光量。例如，通过微博搜索“女装”，即可看到很多做女装产品推广的博主，同时还能看到他们的粉丝数和推广内容，如图 10-3 所示。

图 10-3　通过微博寻找淘客

这些博主不仅粉丝数量大，而且他们做的内容也非常精准，能够给产品带来更多精准的流量。同时，其大部分的微博认证和信息介绍中，都添加了邮箱、微信或者 QQ 等联系方式，卖家可以私信他们，或者直接添加他们的微信，进行深入的合作沟通。

3. 站外的专业网站

站外渠道中还有很多专业的淘客网站平台，如大淘客和淘客镇等。例如，大淘客致力于打造电商导购内容生态，为各渠道流量实现电商变现提供安全稳定、方便高效的技术支持和解决方案。大淘客基于淘客内容体系推出了“大淘号”，吸引了大量的优质淘客团队入驻，如图 10-4 所示。

图 10-4 “大淘号”平台

选择相应的大淘号，可以进入其详情页面查看他们的联系方式、发布商品、信用分等信息，方便卖家进行筛选和沟通，如图 10-5 所示。

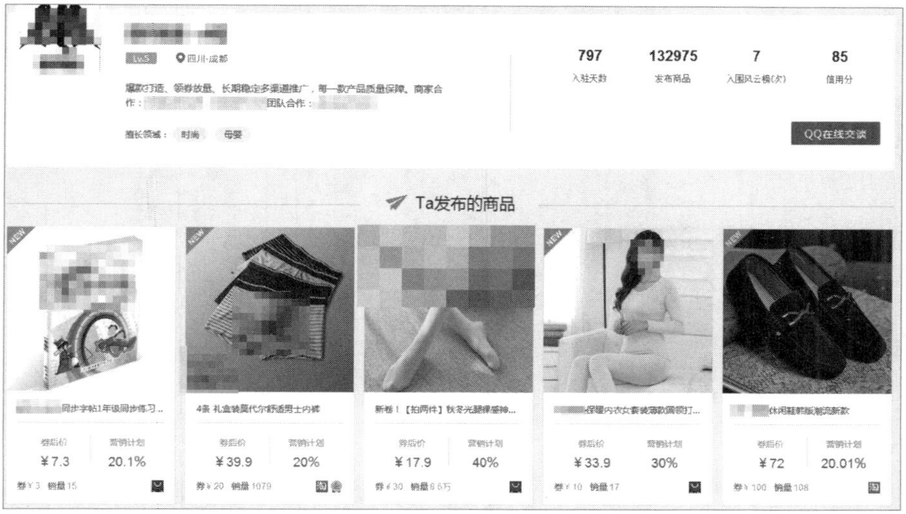

图 10-5 “大淘号”账号详情

10.1.3 利用后台寻找淘宝客

在淘宝客后台，可以看到一个团长招商活动广场，这里就是一个聚集大量淘宝客的官方资源平台，如图 10-6 所示。其中，营销场景包括品牌团、单品招商、“券直播”、“白菜价”、直播 / 达人招好货、聚划算、拼团以及其他营销场景类型等。卖家可以根据自己的推广需求，选择适合自己推广目标的营销场景和类目，更加简单高效地找到合适的淘宝客。

图 10-6 团长招商活动广场

> **专家提醒：** 点击相应“招商团长”名称右侧的旺旺图标，可以直接与该招商团长通过旺旺来取得联系。

10.1.4 淘宝客如何找推广商品

淘宝客可以通过阿里妈妈淘宝联盟来查找想要推广的商品，同时还可以参与各种推广活动，获得更多收益，具体方法如下。

（1）进入淘宝联盟主页，在导航栏中选择“超级搜索”选项，如图 10-7 所示。

（2）推广者可以直接在搜索栏中输入要搜索的商品名称或链接，也可选择相应主题并设置搜索条件，查找想要推广的高佣金商品，如图 10-8 所示。

图 10-7　选择“超级搜索”选项

图 10-8　超级搜索功能

（3）在搜索结果中，推广者可以查看商品主图、名称、价格、销量、佣金比率和具体数额、店铺名称以及使用的淘宝客推广方式，如图 10-9 所示。点击“立即推广”按钮即可马上推广该商品，点击“选取”按钮可以将其添加到“选品库”。

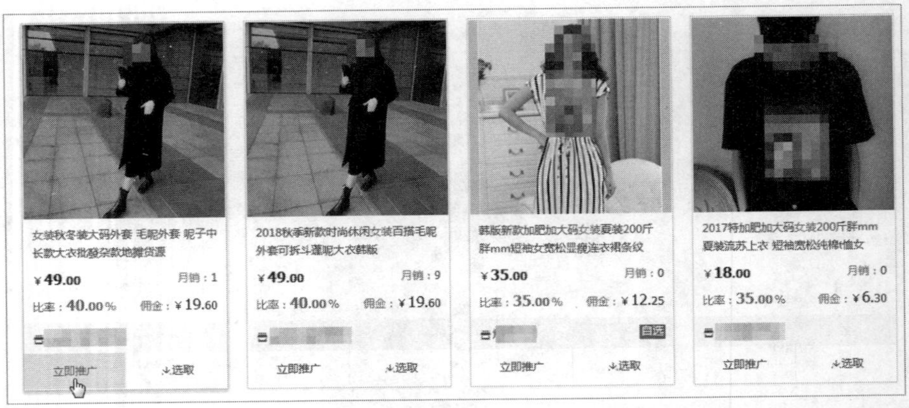

图 10-9　查看推广商品

推广者可以根据商品的各项数据进行筛选，然后选择适合自己的方式（主要有短链接、长链接、二维码、淘口令 4 种）复制链接，并将其发布到自己想要推广的平台及人群，即可开启自己的淘宝客赚钱模式。

10.1.5　大促活动期间淘宝客的应用

“双 11”“双 12”等大促期间，是消费者购物欲望非常高的时期，此时卖家必须通过多元化的引流渠道，来让消费者知道自己的让利优惠。因此，作为淘宝的 3 大引流利器，淘宝客是大促推广必不可缺的工具，具体的运用技巧如图 10-10 所示。

前期预热：收藏加购 → 加购（添加购物车）和收藏是进入活动主会场的重要维度，卖家可以借助淘宝客推广产品的同时，使用额外的福利来引导消费者提前加购和收藏

专业推荐：导购清单 → 淘宝客通常都拥有大量的精准粉丝，在大促期间会同时购买多个商品。此时，淘宝客可以整理出一份详细的购物清单，不仅价格更加优惠，而且还可以为粉丝带来更加专业的购物推荐

图 10-10　大促期间淘宝客的应用

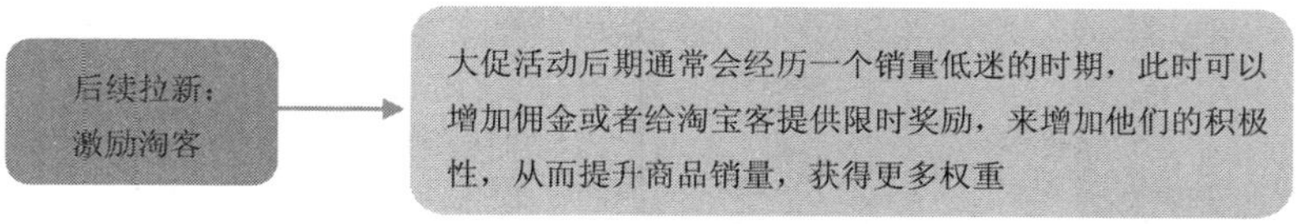

图 10-10　大促期间淘宝客的应用（续）

10.1.6　淘宝客提升聚划算活动效果

聚划算活动通常包括曝光期、预热期和售卖期 3 个阶段，在曝光期卖家就需要招募淘宝客来提前对商品进行预热，这样才能更好地聚拢潜在消费者，提升活动效果。淘宝客可以通过图文内容来引导买家提前进入活动页面，利用聚划算的“开团提醒”功能让他们关注该商品，如图 10-11 所示。当开团后，关注的买家即可及时收到信息，进入该商品活动页面下单购买。

图 10-11　聚划算活动页面

10.1.7　做好淘宝客的后期维护

卖家需要做好淘宝客的后期维护，才能维持店铺长期稳定的发展，具体方法如图 10-12 所示。

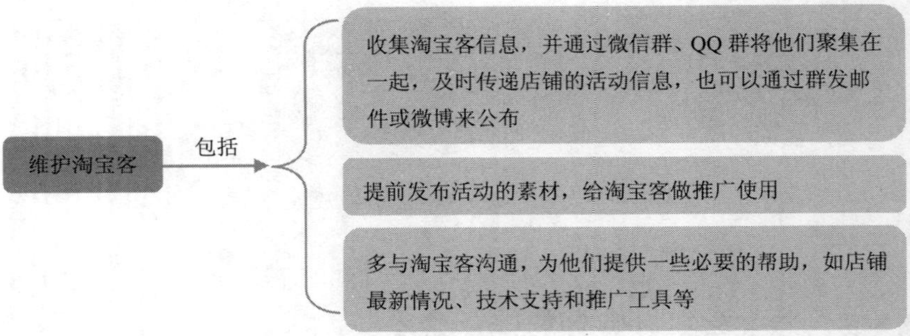

图 10-12　淘宝客的维护方法

10.1.8　淘宝客必须知道的报表

在淘宝客后台，选择“效果报表”功能即可查看结算明细情况，包括账户明细、订单明细和维权退款订单明细等，如图 10-13 所示。

图 10-13　“效果报表”页面

在订单明细界面中，卖家可以查看各个订单的确认收货时间、结算时间、创建时间、计划名称、商品信息、实际成交价格、成交商品数、佣金、服务费、推广者昵称以及团长名称等信息，如图 10-14 所示。同时还可以下载这些报表，更好地进行淘宝客的后期监控和维护。

图 10-14　订单明细界面

10.2　全新推广渠道：淘客要这样做新用户转化

如今，淘宝站内正大幅提升内容电商的发展空间，如淘宝达人、淘宝直播、淘宝头条、微淘、必买清单等，这些全新的推广渠道为淘宝客带来了更多的商业机会。很多淘宝客过去积淀的粉丝资源，将在电商平台中实现商业利润，而粉丝则在其中完成了向消费者的角色转变，电商平台直接将用户引导到商品，完成最后的商业闭环。

10.2.1　淘宝达人

首先来认识一些淘宝达人。

（1）内容定位：对行业十分熟悉，可以生产相关的行业内容。

（2）功能定位：可以运用内容的影响力和号召力，吸引大量粉丝互动。

（3）结算方式：主要采用 CPS（成交付费）和 CPC（展现付费）两种方式。

淘宝客的推广方法有很多种，而淘宝达人也推广商品，但淘宝达人的流量更加巨大，而且主要集中在移动端，其流量资源的优势性是其他淘宝客所无法比拟的。淘宝达人的角色类型也比传统的淘宝客更加丰富，包括自媒体、明星、红人以及淘女郎等，如图 10-15 所示。

图 10-15　淘宝达人的角色类型和要求

在手机淘宝的首页，除了淘宝头条、淘宝直播、有好货、爱逛街和必买清单等电商模块外，淘宝达人还可以借助每日好店、微淘以及“问大家”社区等获得不错的精准流量，同时对消费者选购物品来说也更加方便。另外，再加上“双 11 清单”“双 12 清单”以及各种节日年货节清单等都可以产生巨大的交易额，让淘宝达人们看到了未来，其优势如下。

（1）全球最大的消费类媒体平台：亿级流量精准分发，连接阿里全系 100+ 内容消费频道，内容创业新蓝海。

（2）全面开放的粉丝运营空间：每个创作者都拥有自己的粉丝阵地，作为有力的粉丝运营抓手，高效连接每一位粉丝。

（3）高效的内容创作工具：聚集全网最新鲜的创意，直击用户需求，提供海量优质素材，快速锁定优质商品、图片和视频，并且可以在发布前进行内容质量诊断，让内容编辑更高效。

（4）全方位的数据运营支撑：基于大数据的运营分析平台，为达人们提供四维能力评估体系，包括流量能力、内容效果、合作能力和自运营能力，效果评估可持续反馈。

（5）多元化的商业机制：

- 商品推广佣金，精准转化内容影响力。
- 优质内容奖励，为优质内容创作者保驾护航。
- 阿里 V 任务，为你的内容创作能力对接更多潜在客户。

（6）全新的账号体系：3 大账号类型，包括微淘号达人、微淘号商家和品牌号，覆盖 120 多种账号角色。

10.2.2 淘宝直播

淘宝直播是一个以直播内容为主的社交电商平台，为明星、模特、红人等类型的淘宝达人提供更快捷的内容变现方式。在淘宝直播中，大部分的淘宝达人的真实身份其实是淘女郎、美妆达人、时尚博主以及签约模特等，同时他们的头像下方还会显示一个大 V 的标识，如图 10-16 所示。

图 10-16　淘宝直播的流量入口和主界面

在淘宝直播平台中，发布较多的基本上都是美妆、潮搭、母婴、美食、旅游类产品以及相关的内容形式，这些产品都是互联网中比较受欢迎的类型。

那些没有开店、只是帮助商家推荐商品的淘宝达人，也可以从商家处获得佣金收入。在这种互联网电商模式下，直播视频内容充当了流量入口，为商家或自己的店铺提供推广渠道。这种用互联网思维卖货的内容电商模式，可以更加精准地把握客户需求流量成本更低、转化率更高，具有更多的变现优势，如图 10–17 所示。

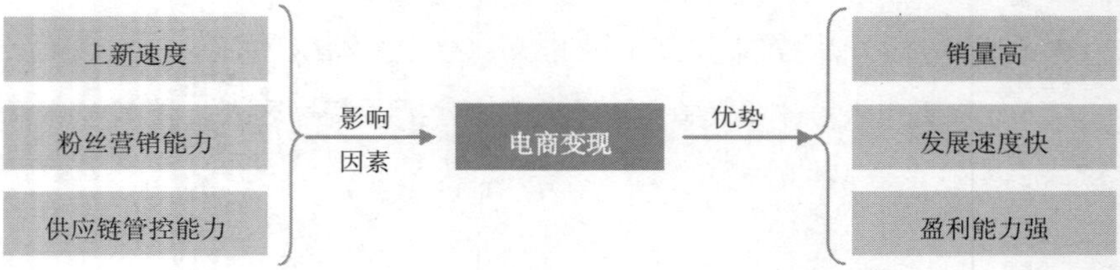

图 10–17　电商变现的影响因素与优势

10.2.3　淘宝头条

淘宝未来的发展方向是“内容化 + 社区化 + 本地生活服务”，在这些前提的驱动下，推出了“淘宝头条”平台（又称为“淘头条”），如图 10–18 所示。

图 10–18　移动端的“淘宝头条”入口与页面

淘宝头条提供了美搭、时尚、美容、数码、母婴、家居、美食等板块，每个板块下面，分别提供不同类目的内容信息，信息中可以添加产品链接，不过要注意的是，添加的必须是淘宝系链接。

淘宝头条受到广大用户的关注和喜爱，据悉每个月有超过 8 000 万消费者通过该平台获取消费类信息内容。目前，淘宝头条的开放对象包括组织、机构及个人（如纸质媒体、电视媒体、业界达人等），但前提是必须提供优质内容。

据悉，淘宝头条目前拥有超过千万的日活跃用户数，一篇优质内容可以收获 800 万 + 的阅读量，一个优质账号 8 个月订阅粉丝能达 90 多万，平均每月涨粉可达 10 万 +。另外，淘宝头条的内容运营者收益情况也比较可观，一篇淘宝头条热读文章可以给发布者带来 10 多万元的佣金收益。

10.2.4　手机微淘

微淘是阿里巴巴进军新零售社交电商的重要产品，借此来实现由 PC 端过渡到移动端，打造一个全新的移动电商入口，同样是淘宝达人和淘宝客推广商品的重要渠道，如图 10-19 所示。

图 10-19　“微淘”入口与内容页面

阿里巴巴推出微淘，核心在于强调“以用户为中心”的新零售理念，同时打通了微淘公众平台，让淘宝商家、淘宝达人和淘宝客也能建立自己的电商自媒体系统，更好地运营粉丝。粉丝可以关注商家的微淘号，订阅相关的服务和信息，同时还能够及时进行互动。微淘的主要功能包括发帖子、宝贝清单、图片短视频、链接、问答、单品、买家秀，以及预上新、上新、转发以及草稿等。

例如，登录阿里·创作平台，❶ 在左侧的“首页—创作”导航栏中选择“发布新微淘”选项；❷ 然后在右侧窗口中点击“通用”按钮；❸ 在下方窗口中点击“长文章”下面的“立即创作”按钮，如图 10-20 所示。

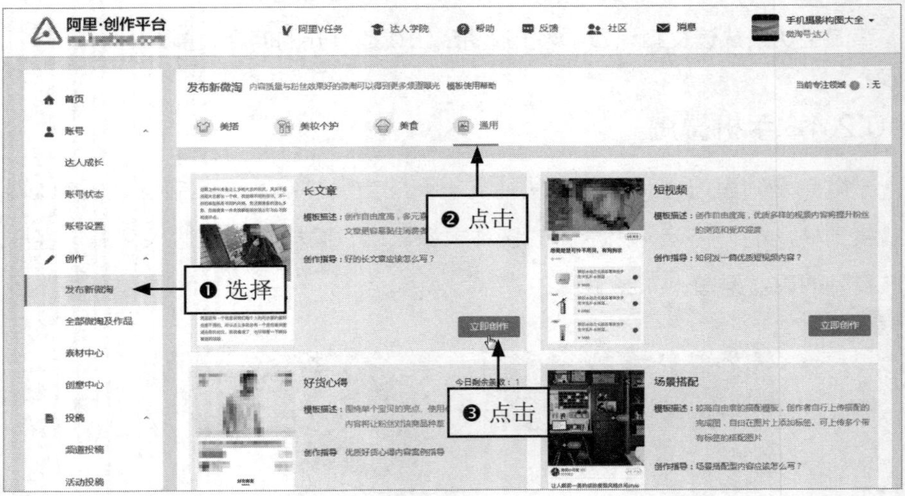

图 10-20　点击“立即创作”按钮

进入“长文章”页面，在这里可以设置文章标题、副标题、正文、文末链接、封面图片、添加互动以及推送至群聊等，如图 10-21 所示。

商家可以通过长文章来发图文广告，并添加要推广的商品，也可以自定义广告链接，让消费者获得更多的信息。其中，长文章中还包括群聊、投票、福利和征集活动等互动营销工具，这也是商家跟粉丝进行互动和引入粉丝的重要入口。

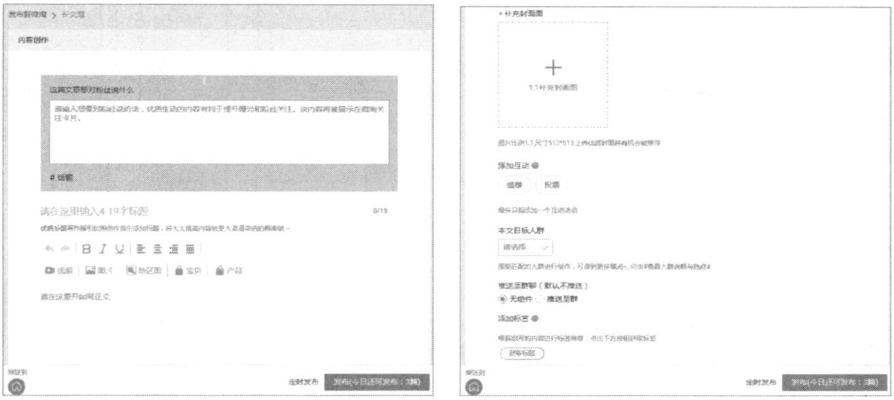

图 10-21　设置长文章

10.2.5　必买清单

面对流量巨大的淘宝达人，淘宝也在不断开发新的入口，以实现内容化、社区化和互动化，更好地满足移动时代的消费需求。必买清单便是其中一个做好新品引流和老品维护的不错入口。图 10-22 所示为清单的内容组成。

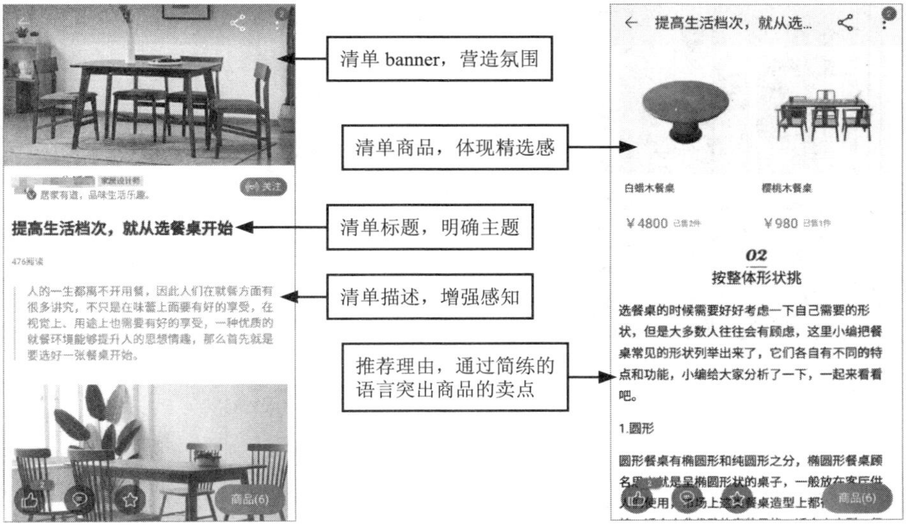

图 10-22　清单的内容组成

只要是大 V 或者淘宝达人，都可以在必买清单中提报符合要求的内容，提交审核后进行展示。必买清单有一定的提报要求：在某个子活动的清单中，商家可以提报店铺内的两款相关商品，当商品的审核通过后，即可出现在相应的清单中。

> **专家提醒：**如今，很多店铺已经开始自己创作达人（达人已经开通开店账户也可以开通达人）或者和达人进行强强联合，店铺为达人提供活动策划、活动推广、活动图片、活动内容等一系列的达人服务，让达人更好地完成专一类目的推广。
> 店铺的策划和文案部门开始了针对达人的内容、图片采集，还有竞争对手的文案分析，行业内文案和图片的采集分析，并且制定针对达人推广内容的一系列内容，只要你的内容够吸引消费者，就有可能产生购买行为。

10.2.6 “分享 +”工具

卖家使用“分享 +”工具进行推广时，可以通过众多分享者来实现分享引流，卖家将免费获得流量，而且只有分享成交后才需要支付相应的佣金，其管理页面如图 10-23 所示。

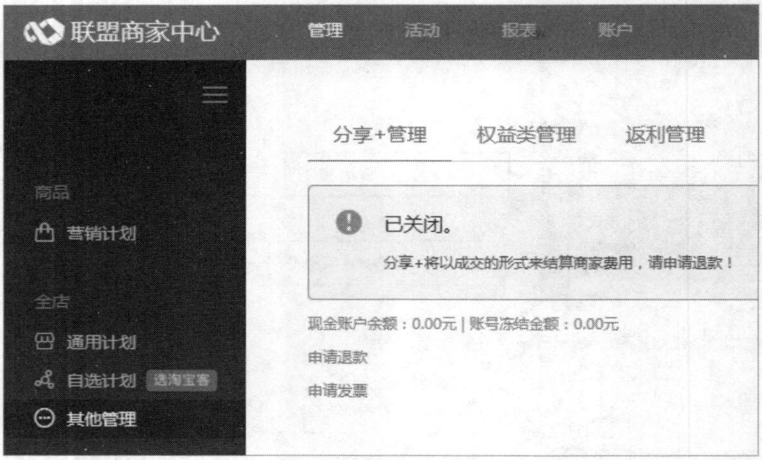

图 10-23 “分享 +”工具管理页面

开通“分享 +”功能后，系统会对商品详情页进行升级，显示“分享有礼”的标签，刺激消费者进行分享引流，卖家将免费获得优质的社交流量，如图 10-24 所示。关闭“分享 +”功能后，卖家将无法获得这部分流量。

图 10-24　通过“分享 +”引流

10.3　3 步让转化率翻倍，揭秘淘客的赚钱技巧

做淘宝客也需要遵循一定的规则，让推广更加安全、高效，最终才能实现更多的成交和收益。本节从售前、售中和售后 3 个阶段，分析淘宝客推广需要注意的事项。

10.3.1　售前篇：佣金设置和活动报名需谨慎

售前主要要注意两个方面，那就是淘宝客佣金设置和选择活动报名需谨慎，具体如图 10-25 所示。

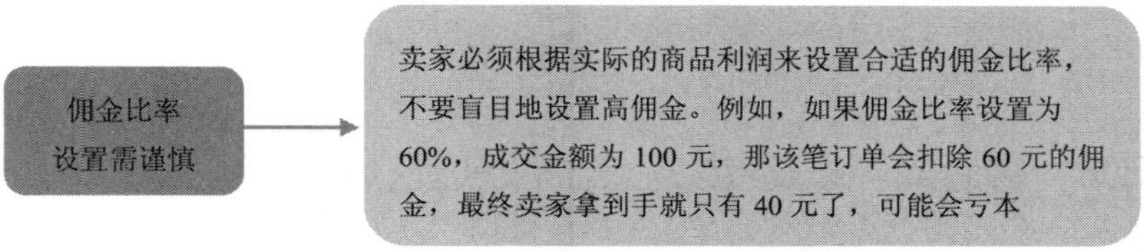

图 10-25　淘宝客推广售前的注意事项

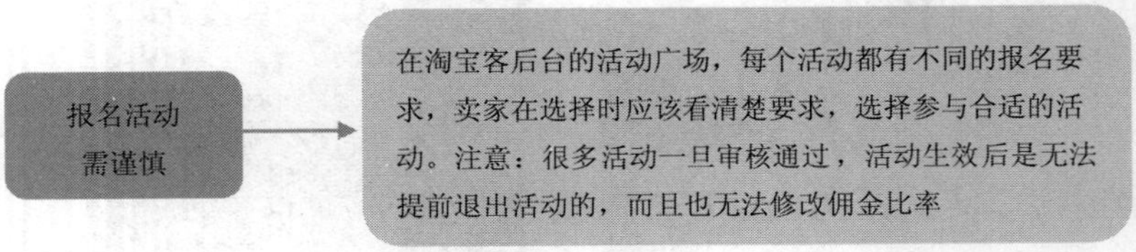

图 10-25　淘宝客推广售前的注意事项（续）

> **专家提醒**：卖家在参与淘宝客推广活动前，一定要先核对商品成本，在利润允许的范围内去设置佣金比率。下面看一个没有注意该事项的案例。
> 某卖家将店里的洗面奶佣金设置为 50%，他认为，一瓶洗面奶亏 50 元自己还可以承受得起，只需等到旺季即可实现盈利。结果有一个大商家通过淘宝客的推广渠道一次性买了 1 000 瓶洗面奶，所以扣除佣金后这笔交易让该卖家直接损失 5 万元。

10.3.2　售中篇：不要随意给买家发货和改价

因无法判断买家有没有访问过淘宝客的链接、是否会扣除淘宝客佣金，为了避免损失，卖家不要随意给买家修改订单价格、改货款或者退运费。

例如，小李卖的抽纸不贵，10 元一包，一包抽纸赚 6 元。某日，兰兰逛到小李的店铺，想要买够公司一年用的抽纸，一次性下单 10 000 件，于是跟小李还价，想要半价优惠。小李觉得兰兰的订单量非常大，不想失去该客户，即使把货款从 100 000 元降到 50 000 元，自己每包也可以赚 1 元，扣除成本 40 000 元，日进 10 000 元也是不错的。

可小李万万没有想到，兰兰是通过淘宝客链接进入的店铺，因此这笔订单还需要扣除 30% 的佣金，即每卖一包需要给淘宝客 1.5 元的佣金，结果该笔交易直接让小李损失了 5 000 元。

另外，卖家还需要注意，买家拍下什么款式就发什么款式，千万不要随意更换，因为店铺中不同商品的成本和佣金比率也不同，更换发货商品可能会导致一些损失。如果订单有变化，建议卖家引导买家重新下单。

10.3.3　售后篇：按淘宝线上流程处理售后

如果有买家要申请售后，卖家必须按淘宝线上售后流程来处理，系统能自动同步到淘宝的维权状态。例如，8 月 20 号确认收货的订单，如果买家在

9 月 10 号之前线上维权成功，则维权成功当天，佣金会自动返还到卖家手中。

如果后期遇到订单交易行为有异常的，当月确认收货的订单必须在下个月 10 号之前联系小二咨询。图 10-26 所示为淘宝客安全推广口诀，所有卖家和相关客服人员都必须牢记于心。

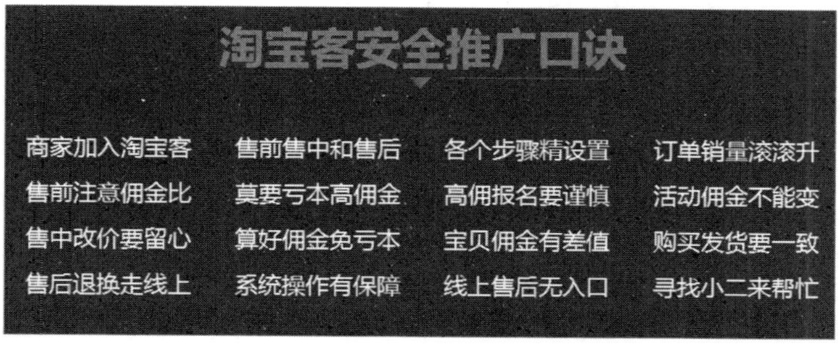

图 10-26　淘宝客安全推广口诀

第 11 章

高效引流：从流量精准下手提升转化

前面详细介绍了直通车、钻展和淘宝客 3 大引流工具，本章主要讲解“直钻搜”结合的一些推广玩法，将自然搜索、直通车和钻展相结合，深入浅出地讲述直通车和钻展如何相互引流、相互消化，帮助卖家学会“直钻搜”结合的高效引流技法，从而快速打造店铺爆款，提升转化率。

本章主要内容包括：

- 精准裂变：SEO 优化与转化率提升技巧
- 引流方案：“直钻搜”的高级推广策略
- 引流规划：做好网店各阶段的推广预算
- 精准引流：快速锁定高意愿客户实现转化
- 淡季引流：轻松实现低成本高转化的逆袭

11.1　精准裂变：SEO 优化与转化率提升技巧

SEO（search engine optimization）中文译为搜索引擎优化。在淘宝平台中，SEO 的主要原理是通过提高目标网店或者目标关键词在平台搜索引擎中的排名，来达到优先展示的推广目的。很多新手以为 SEO 就是网店营销，其实它只不过是网店推广方法中的一种，所以我们不要以点代面，以为掌握了 SEO 知识，就学到了网店营销的全部。下面要向大家介绍的是 SEO 优化与转化率提升技巧。

11.1.1　什么是关键词

关键词是英文“keywords”的翻译，指用户在搜索时键入的能够表达用户个体需求的词汇。关键词在淘宝平台上起到用户索引、匹配商品的作用，平台需要将关键词、图片、多媒体等内容组成的店铺或商品页面给消费者看，也要给搜索引擎看。只有搜索引擎看到了，并对当前网页建立索引，才有可能呈现给用户。

11.1.2　基本法则：大树法则

“大树法则”是淘宝网关键词搜索优化的基本法则，基本条件如图 11-1 所示。

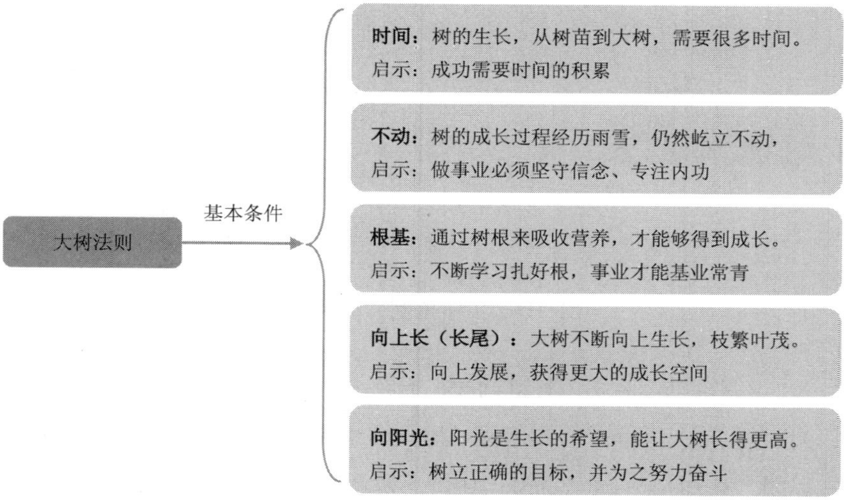

图 11-1　“大树法则”的 5 个基本条件

11.1.3　什么是淘宝关键词词根

淘宝系统通过搜索识别商品标题，将商品标题拆分成词根，进行检索匹配。词根指淘宝系统所能识别的最小关键词单位。在官方工具生意参谋后台市场搜索词分析中，词根分为 3 种类型：核心词、品牌词和修饰词，也有长尾词（流量遵循“二八分配”原则）、热搜词推荐。

在不同的品类中，同一个关键词也会被分到不同的词根中。例如，“小米”这个关键词，在手机类目中会被分到品牌词中；而在食品类目中，则会被分到核心词中。按照相关度的原理，品牌词、核心词和修饰词是不能进行拆分的，所有关键词都是由这 3 种类型的词根中的 1 种、2 种或者 3 种来进行组合。

11.1.4　分析竞品关键词数据优化标题

利用关键词词根优化制作商品标题的 4 个基本原则如图 11-2 所示。

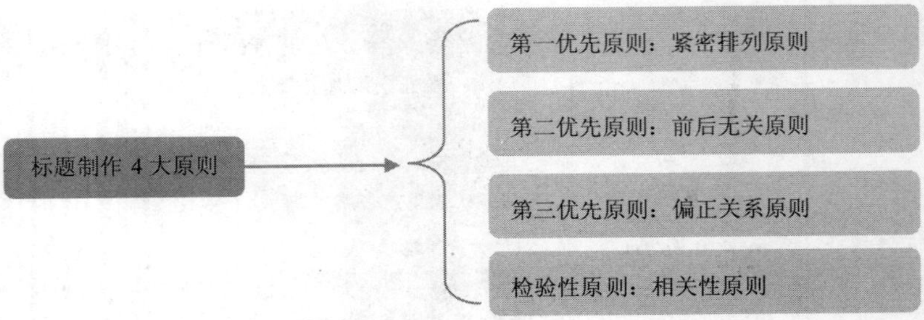

图 11-2　标题制作 4 大原则

（1）紧密排列原则：关键词放在标题中是没有间隔或者其他字词的。例如，关键词“祛痘洗面奶”在标题“男士控油祛痘洗面奶”中就是紧密排列，而在标题“男士祛痘控油洗面奶”中就不是紧密排列，因为中间间隔了“控油”这个词。紧密排列的关键词标题权重更高，能获得的搜索曝光机会更多。

（2）前后无关原则：前后无关原则指关键词的词根顺序错放或者拆开，不影响搜索结果的展示。例如，宝贝 A 标题为“男士控油祛痘洗面奶”，宝贝 B 标题为“男士祛痘控油洗面奶”，买家在搜索关键词“祛痘洗面奶”的时候两个宝贝都能展现，只是权重高低不同而已。

（3）偏正关系原则：偏正关系指修饰词尽量放在核心词前面，也就是最后一个关键词尽量是核心词（也就是名词），这样可以让消费者的阅读体验更好。

（4）相关性原则：这个原则属于一个检验型的原则，即标题中所有选择的关键词都必须与宝贝类目、属性相关，而且这种相关性越强越好。淘宝系统会自动检查这种关系，如果出现不匹配，会直接下架商品。

通过分析竞品关键词数据来优化宝贝标题的具体方法如图 11-3 所示。

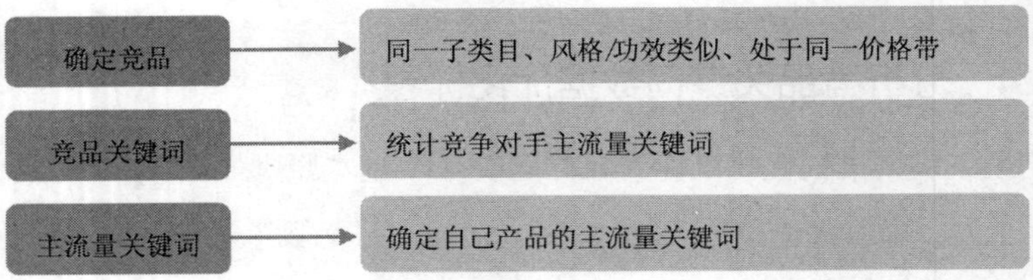

图 11-3　优化宝贝标题的具体方法

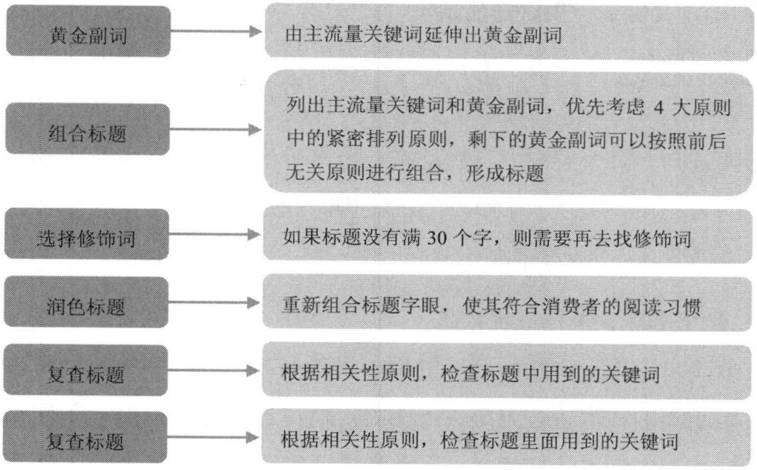

图 11-3　优化宝贝标题的具体方法（续）

11.1.5　千人千面展现机制的选款策略

在了解了淘宝搜索原理之后，卖家首先要做的就是通过新品上架的优化，做好打造爆款甚至爆款群的基础工作，争取将产品展现排名无限放大。

1. 了解千人千面的展现机制

目前，淘宝搜索规则主要是通过人群标签匹配商品特征来干预展现排名，另外一个特征就是让不同类目中更多中高客单价的高品质产品展现给买家，这也是淘宝网为了提升自己的平台形象和优质客户、高消费人群的用户体验。所以，卖家不仅要从搜索规则去布局，还应对高客单价、有较高利润的产品进行上架优化。

2. 产品市场的选择和判断

卖家需要分析市场的竞争环境、类目流行趋势和竞争对手，选择相对竞争度小的、市场容量较大的市场，同时还要判断是否是需求断层的市场，做到人无我有，提高对市场的敏锐洞察力，然后根据网店营销的阶段性目的，对产品进行布局。

3. 确定关键词，做好产品定价

首先要确定一级或者二级目标关键词，可以通过细分类目的细分点去确定自己的目标关键词，也可以分析材质、风格、功能、人群等方面去建立自己的突围方向。每个关键词背后都有一个客单价模型，它往往决定了搜索流量大小的天花板。所以，了解产品的定价原理是了解市场主流价格、对应端口的价格模型以及产品价格段分布的前提。

4. 数据选款，选择最优款式

选款决定生死，决定你后面的推广是否有效。选款不对，就算勉强推广起来，后期维护成本也会更高、更困难。常见选款是通过搜索转化率、收藏加购率、UV 价值、点击率这 4 个维度综合考量，分析产品是否有竞争力，然后选择最优秀的款式。

5. 提升权重，积累基础销量

产品上架前期需要积累一定的基础销量，来提升人群标签基础权重和销量基础权重，同时也是为后面的点击转化做准备。网店的标签主要分为店铺标签、个人标签、产品标签 3 类。

（1）店铺标签：店铺标签是基于主营类目，并依据店铺信息、装修风格、产品属性等，结合产品被浏览、收藏、加购的人群累积产生的数据综合形成的标签。

（2）个人标签：基于用户长期累积的浏览、收藏、加购、购买、评价等习惯，包括单笔消费能力、消费周期、下单时间、下单速度等综合因素形成的标签。

（3）产品标签：基于店铺标签，根据产品被浏览、收藏、加购、成交的人群标签来累计。

当店铺标签越精准，产品人群权重越高的时候，获得的流量也越精准，点击率、转化率、产值等数据也会越来越好，这些数据又会反作用于精准店铺标签，提升产品人群权重，三者相辅相成，形成良性循环。

11.2 引流方案："直钻搜"的高级推广策略

前面介绍了淘宝关键词搜索优化的基本方法，其实，很多时候，我们可以利用直通车、钻展、SEO 相互结合的方法来实现高效推广引流，本节将介绍具体的方法。

11.2.1 "直钻"结合的引流技巧

"直钻"结合是指直通车和钻展这两个工具的组合，直通车是主动搜索根据，其重点在于转化；而钻展是被动展示根据，其重点在于流量。"直钻"结合的关键在于流量的结合，而不是转化，因此卖家要注重店铺本身的流量结构。做"直钻"结合不是以直接销量为目标，而是通过彼此流量的配合来提升流量的精准度，打造流量闭环来完成转化，如图 11-4 所示。

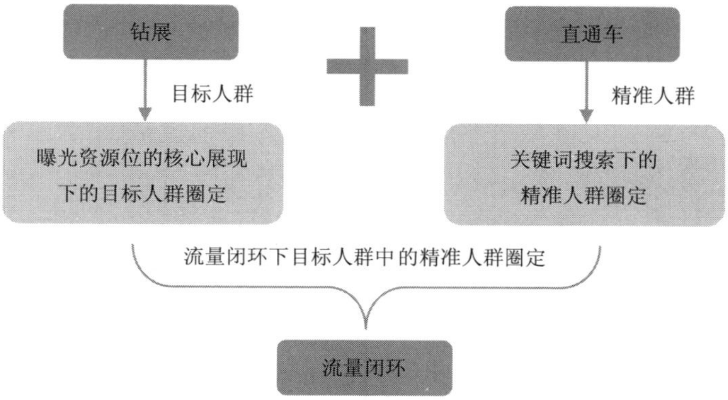

图 11-4 "直钻"结合的引流原则

例如，对于新店来说，初期的访客非常少，引流是首要的解决方案，考虑到利润成本问题，可以考虑使用"直钻"结合的引流方式，如图 11-5 所示。

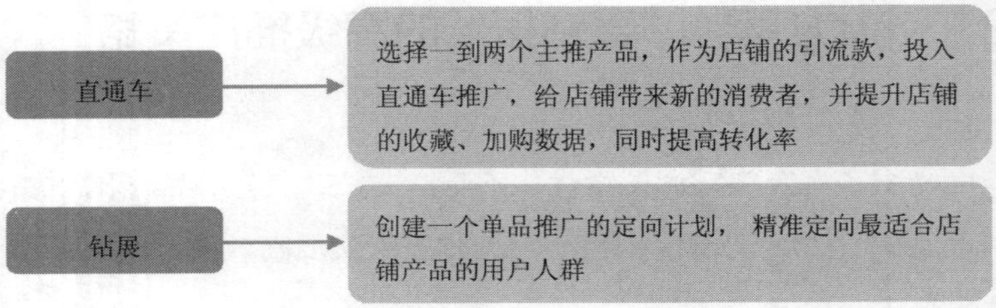

图 11-5　新店引流的“直钻”结合方法

11.2.2　“直搜”结合的引流技巧

淘宝的强大之处在于千人千面，因此卖家可以利用直通车＋自然搜索流量的方法来实现引流，打造高转化的宝贝。卖家可以通过直通车来培养质量分和提升基础权重，后期再来带动自然搜索流量的提升，具体策略如图 11-6 所示。

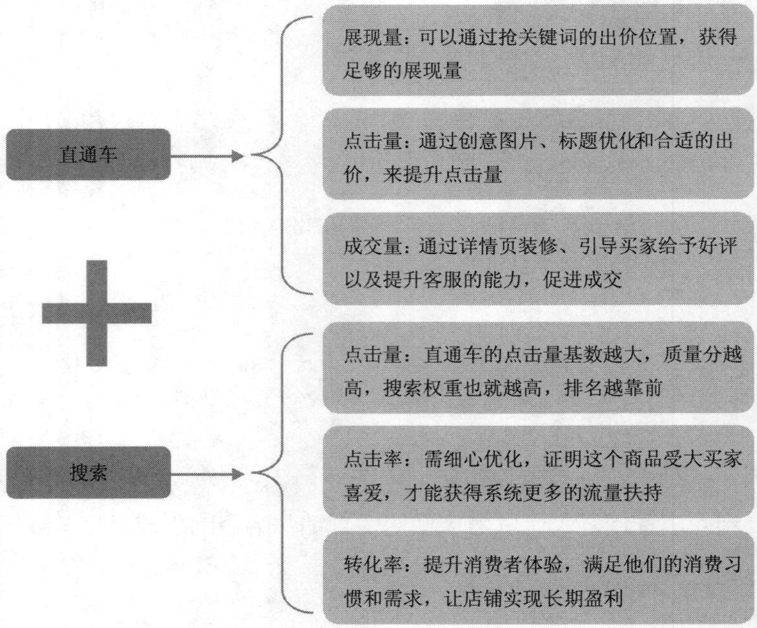

图 11-6　“直搜”结合的引流策略

11.2.3 直通车定向流量的暴力玩法

直通车定向推广功能是继搜索推广之后的又一精准推广方式，简单来说就是将合适的产品推送到合适的位置，给合适的人看到。定向推广后台主要是两个部分：投放人群、展示位置。

1. 投放人群设置

在开启定向之前，主要工作是培养定向的权重，即培养账户的基础质量分，具体方法如下。

（1）养质量分。开启一个计划，添加一些长尾词，然后把这些关键词的质量分养上去；当质量分上去后，在开启定向时，智能投放出价所获得的展现和质量分比较低时获取的展现量是有差别的，如图 11-7 所示。

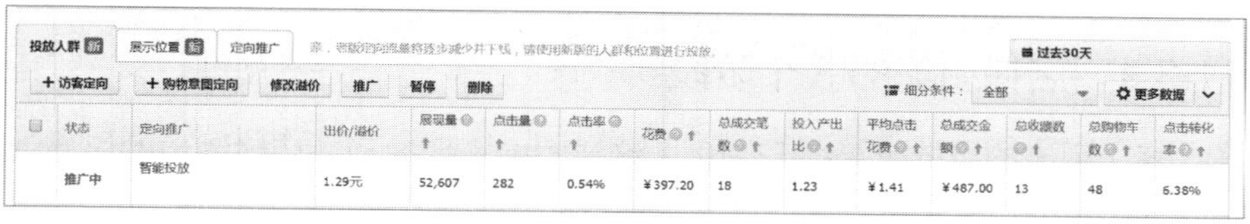

图 11-7　定向推广中的智能投放数据

（2）开启定向功能。开启定向时，要先设置投放人群，打开“智能投放”和“搜索重定向”功能，使其显示为“推广中”状态，并设置“访客定向”中的一些定向功能，同时将“购物意图定向”中的每个意图点都选中进行推广。

（3）设置出价和溢价。智能投放刚开始的出价可以设置在 0.5 ~ 0.8 元，之后的所有显示推广的意图点和位置都开始溢价 1%，后面根据展现量、点击量的情况慢慢往上加价，然后溢价，先达到一定的量级，这种方法就是“上坡法”。

（4）结合推广目标调整计划。当达到一定的量级之后，还要结合卖家的推广目的——是冲销量，还是做ROI？如果是冲销量，肯定以销量目标为导向，前期 ROI 只要在可承受范围就好；如果是做 ROI，则需要观察定向流量所带来的 ROI 数据，如果数据比较差，则需要慢慢降低出价和溢价来进行调整，这种方法就是“下坡法”。

2. 展示位置设置

开启“手机淘宝首页—猜你喜欢”“我的购物车—掌柜热卖”“淘宝收藏夹—热卖单品”“我的淘宝首页—猜你喜欢”以及“手机淘宝消息中心—淘宝活动”等位置的投放，溢价可以设置最低的 1%。这些位置想获取大流量规模，也可以采取“上 / 下坡法”的操作思路。

11.3 引流规划：做好网店各阶段的推广预算

本节从两个点来介绍店铺引流规划的方法，包括店铺引流的 3 个阶段和钻石展位的引流规划，帮助卖家做好网店的推广预算。

11.3.1 店铺引流的 3 个阶段

网店引流的目的就是提升销量，这样才能实现盈利，店铺销量的核心就是产品和流量，这两个点缺一不可。下面介绍店铺引流的 3 个阶段。

（1）第一阶段：自然搜索。自然搜索这一阶段的重点是免费流量的投放，配合数据分析产品的优点和缺点，从而找到突破口。

（2）第二阶段：直通车。此阶段的卖家已经具备了一定的软件分析能力，知道要花钱去投放广告流量，核心就是直通车，并配合免费搜索流量。直通车是基于搜索来展现的，其花费相对来说会比较值。例如，买家在搜索“行车记录仪”这个关键词时，会出现成千上万个相关产品，如果卖家使用了直通车，此时宝贝就会优先排列到前面，从而获得更多的展现机会，如图 11-8 所示。再如，如图 11-9 所示，笔者随机抽取了一个“猜你喜欢”频道，这里也是根据消费者的千人千面原则，系统抓取了买家的消费行为数据，从而主动地、有意识地向他推荐相关商品，其中就包含了大量的直通车推广宝贝。

图 11-8　搜索结果页面

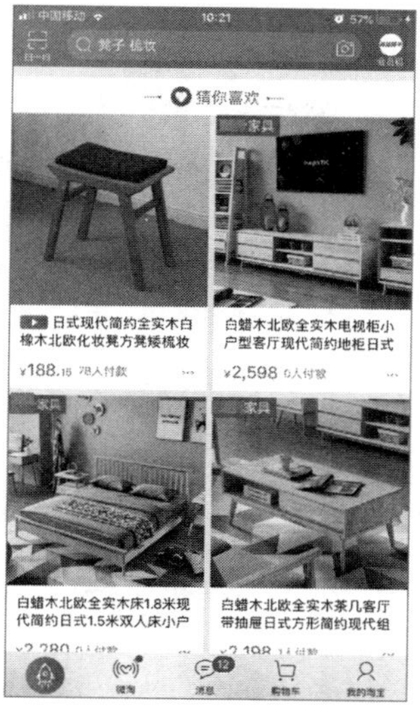

图 11-9　"猜你喜欢"频道

（3）第三阶段：钻展。直通车有数据流量的瓶颈，此时就需要做钻展的流量投放，以大量引入精准流量。与直通车相比，钻展的要求更少，难度更低，只要卖家肯花钱就能获得很好的流量。

从第二阶段开始，卖家就可以花钱来做推广，此时就应该做好推广预算，选择合适的推广工具，尽可能让所有的花费都能够有所收获。

11.3.2　钻石展位的引流规划

钻展目前还处于一个蓝海阶段，不管是竞争强度还是操作难度，都比搜索和直通车更加简单，门槛也更低。卖家在投放钻展时，可以从以下 6 个方面去考虑推广预算，包括投放目标、投放阶段、投放要素、投放计划、投放方式以及投放费用。

1. 投放目标

包括引流（以收藏和加购指标为主，每天的预算在 150 ~ 300 元即可）、转化（以销售额和销量指标为主，预算可大可小）、引流加转化。

2. 投放阶段

（1）平销：即常规销售，主要针对有收藏加购和点击广告行为的客户，笔者推荐第五层级内的店铺将预算设为 300 ~ 2 000 元。

（2）“推爆”（推广爆款）：包括测款上新、放大引流、预热维持这 3 个阶段，不同阶段的推广计划和预算也不同。例如，测款上新阶段的预算为 30%，放大引流阶段的预算为 50%，预热维持阶段的预算为 20%。

3. 投放要素

（1）人群：包括基础玩法和高级玩法。基础玩法可以将店铺人群拆分为新客、潜客和老客，在钻展后台都可以将他们圈选出来，单独做计划和分配预算来进行投放。高级玩法主要是采用达摩盘（alimama-DMP），可以针对更加细分的人群标签来投放。例如，高客单价的首饰、大衣等产品可以将更多的预算投入到新客（如 90%），而老客则可以少分配一些预算（如 20%）。

（2）资源位：站内、站外。站外的流量有产品限制，如火山小视频比较适合针对年轻用户群体的产品。

（3）创意：如图片、文字、视频、淘积木。卖家可以选择一种适合自己产品的创意形式，从而划分不同的预算来进行投放。

4. 投放计划

包括店铺引流计划、宝贝引流计划以及内容营销计划等。其中，内容营销计划主要在微淘等内容化场景下进行推广。

5. 投放方式

（1）按 CPM 投放方式，300 元起可做一个计划。

（2）按 CPC 投放方式，30 元起即可做一个计划。

6. 投放费用

下面笔者做了一个比较笼统的预算规划，仅供参考。

（1）小预算：小于 500 元 / 天。

（2）中等预算：500 ~ 1 500 元 / 天。

（3）大预算：大于 1 500 元 / 天。

卖家可以根据这些不同的预算档次，结合前面提到的引流的相关要素，去完成钻展引流的预算规划。

11.4 精准引流：快速锁定高意愿客户实现转化

无论是引流还是提升销售额，卖家都可以借助“直通车 + 钻展 + 搜索”的免费和付费推广相结合的方式，来辅助这些目标的完成。本节主要介绍在大促活动余热期，实现精准引流的 3 个基本思路，分别为智钻定向、直通车精选人群和自然搜索优化，帮助卖家快速锁定高意愿客户。

11.4.1 钻展：智钻定向

在钻展后台，可以看到有 10 个左右的定向功能，如图 11-10 所示。当然，卖家没有必要投放所有的定向类型，80% 的情况只要选择访客定向、智能定向和相似宝贝定向，并结合店铺型定向去投放即可。

图 11-10　钻展后台的定向功能

对于有些要求比较高的卖家来说，还应该学习一些达摩盘定向的技巧，达摩盘定向可以针对潜在买家的浏览行为、访问轨迹以及跨类目的人群标签等，使投放人群更加精准，如图 11-11 所示。

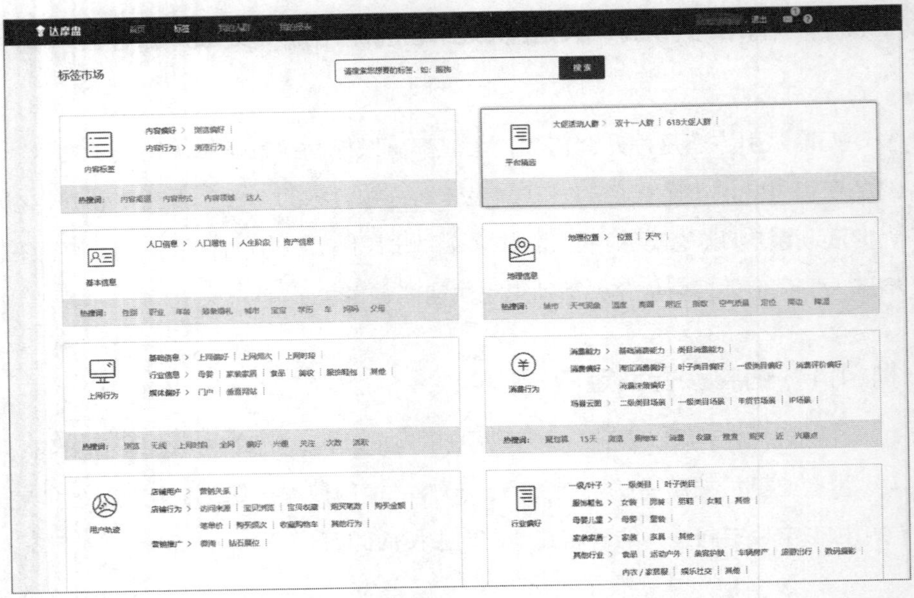

图 11-11 达摩盘定向

如图 11-12 所示，这里列出了两组数据，卖家 A（上图）在钻展上花了 3 000 多元，卖家 B（下图）则在钻展上花了近 2 000 元。这两个卖家都是笔者的学员，都是上的同样的课程，但结果大不相同，卖家 A 的 ROI 仅为 1.3，而卖家 B 虽然花的钱更少，但 ROI 达到了 4.42，而且成交金额也是卖家 A 的两倍左右。这就说明了他们学习钻展的用心程度和执行力度的差异，只有认真落实每一个知识点，才能真正了解钻展的操作方法。

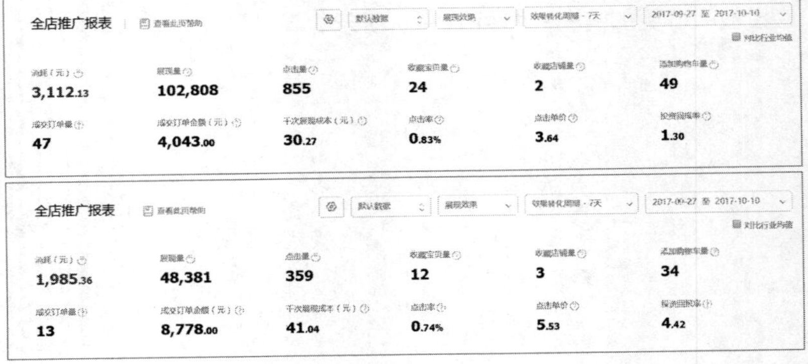

图 11-12 钻展投放案例

11.4.2 直通车：精选人群

“直钻”两者之间是需要相互配合的，直通车和钻展的最大区别在于：钻展可以快速引流，可以抢夺竞争对手的人群标签，人群标签可以细分到 300 个左右，能抓取竞争对手的流量，但前提是店铺本身圈选的人群标签必须是精准的；而直通车的经典玩法就是关键词的被动搜索展现，主要缺点如下。

（1）见效慢，直通车需要养质量分，同时点击率、点击量以及转化率等综合指标都需要跟上，才有可能用最少的价格获得最好的投入效果。

（2）直通车需要消费者去搜索精准的关键词，才有可能获得展现机会。

对于直通车来说，关键词的搜索玩法非常重要，重点是找到精准的人群标签来投放。卖家可以进入直通车后台，任意选择一个宝贝的推广计划，点击进入关键词右侧的“精选人群”界面，如图 11–13 所示。从图 11–13 中可以看到，有的人群投放效果很好，而有的人群投放效果差强人意，这就需要卖家有选择性地关闭一些不精准人群的推广，同时继续保持好的精选人群来投放推广。从图 11–13 可以看到，“女 18~34 岁”这个人群标签的溢价是 30%，展现量是 5 万多，点击量有 2 000 多，点击率为 4.04%，投入产出比为 1.75，相对来说，这个人群标签是有一定效果的。

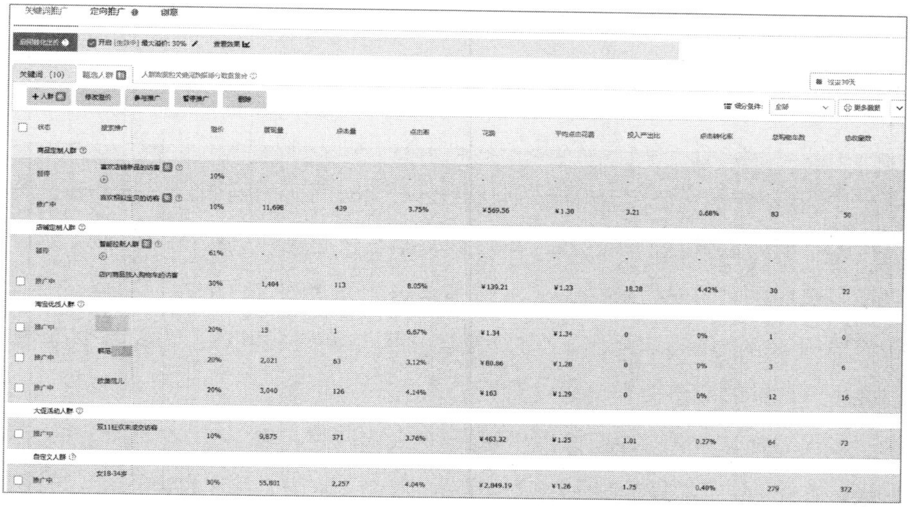

图 11–13 直通车“精选人群”界面

在添加人群标签时，卖家可以按照系统推荐的溢价比例去进行测试。在自定义人群标签中，建议初始溢价设置为 10% ~ 20%，然后根据点击单价进行调整。

同时，在直通车的“关键词推广”界面（如图 11-14 所示）中，通过精选人群的溢价投放后，如何评估直通车对自然搜索权重有没有帮助？当然是有帮助的，如果直通车的关键词和自然搜索的关键词是相匹配的，即可拉升点击率、转化率以及投入产出比等数据，反之则需要优化直通车。

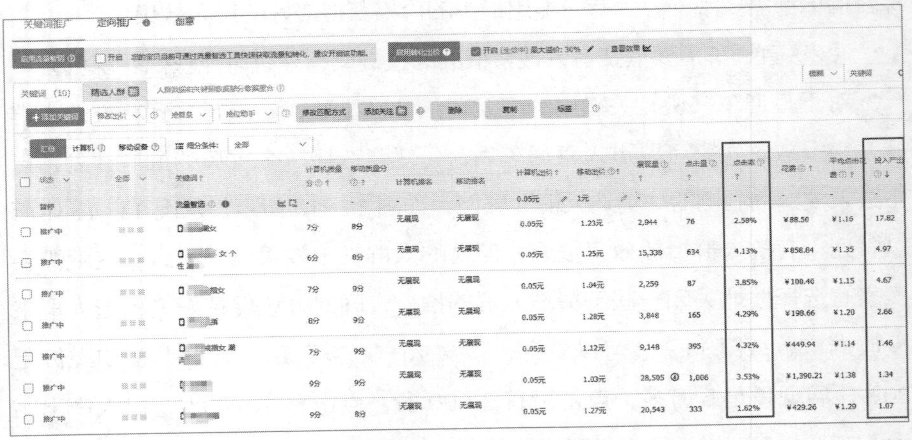

图 11-14　直通车的“关键词推广”界面

11.4.3　SEO：自然搜索优化

下面主要介绍自然搜索权重受哪些因素的影响，以及和“直钻”的关系。第一代的自然搜索优化方法主要是优化上下架时间、标题和店铺服务等，第二代的主要方法就是简单的直通车投放，第三代是比较高级的“直搜”结合以及升级版的“直钻”结合，到现在则是更加强大的“直钻搜”结合，即付费流量和免费流量的结合，通过付费流量来带动自然搜索权重，进而减少花费，以此拉升店铺的流量搜索展现权重。

如今，淘宝对搜索规则的比例进行了大幅调整，自然搜索权重也产生了很大的变化，除了常规的基本权重因子外，建议大家重点关注 UV 价值和坑产。这两个因素直接决定了全店搜索权重的增长的时间节点、长短和付费流量之间的匹配，简单来说就是UV价值越高，店铺的整个搜索权重增加才越有可能。

（1）UV 价值＝销售额 ÷ 访客数。

（2）销售额＝访客数 × 转化率 × 客单价。

（3）所以：UV 价值＝转化率 × 客单价。

> **专家提醒**：坑产的概念范围比较广，如活动坑产、付费投放的坑产、自然搜索某个关键词的坑产以及单个宝贝某个时间段的坑产等。

下面介绍自然搜索优化的具体操作方法。

（1）卖家可以通过生意参谋对比同行同类目产品的搜索人气指标，有针对性地找到与自己价格区间相近的竞品，如图 11-15 所示。

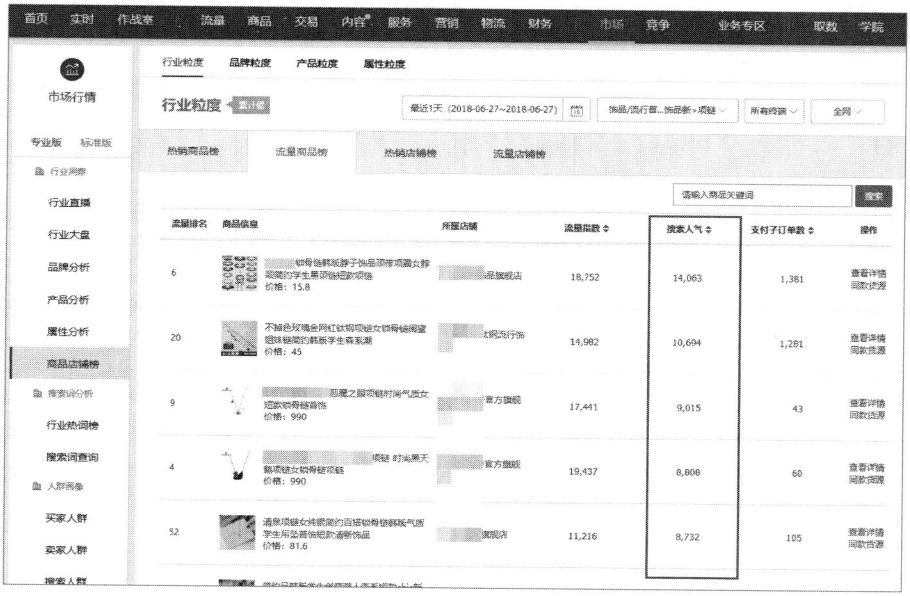

图 11-15　对比搜索人气指标

（2）例如，你的产品价格是 100 元，则可以选择图 11-15 中价格为 81.6 元的产品，点击后进入其商品详情页面，即可看到竞品的流量来源、流量构成占比以及最近一段时间内的自然搜索人气变化趋势，如图 11-16 所示。

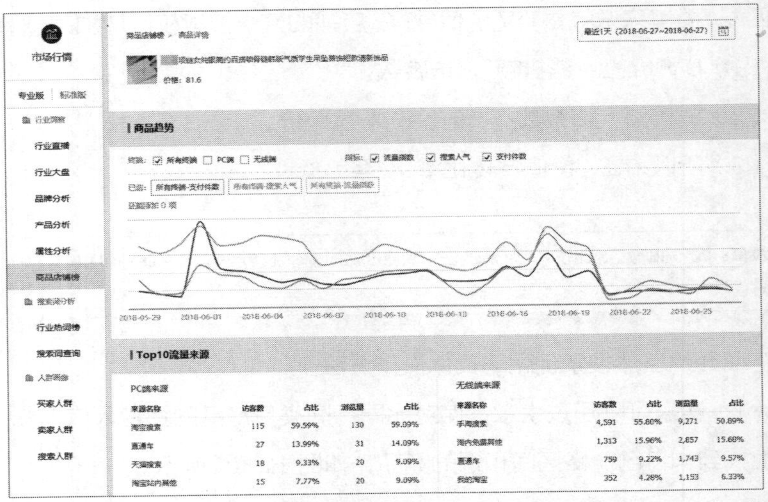

图 11-16　商品详情页面

（3）在下方的“Top10 成交关键词”选项区中，会列出竞品成交带来的关键词，从中可以找到竞品的核心引流关键词，如图 11-17 所示。

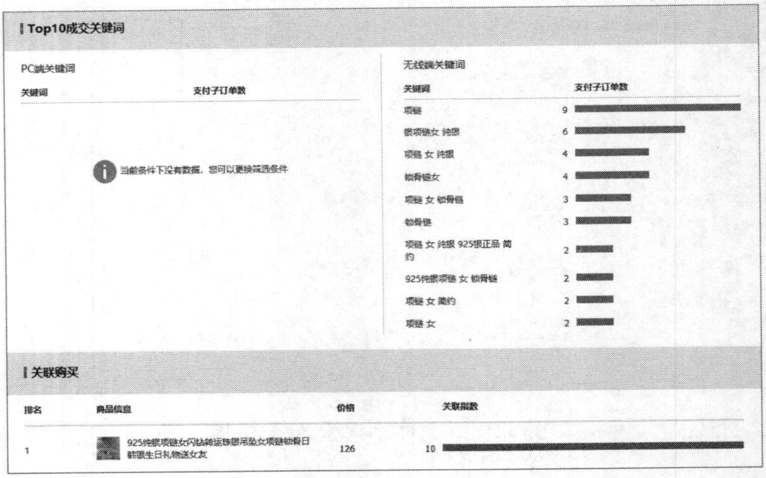

图 11-17　“Top10 成交关键词”选项区

（4）找到核心关键词后，进入生意参谋的“搜索词查询”界面，搜索该核心关键词，并进入“相关搜索词”界面，找到更多有转化的词根（关键词可以拆分的最小部分），如图 11-18 所示。此时，卖家可以调出这些关键词的数据，建立一个 Excel 表格，计算出关键词的竞争指数（竞争指数 = 搜索人气 ÷ 在线商品数），并根据竞争指数来对关键词进行排序，优先选取竞争指数和搜索人气高的词。

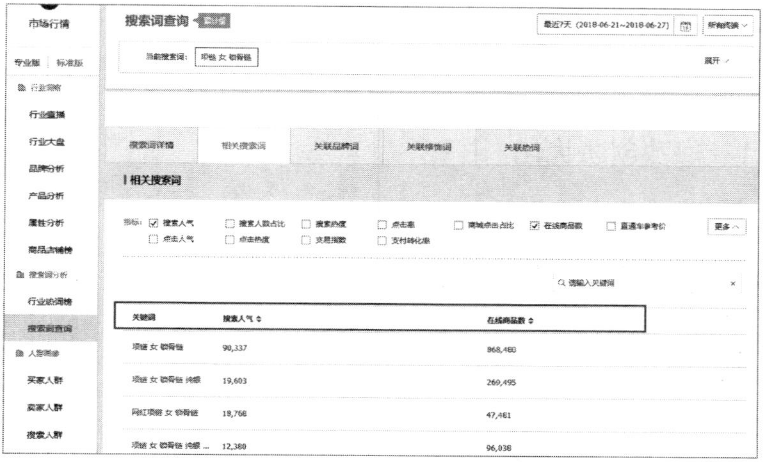

图 11-18 “相关搜索词”界面

（5）进入“关联修饰词”界面，根据找到的词进行标题关键词的修饰，如图 11-19 所示，注意修饰标题时要符合前面介绍的 SEO 标题制作的 4 大原则。

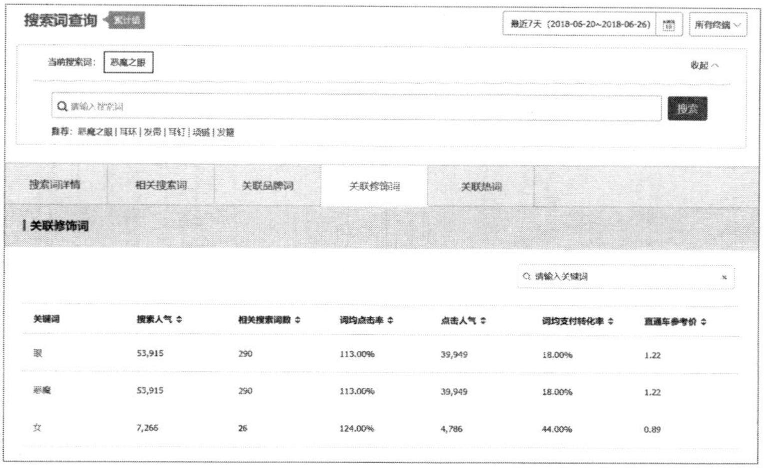

图 11-19 “关联修饰词”界面

11.5 淡季引流：轻松实现低成本高转化的逆袭

在淡季除了传统的搜索引流外，还可以使用“直钻”结合的方式来引流，实现低成本高转化，其包括 3 个决定性技巧，即付费创意的优化、直通车人群权重和竞店搜索分析。

11.5.1 付费创意优化

如图 11-20 所示，这是一个非常普通的中小卖家的店铺，做了 5 张钻展图片，但近期各创意图片的点击率差距非常大。

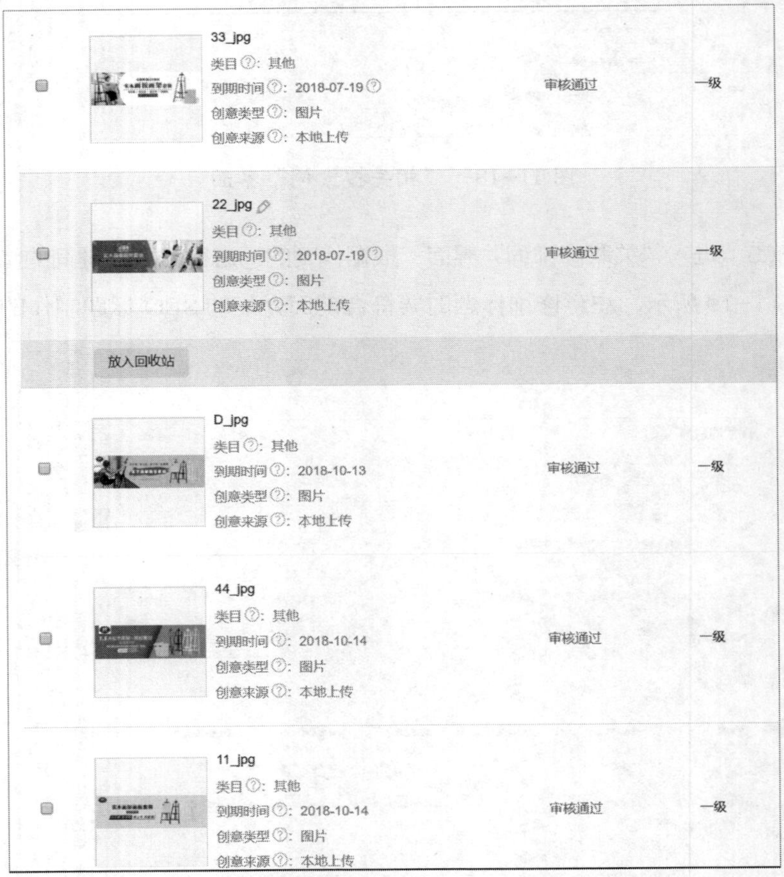

图 11-20 钻展图片

例如，第 1 张创意图的左侧是真人演示产品的实际场景，右侧是商品图片，中间是产品的卖点文案、服务承诺和节日促销噱头，其创意的内容设计比较合理，各要素都非常齐全，点击率能够达到 6% 左右。如果钻展图没有达到这个数据，则需要去分析图片的问题。

第 2 张图左侧为节日促销文案，右侧为场景图；第 3 张图只有真人实境场景和产品的展示；第 4 张图采用绿色背景，并增加了一个产品材质的卖点；第 5 张图则只描述了产品卖点和售后服务。

这 5 张图都是比较典型的钻展图片，其中第 5 张图的效果是最差的。第 5 张图虽然突出了产品和卖点，但是没有应用场景——产品应放在什么地方，是什么人来使用，这些都无法从图片中得知，因而不能引起消费者的情感共鸣。

第 4 张图的效果是倒数第 2 差的，这张图想突出产品的材质非常好，但它的语句有一定的语病，而且也没有使用场景图，同时其突出的卖点也不是这个产品潜在用户关注的重点，不能吸引到目标受众群体的眼球，因此投放效果自然不会太好。

第 3 张图非常适合直通车平台，在直通车上点击率非常高，属于爆款图。但是这张图在钻展平台的投放效果却比较差，因此直通车的创意图并不一定适合钻展。第 1 张和第 2 张图在钻展中点击率相对来说是最好的。

钻展可以做到人群的精准投放，可以针对不同的人群标签进行组合投放，因此同样的创意图片针对不同的店铺和人群，获得的效果也是有差别的。卖家在做钻展测图和优化创意时，有几个差异性是需要注意的。

（1）不要直接用点击率高的主图或者直通车图片。

（2）不同的投放对象，点击率也会不同。因此，卖家要针对不同的人群特点来设计不同的创意图进行测试和判断。

11.5.2　直通车人群权重

既然钻展要针对不同的人群标签来投放，那么店铺的人群标签是如何产生的呢？下面介绍通过直通车圈选人群标签的方法。

直通车后台能够进行测试的人群标准主要是自定义人群，可以分为 3 级标签，如图 11-21 所示。在“性别”选项中，如果只选择“女”或者“男”，类似只选择一个标签的就称为“1 级标签”。如果店铺既有性别的特点，同时还加上了年龄的限制，例如选择性别“女”，年龄为“25~29 岁”，同时圈选了两个标签，此时就称为“2 级标签”。

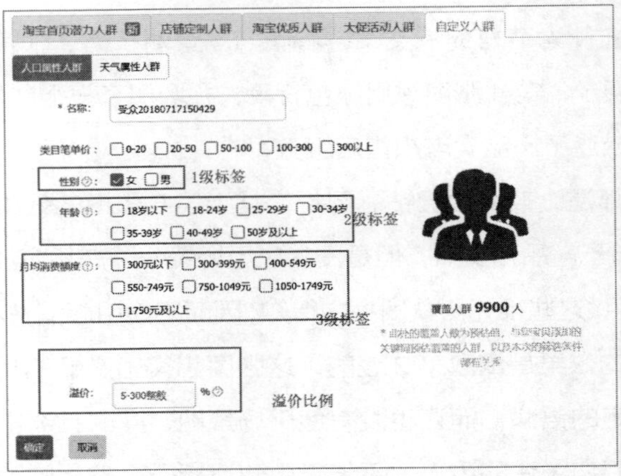

图 11-21　自定义人群的 3 级标签

以此类推，如果再加上月均消费额度，通过 3 个标签组合起来的，即“性别 + 年龄段 + 月均消费额度范围”，这样就可以称为“3 级标签”。

直通车人群标签测试除了要了解 1、2、3 级标签的概念外，还需要掌握标签的常规测试周期和点击量的基本数量。通常情况下，一次测试周期不要超过 5 天，一般的类目标签组合到 2~3 级标签即可，标签精准度：3 级 > 2 级 >1 级。

建议最小测试量为 200 个左右的点击数。当达到这个标准后即可放大人群标签，提升直通车人群权重，重点优化点击率、转化率和加购率。做好直通车的精选人群标签后，即可开始结合钻展来进行推广引流。

11.5.3　竞店搜索分析

除了做好钻展创意优化和直通车人群标签外，卖家还需要分析竞争对手：他的爆款搜索转化如何，他的引流词是什么，我和他的差距在哪里？

卖家可以使用生意参谋中的“市场行情—商品店铺榜”功能来分析竞争对手。将时间设置为最近 7 天，细分类目要选择一个具体的类目，如果直接选择一级类目，则效果会不太明显。根据这个思路，即可找到同类目中 7 天内排名前 100 的人气商品。当然，如果你的竞争对手不在其中，则说明竞店的推广能力也比较差，此时只需要稍微花点功夫即可超过他们。

如果你的竞争对手进入了前 100 名，则首先要判断商品价格，找到价格区间与你的产品价格相近的竞品。点击进入竞品详情页面，分析其流量来源、引流关键词、移动端关键词以及成交关键词等数据，如图 11-22 所示。

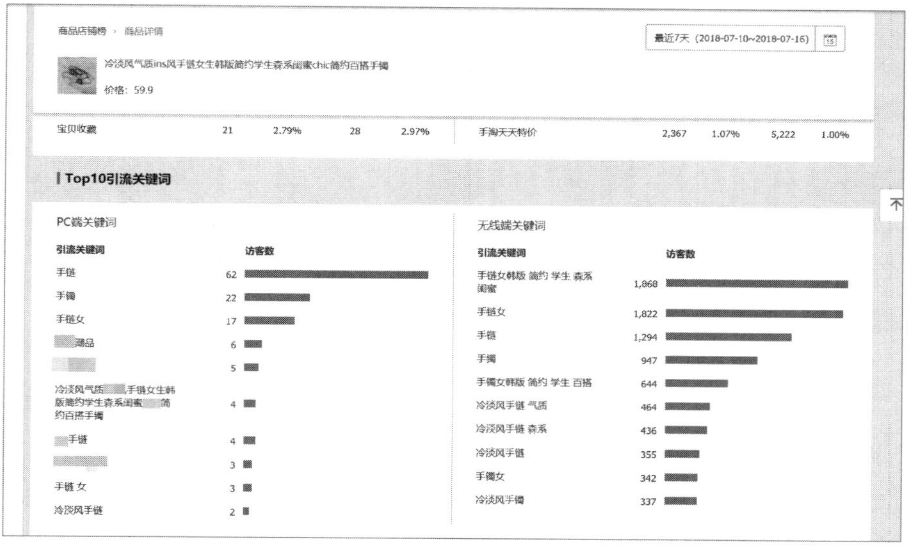

图 11-22　分析竞品的引流关键词

卖家可以将与自己最相关的关键词复制下来，然后添加到自己的付费引流工具中。另外，卖家还可以分析竞品的流量结构，如免费流量、直通车等渠道的占比，预估出竞品的主要流量渠道；分析核心关键词的访客数占比，并结合竞品的客单价，来预估该核心引流词带来的转化率、销售额等数据，将之作为自己的推广目标来超越对手。

第 12 章

整合优化：直钻搜结合轻松打造爆款

由于资源有限、操作复杂、数据缺失等原因，商家在设定网店营销目标时，推什么产品、预算多少、推广多久、地域限制有哪些，在策略制定计划实施阶段如何选择人群、投放渠道、出价策略和制作创意等都成了难点，尤其对于新手商家而言。基于此，采用“直通车＋钻展＋搜索”相结合的营销引流投放体系（直钻搜），能有效解决商家网店营销操作、效率、效果方面的问题。

本章主要内容包括：

- 做好定位：制定搜索需求的目标
- 选择工具：利用工具切入流量池
- 实施计划：让宝贝销量快速增长
- 店铺优化：创意设计提高曝光展示

12.1　做好定位：制定搜索需求的目标

在制定搜索需求的目标时，需要结合店铺权重、单品搜索权重、关键词搜索权重以及人群画像来进行分析，才能得到更精准的定位。

12.1.1　店铺权重分析

店铺权重包括开店状况、服务指标、销售额、销量、店铺动销率、店铺转化率、上 / 下架时间、橱窗推荐以及相关性等因素。卖家必须通过了解和掌握这些影响店铺权重的因素，不断调整店铺基本设置和推广方案，来提升店铺的销量。

（1）开店状况：包括开店的时间，宝贝的分类、数量和销售情况，以及违规扣分情况等因素。注意，有过违规行为的宝贝会被直接屏蔽。

（2）服务指标：包括消保服务（消费者保障服务）、DSR（detail seller rating，卖家服务评级系统）、旺旺响应速度、旺旺在线时长、售后服务、支付宝使用率、发货速度、评价、买家秀和问大家等因素。

（3）销售额、销量：店铺宝贝有没有人购买，有多少成交，不仅会影响店铺的销量权重，也反映了宝贝的潜力。

（4）店铺动销率：动销率 = 有销量的宝贝 ÷ 在线销售的宝贝。例如，店铺上架了 100 款产品，但只有不到 10 款产品有销量，其他的产品都没有产生销量，则说明店铺动销率非常低。

（5）店铺转化率：手机淘宝上最能提升搜索权重转化率的就是搜索转化率，通过搜索的关键词，进入店铺达成交易的比率越高，权重就会越大，排名一般就会靠前一些。

（6）上 / 下架：当淘宝将很多优质宝贝筛选出来之后，为了公平起见，会按照上 / 下架时间来排序。

（7）橱窗推荐：淘宝会将橱窗推荐的宝贝优先展示。

（8）相关性：即相关性筛选，不相关的产品会被淘宝直接屏蔽掉，比如买家搜“单肩包”，卖家如果是做牛仔裤的，就会被直接屏蔽。

- 店铺相关性：主营占比。
- 类目相关性：产品发布到相关类目。
- 标题相关性：标题里面词的相关性。
- 图片相关性：标题关键词的视频反馈。
- 属性相关性：属性填全且精准。
- 关键词相关性：关键词的关键属性与类目属性和宝贝标题有相关性。

12.1.2　单品搜索权重分析

影响单品搜索权重的因素如下。

（1）新品权重：获得新品标，提高点击率和收藏、加购率，提高人气权重。

（2）销量权重：销量权重的影响现在已经大幅降低，但还是比较重要的一个权重因子，所以想要综合排名靠前，必须提升产品销量，可以从延长用户的停留时长、加强访问深度、降低跳失率、提升产品的转化率和出单量等方面入手。

（3）确认收货：尽可能地加快确认收货时间。

（4）UV 价值：保持优秀的 UV 价值实时数据，快速将自然搜索提升上来。

（5）坑位产出：坑位产出是指淘宝给你一个坑位，你能在这个坑位成交的金额数，即单位展现量下所能成交的总金额，重点在于点击率、转化率、客单价这 3 个数据的优化，具体计算公式如下：

$$坑位产出=单位展现产出=成交金额 \div 展现量$$

$$坑位产出=（展现量 \times 点击率 \times 转化率 \times 客单价）\div 展现量$$

$$坑位产出=点击率 \times 转化率 \times 客单价$$

（6）千人千面：千人千面是淘宝搜索排名的一种算法，受到价格权重、关键词搜索转化率、单品搜索支付转化率、收藏加购转化率、二次购买率等因素的影响。

（7）成长速度：包括付款人数增长率、成交金额增长率两个因素。

（8）用户体验：可以从好评占比和买家秀两方面来提升。好评率越高的店铺，权重值也会越高。

（9）标品和非标品操作差异：非标品指的是有多个流量入口能够搜索到单品的类目，而标品则通常只有一个或几个流量入口可以搜索到单品的类目。因此，卖家必须清楚自己的类目是偏向于标品还是非标品。标品的关键在于冲量、卡排名，要想办法提升利润；非标品的关键在于差异化定位，圈出目标人群，要注重老客户维护。

（10）人气指标：对比指标包括行业收藏率、行业加购率和行业转化率。影响人气指标的重要因素就是宝贝热度，最受欢迎的宝贝通常会得到系统给予的大量流量扶持，此时卖家可以加强宝贝的收藏和店铺收藏。

12.1.3 关键词权重分析

权重是一个相对概念，是针对某一指标而言，如淘宝权重就是平台根据商品表现给出的一个估值，这个估值对于排名的影响非常大。

那么权重有什么作用呢？例如，打开淘宝搜索“汽车坐垫”，在众多的宝贝中有一个搜索排名，搜索排名越靠前，在展现页面的位置也会相应靠前。这个搜索排名就是靠关键词权重来衡量的。自然搜索流量可以为店铺带来最精准的访客，转化和销量自然也会更好。优化关键词权重的要点如图 12-1 所示。

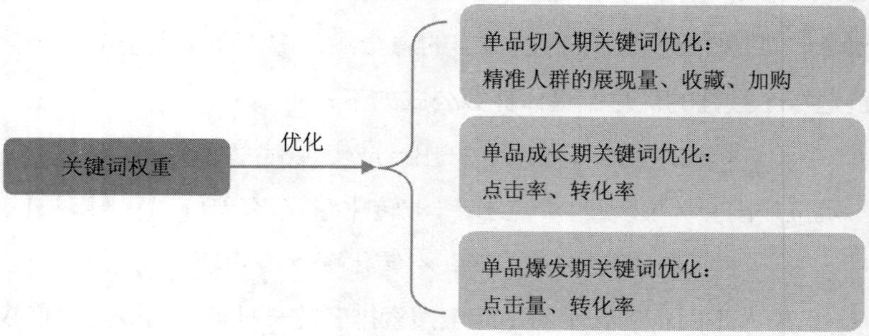

图 12-1　关键词权重的优化要点

12.1.4 人群画像分析

人群画像在各领域都用得非常广泛，它是一种勾画目标用户，对用户典型行为习惯、属性、特点等进行分析的方法。在卖家对用户属性数据进行分析的时候，就要勾勒出目标用户画像和需求结构，为店铺运营创造更好的条件。人群画像分析的具体方法和相关工具如图 12-2 所示。

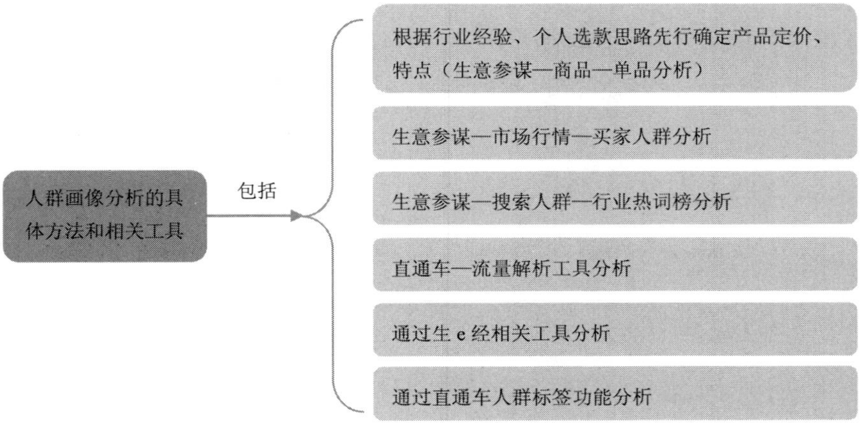

图 12-2 人群画像分析的具体方法和相关工具

人群画像分析可以将用户的一些基本信息和行为属性综合起来，然后得出用户的精准画像，使用户这个角色更加立体化、个性化、形象化，帮助店铺运营者能够针对用户的属性特点找出最好的运营方式。

12.2 选择工具：利用工具切入流量池

淘宝开店运营其实就是每天和流量打交道，有了流量才能谈及转化率。如果单纯依靠付费流量，则运营成本太高，会给卖家带来很大的压力。本节将介绍淘宝引流的 3 大工具，包括生意参谋、生 e 经和店侦探，卖家可以从这几个工具入手去切入淘宝的流量池。

12.2.1 使用生意参谋引流

推广的本质是将流量转化为销量，从而实现盈利，因此卖家需要通过生意参谋来真正摸透流量的本质，分析出适合自己的引流方法。下面以无线端为例，介绍通过生意参谋引流的方法。

（1）查看店铺流量来源：进入“流量纵横—来源分析”界面，在店铺流量来源构成中，选择“无线端”，查看店铺的引流详情，如图 12-3 所示。无线端和 PC 端的引流方法有所不同，因此卖家需要加强对无线端流量来源的重视，同时还可以参考同行的流量详情，拓展引流渠道。

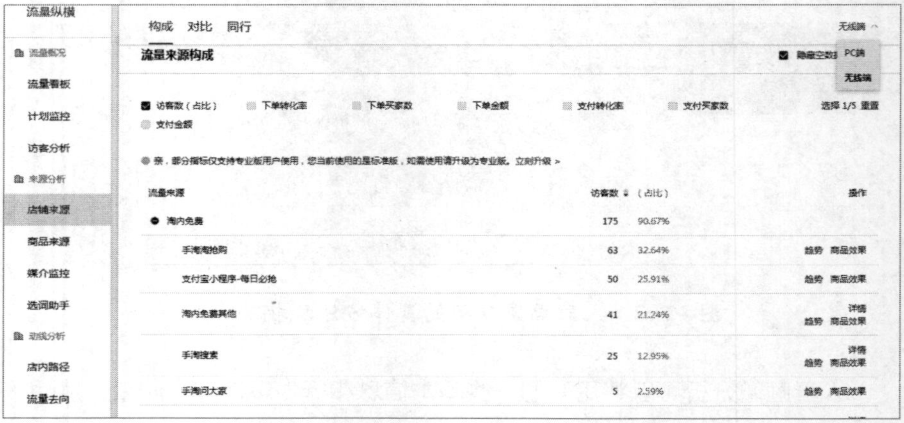

图 12-3 查看无线端店铺流量来源构成

（2）使用选词助手优化标题：在发布产品之前，将想用的标题关键词在这里搜一下，就能知道实时的搜索热点和点击率有多少，如图 12-4 所示；同时，还能查看实时热门行业关键词，按照消费者的搜索习惯来定关键词。

图 12-4　选词助手

12.2.2　使用生 e 经引流

生 e 经能够对本店数据进行多方位深度分析，助力优化标题、关联推荐、追踪广告来源效果、提升搜索排名等，主要功能如图 12-5 所示。卖家可以使用生 e 经来辅助打造宝贝标题，生 e 经提供众多为宝贝带来流量的搜索词，让买家能够轻松找到适合自己的宝贝。

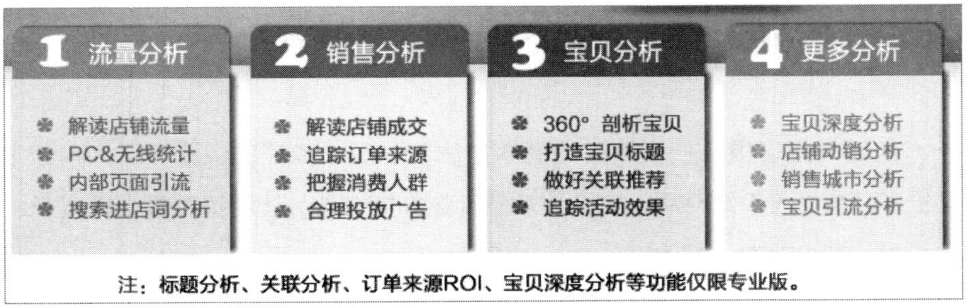

图 12-5　生 e 经工具的主要功能

12.2.3　使用店侦探引流

店侦探是一款用于监控对手店铺数据的工具，可以帮助卖家学习对手的运营策略，从而快速超越对手。店侦探可以全面监控对手的销量情况、引流关键词、直通车、营销活动和宝贝变更等。

卖家可以通过店侦探揭秘对手的引流关键词，摸清对手直通车词、搜索引流词，从而扩展自身流量，复制创造爆款，如图 12-6 所示。

图 12-6　店侦探工具引流词分析功能

12.3　实施计划：让宝贝销量快速增长

前面介绍了提升搜索权重的基本方法，以及一些辅助引流工具，本节主要介绍“直钻搜”结合引流打造爆款的计划实施方法，让宝贝销量快速增长，让店铺轻松实现营业额翻倍。

12.3.1　确定日均销量和生命周期

卖家可以通过生意参谋中的“品类罗盘”功能来了解商品的实时销量数据，从而确定日均销量，如图 12-7 所示。

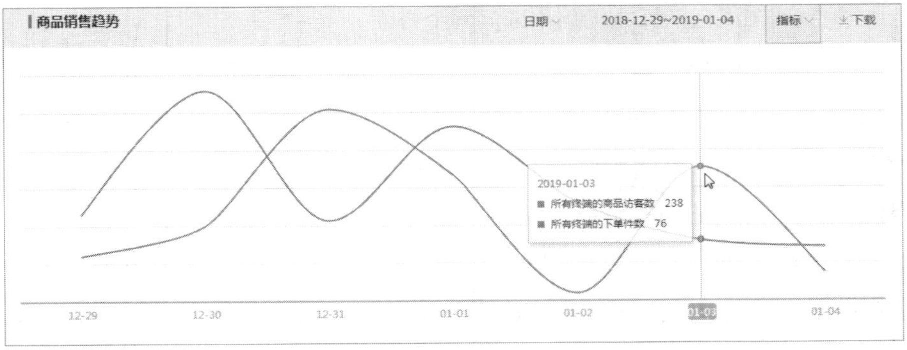

图 12-7　了解商品的实时销量数据

根据销量数据的变化，爆款产品都有一个非常明确的生命周期，通常包括孕育期、成长期、成熟期和衰退期 4 个阶段。

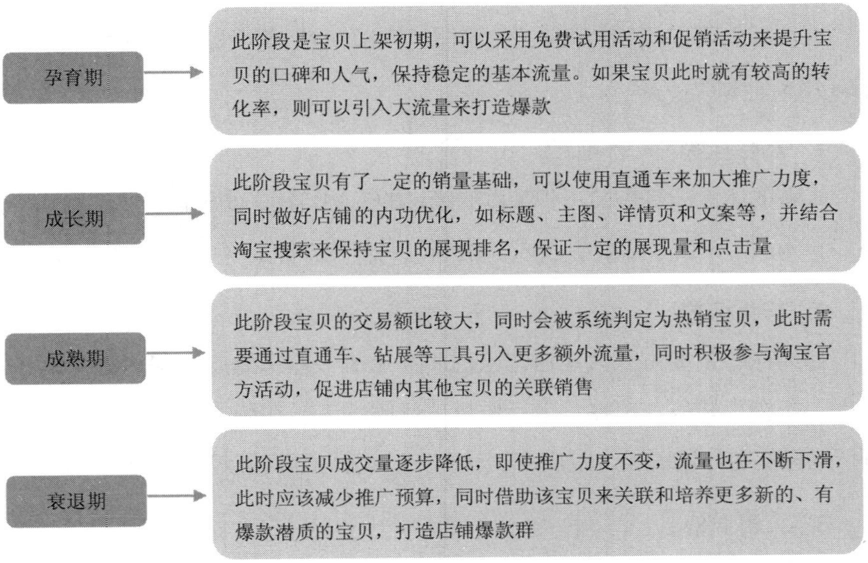

图 12-8　爆款产品各生命周期的引流方法

12.3.2　关键词的布局

每个宝贝标题都只有 30 个字，包括类目词、属性词、热词、引流词、卖点词，卖家要把这些关键词都写进标题，可见标题是个寸字寸金的地方。

关键词布局包括标题优化和选词两个方面。

（1）标题优化：基本原则是相关性和通读性。标题是引流的基础，重点就在于买家搜索时使用的关键词，而标题中有相匹配的关键词，产品就会有曝光、有排名、有流量，所以卖家在上架宝贝的时候一定要优化好标题与关键词的匹配，做好关键词搜索优化。

（2）选词：包括词根拆解、关键词扩展和词根数据分析 3 个步骤。词根是关键词的主要组成部分，如“连衣裙”这个词根，可以衍生出“连衣裙女秋冬”“连衣裙两件套”等扩展关键词。标题组合以后，还需要通过对词根的数据监控来进行优化，在卖家中心的数据中心里，可以查看各个词根的流量关系，进一步优化标题，提升宝贝流量与权重，进而提高转化。

12.3.3 人群标签设置

人群标签可以用来刻画人群的种种特征，包括属性标签、行为标签和人群溢价 3 个因素。

1. 属性标签

人群的属性标签是指一些基本的固定的人物特征，如年龄、性别、地域、身高、体重、学历、职业、收入、婚姻和消费能力等。

2. 行为标签

行为标签是指每个人在日常生活中产生的一些行为属性和消费习惯，如工作、社交、健身、用餐、生活作息、休闲娱乐。在淘宝平台上，常见的人群行为标签有停留时长、跳出率、转化率、访问页面数以及访问间隔等。

3. 人群溢价

根据不同的人群属性标签和行为标签，我们可以将自己店铺的人群进行分类和筛选，找到精准的消费人群，并在进行直通车和钻展推广时设置合适的人群溢价。

（1）直通车：直通车的人群溢价包括关键词精选人群、标签测试、标签溢价以及定向推广等设置。其中，定向推广又以手淘首页个性化推荐为主，通过常规优化和“上 / 下坡法”等方法来实现流量爆发。

（2）钻展：主要包括钻展人群标签划分、拉新计划布局、转化计划布局和老客计划布局等，如图 12-9 所示。

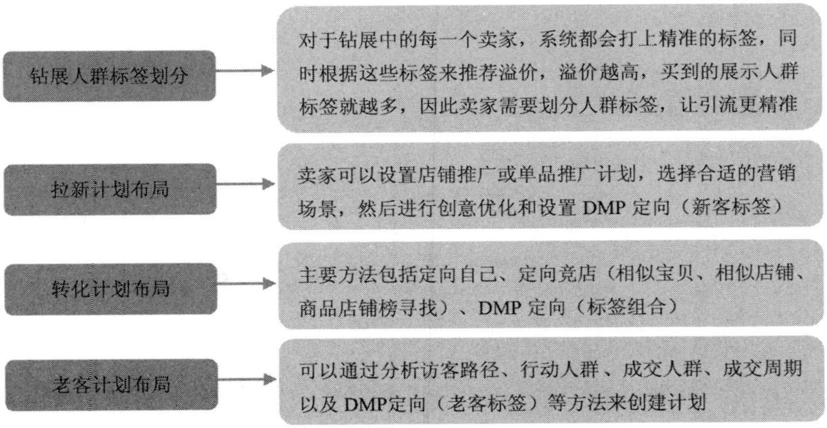

图 12-9　钻展人群溢价的计划布局技巧

12.4　店铺优化：创意设计提高曝光展示

店铺优化不仅可以使卖家的店铺更加美观，还能表现卖家对店铺的重视度，使买家觉得卖家是在用心经营，从而提升买家对店铺的好感度；同时极致的店铺创意设计还能够提高曝光展示，有效促进成交。

12.4.1　视觉优化

视觉优化主要包括整体布局、拍照规划、美工修图以及详情页布局等方面的优化工作，如图 12-10 所示。

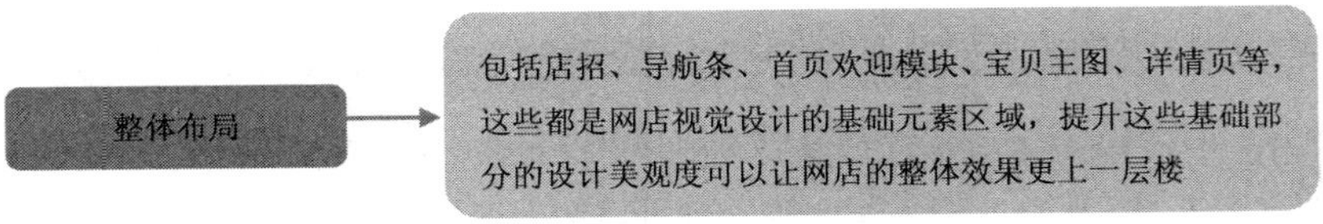

图 12-10　视觉优化的基本工作

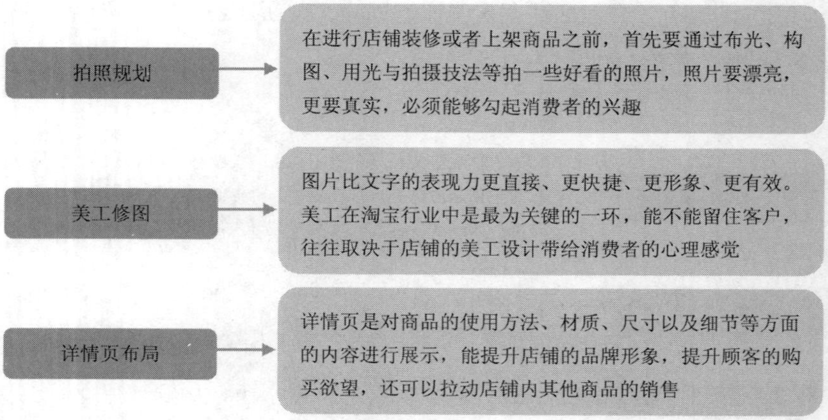

图 12-10　视觉优化的基本工作（续）

12.4.2　文案创意

文案创意主要包括标题优化和卖点提炼两个部分。

1. 标题优化

标题优化的作用是让买家能搜索到、能点击，最终进入店铺产生成交。标题优化的目的是获得更高的搜索排名、更好的客户体验和更多免费有效的点击量。

宝贝标题是体现商品品牌、属性、品名和规格等信息的文字。商家在做标题优化的时候，首要工作就是“找词”，即找各种热门关键词的数据，包括商品的款式、属性、价格以及卖点等这些做标题要用到的关键词都应记下来。

标题的基本编写公式如下：

标题＝商品价值关键词＋商品商业关键词＋商品属性关键词

2. 卖点提炼

无论是否是新品上市，卖点都是产品销售经营的关键要素，只有卖点能把产品变成商品，实现获得利润的根本目标。在这个追求创新的时代里，卖点提炼甚至比抓住卖点更为重要，但从层次上而言，打造卖点是以抓住卖点为前提的。

卖点提炼并不是一朝一夕的事情，需要从多个角度共同入手，具体来说，卖点包括痛点、痒点和尖叫点 3 种类型。即使产品有着独一无二的价值，也不能缺少文案的帮助。

（1）痛点：痛点是指消费者的核心需求，是我们必须为用户解决的问题。例如，骑电动车出行经常遭受日晒雨淋，此时就有人开发出了电动车防晒挡风罩，解决用户骑车出行的痛点，因此在文案中就可以突出这个痛点，如图 12-11 所示。

（2）痒点：痒点是指消费者的心理满足感以及潜在需求，痒点可以促使用户心中产生一种“想要”的想法。如果说痛点是解决用户的问题，那么痒点就是激发用户的欲望，在情感或心理上为用户带来更好的满足感。例如，同样一个枕头，都是用于解决用户睡觉的痛点，但其中一个枕头还有按摩的功效，这就是为用户带来痒点，相信会有更多人选择，如图 12-12 所示。

图 12-11　展现痛点的文案

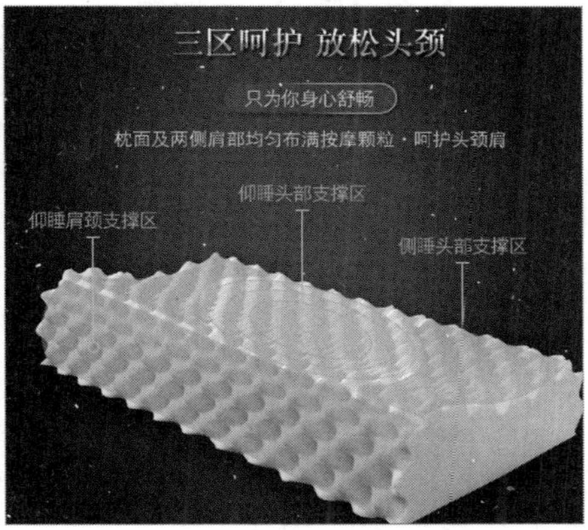

图 12-12　展现痒点的文案

（3）尖叫点：尖叫点是指超出用户预期的惊喜，能打动人心。例如，消费者原本只打算买一个电磁炉，结果商家还送了他一整套厨具。

12.4.3　流量优化

店铺的流量优化主要从搜索优化、付费引流、活动引流、内容引流以及老客维护等方面入手。

1. 搜索优化——SEO

当买家搜索一个关键词的时候，淘宝搜索机制要进行宝贝的筛选，最终选择 SEO 做得好的宝贝展示在前面。

如果卖家把商品放错了类目属性、标题不够精准、店铺相关性不高的话，卖家的宝贝就会被搜索引擎筛选掉，这是淘宝 SEO 精准性小而美的体现，也是卖家需要注意的地方。同时，搜索引擎会计算出宝贝的综合分数，这些指标中，最重要的两个就是稳定排在行业前列销售的宝贝和短期内销售增长较快的宝贝。

经过层层筛选，淘宝搜索引擎会根据剩下宝贝的上 / 下架时间和橱窗推荐来安排宝贝在前端展示的时间。卖家宝贝的综合分数越高，在综合排名中排在前端的时间就越长。最后，搜索引擎会计算出每个宝贝的排列顺序，然后这些宝贝就按照各自的综合分数排列好，等待买家点击。

2. 付费引流——直通车

付费引流主要的方式就是直通车，“开车”的主要目的一般包括这几种：测款测图、引流打爆款、获取精准人群、辅助活动推广。

直通车付费引流的基本思路如图 12-13 所示。

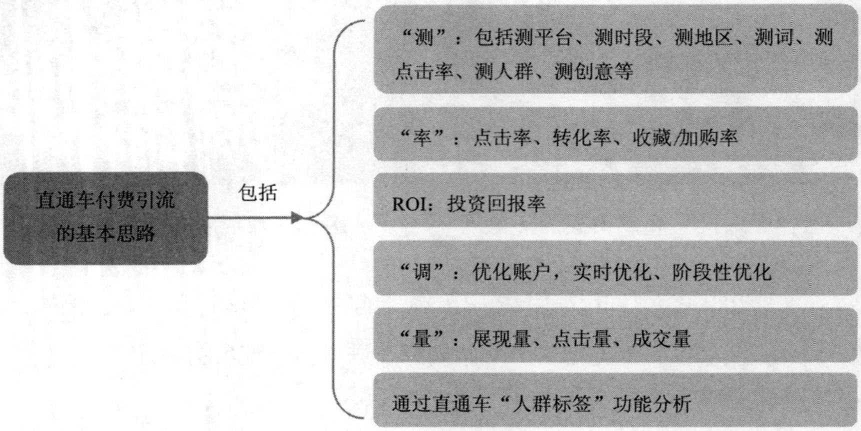

图 12-13　直通车付费引流的基本思路

3. 活动引流——单品宝、店铺宝和搭配宝

淘宝的活动分为很多种，不同的活动会针对不同的卖家群体，固定的大促就是各类节庆，如五一、“双 11”以及“双 12”等，还有平日花样不断的促销活动，很多活动都需要商家主动提报。活动不要嫌少，这是一个很大的逆袭机会。

例如，限时打折、满就减（送）以及搭配套餐是淘宝卖家过去最常使用的 3 种促销活动工具，如今这些工具已经进行了全新升级，同时名称也变成了“单品宝”“店铺宝”和“搭配宝”，如图 12-14 所示。

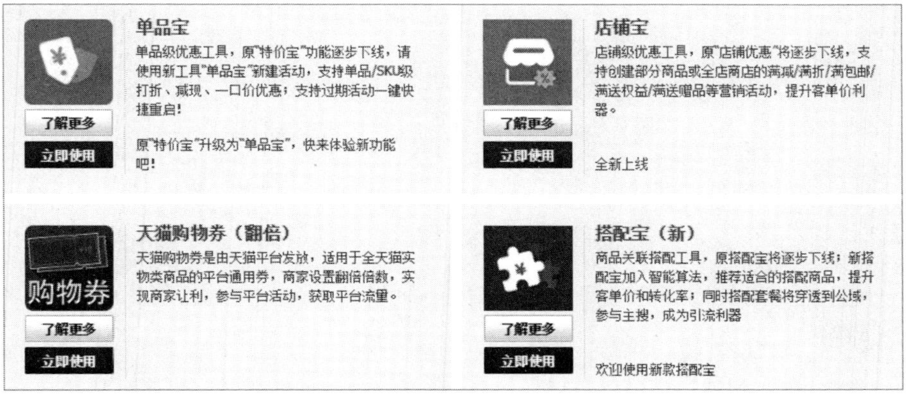

图 12-14 活动引流工具

4. 内容引流——文字、图片、短视频

淘宝购物已经成为了消费者最喜爱的购物、消遣方式，为锁定消费者需求、增加消费者黏性，商家纷纷开启内容引流之路，想方设法将“访客”变成“顾客”再转为“粉丝”，用内容营销打造新的商业模式。

新媒体时代的内容引流，多以文字、图片、短视频等形式来表现主题，如果想要自己的内容营销在众多的营销策略中脱颖而出，就必须打造符合用户需求的内容，做好内容运营，用高价值的内容来吸引用户、提高阅读量，带来更多流量和商机。

5. 老客维护——钻展

老客维护可以有效提升店铺的复购率，促进老客户二次购买。卖家可以

利用钻展来做新品推广活动，利用高折扣优惠来定向吸引老客户人群。老客户的权重非常高，可以直接提升产品的权重和店铺的权重，同时还能有效提高转化率。

老客维护的钻展出价建议选择 CPM 付费模式，资源位建议选择站内，在设置定向人群时，访客定向可以设置为自己的店铺，DMP 人群标签则为通过用户轨迹回收各类老客户和曾经接触过的消费者，可以有效提高老客点击率及转化。